Stefan Frädrich
Das Günter-Prinzip

Stefan Frädrich

DAS Günter-PRINZIP

So motivieren Sie Ihren inneren SCHWEINEHUND

Illustrationen von Timo Wuerz

Bibliografische Information der Deutschen Nationalbibliothek

Die Deutsche Nationalbibliothek verzeichnet diese Publikation
in der Deutschen Nationalbibliografie; detaillierte bibliografische
Informationen sind im Internet unter http://dnb.ddb.de abrufbar.

ISBN 978-3-86936-169-7

Lektorat: Christiane Martin, Köln
Umschlaggestaltung: Martin Zech Design, Bremen | www.martinzech.de
Umschlagillustration: Timo Wuerz | www.timowuerz.com
Fotos: Katja Kuhl (Foto T. Wuerz), Laurence Voumard (alle anderen)
Satz und Layout: Das Herstellungsbüro, Hamburg |
www.buch-herstellungsbuero.de
Druck und Bindung: Salzland Druck, Staßfurt

© 2011 GABAL Verlag GmbH, Offenbach

www.gabal-verlag.de
www.facebook.com/Gabalbuecher
www.twitter.com/GABALverlag

Inhalt

Vorwort

Hallo! HAAAAALLO! Ja, genau SIE meine ich. Was ist denn mit Ihnen los? Wollen Sie tatsächlich dieses Buch lesen? Ein Buch über ein Tier, das es gar nicht gibt? Sie müssen aber motiviert sein. Ach, oder etwa doch nicht? Haben Sie etwa ein Motivationsproblem? Pfui, das geht gar nicht. Schließlich leben wir in einer Leistungsgesellschaft. Man hat gefälligst motiviert zu sein bei uns. Immer. Und überall. Aber das wissen Sie sicher. Und deshalb greifen Sie bestimmt nach jedem Strohhalm, an dem Sie sich aus dem Sumpf Ihrer toxischen Faulheit herausziehen können, richtig? Brav. Tüchtig. Vorbildlich.

Oder ist es bei Ihnen etwa doch ganz anders? Hand aufs Herz: Mussten auch Sie Ihren inneren Schweinehund schon mal mühsam überwinden? Zum Beispiel morgens beim Aufstehen? Oder beim Sport? Oder wenn Sie sich so ernähren sollen, dass die Waage dauerhaft unten bleibt? Vielleicht sogar im Job? Beim Lernen für eine Prüfung? Oder in Ihrer Beziehung, wenn Schatzi mal wieder recht hat und Sie das nicht zugeben können? Vielleicht auch gerade beim Lesen – wo lesen doch so anstrengend ist? Ist Ihr innerer Schweinehund gar besonders groß?

Seien wir ehrlich: Jeder kennt das Phänomen, eigentlich zu wissen, was zu tun ist, aber nicht zu tun, was man weiß. Weil im

Kopf diese lästige Stimme spricht: »Lass das sein!«, sagt sie. »Viel zu anstrengend!«, »Sollen die anderen erst mal anfangen!« oder »Morgen ist auch noch ein Tag!« Diese Stimme kommt von unserem inneren Schweinehund, dem Tierchen, um das es in diesem Buch hier gehen soll (und das es irgendwie doch gibt).

Übrigens: Als mir so richtige Schweinehunde zum ersten Mal aufgefallen sind, habe ich noch als Arzt gearbeitet. Wenn Sie mich als Arzt nie kennengelernt haben, kein Problem: Ich war in der Psychiatrie tätig. Doch nicht nur dort, sondern in der gesamten Medizin gibt es üble Schweinehunde: Herzinfarkte, Rückenschmerzen, Krankenkassen. Und die inneren Schweinehunde der Medizin erst – auch sehr übel: Ärzte, Schwestern, das Krankenhausessen. Auch so manche Lebensweise, die uns oft erst mit der Medizin in Berührung kommen lässt, hat echten Schweinehundecharakter: Fressen, Fluppen, Fußballgucken. Klar: Wer Sport nur im Fernsehen anschaut, verbrennt dabei keine einzige Kalorie extra – wird aber meist extra früh verbrannt. Im Krematorium. Medizin hin oder her.

Okay, Sie wissen, wovon ich rede. Überall gibt es dieses innere Sauviech, das es uns schwer macht – in allen Lebensbereichen. Also wollen wir doch mal schauen, was wir im Leben alles auf die Reihe kriegen, wenn wir mit unserem inneren Schweinehund klarkommen oder sogar zusammenarbeiten. Wie hat es der Schweizer Pfarrer und Schriftsteller **Kurt Marti** so schön ausgedrückt?

> Wo kämen wir hin,
> wenn alle sagten,
> wo kämen wir hin,
> und niemand ginge,
> einmal zu schauen,
> wohin man käme,
> wenn man ginge.

In diesem Sinne: Begeben wir uns auf eine Reise nach innen! In die Hochburgen und Niederungen unserer gemeinen Psyche. Dorthin, wo unser tierisches Alter Ego mal in der Luxus-Hundehütte und mal im Schweinestall haust. Wo er das eine Mal brav Platz macht und ein andermal gute Vorsätze platzen lässt. Und nehmen wir von dort ganz viele Erkenntnisse mit! Denn mit denen können wir auch in der Außenwelt weite Reisen unternehmen – und ankommen, wo wir immer schon hinwollten. Versprochen.

Hallo! **HAAAAALLO!**

Ja, genau: Ich meine damit auch SIE!

Ihnen viel Spaß beim Lesen, Umsetzen und Erfolghaben! Denn Spaß wird es garantiert machen.

Ihr Dr. Stefan Frädrich

1.
Günter, der innere
SCHWEINEHUND

Der innere Schweinehund – Freund oder Feind?

Wie sehen innere Schweinehunde wohl aus? Manche stellen sie sich ja als fiese Viecher vor, die man mit aller Macht bekämpfen muss. Motto: »Quäl dich, du Sau!« Ich persönlich finde diesen Ansatz nicht sonderlich schlau. Denn der innere Schweinehund ist ein Teil von uns. Und wenn wir gegen ihn kämpfen, kämpfen wir nur gegen uns selbst. Wir führen eine Art inneren Bürgerkrieg, bei dem wir nur verlieren können – Blödsinn!

Viel schlauer ist es, sich den inneren Schweinehund als einen netten Kumpel vorzustellen. Einen, der es eigentlich gut meint mit uns. Einen, der uns vor Überanstrengung und Mühe beschützen will. Einen mit den besten Motiven: Sport machen? »Schwitzen ist doof!« Eine schöne Frau ansprechen? »Nur keinen Korb riskieren!« Mal etwas Neues ausprobieren? »Viel zu gefährlich!« Sie merken schon: ein echter Freund eben. Einer wie Bello, der zwar brav die Zeitung apportiert – aber sie dabei so vollsabbert, dass wir sie nicht mehr am Frühstückstisch lesen wollen. Einer der brav bellt, wenn er einen Einbrecher wittert – das aber leider täglich etwa 50 Mal tut und so die ganze Nachbarschaft gegen uns aufbringt. Einer, der nur kurzfristig denkt – also von der Stirn bis zur Schnauzenspitze. Kein Wunder: Wo seine Gehirngröße nur knapp über der einer ausgewachsenen Walnuss liegt. Was machen wir also mit so einem Bello? Überwinden? Bekämpfen? Erwürgen? Ins Tierheim bringen? Quatsch! Besser schauen wir mal, wo solch ein Schweinehund herkommt, was ihn antreibt und wie man ihn so dressiert, dass er fortan genau das tut, was wir selber wollen. Vielleicht schaffen wir sogar, ihn zu motivieren. So, dass er seine Pflicht gerne tut. Freiwillig.

Auf jeden Fall aber sollten wir ihn nicht allzu ernst nehmen – am besten gehen wir die Sache spielerisch an. Ich habe daher meinem inneren Schweinehund einen Namen gegeben: Ich nenne ihn Günter. Hoffentlich heißen Sie nicht auch Günter? Sonst könnte es im Laufe dieses Buches zu Verwechslungen kommen. Und falls doch, haben Sie mein vollstes Mitgefühl. Ich selbst heiße nämlich ebenfalls Günter. Mit Zweitnamen. Viele Jahre habe ich damit nichts anfangen können – ja, habe es sogar absichtlich verdrängt. »Günter« – geht es weniger sexy? Ich finde: »Günter« klingt nach ängstlichem Kleingeist. Nach behördlich verordneter Veränderungsresistenz. Nach innerem Schweinehund eben. Aber: »Günter« klingt auch irgendwie harmlos und halbwegs »gut gemeint«. Insofern: Schließen wir Frieden mit dem Namen! Und taufen wir damit guten Gewissens unseren inneren Schweinehund: Hallo, Günter.

ÜBUNG

Lernen Sie
Ihren Günter kennen!

Bei welchen Situationen müssen Sie in Ihrem Leben
typischerweise Ihren »inneren Schweinehund« überwinden?

Meine typischen Schweinehundesituationen:

Wissen Sie, was das Erstaunlichste beim Thema »innerer Schweinehund« ist? Dass eigentlich jeder weiß, wie man ihn in den Griff kriegt! Auch Sie haben Ihren inneren Schweinehund im Leben doch bereits Hunderttausende Male erfolgreich »überwunden«, nicht wahr? Wahrscheinlich haben Sie zum Beispiel erfolgreich lesen und schreiben gelernt. Ja, sogar den Schulabschluss haben Sie geschafft. Oder Sie können Auto fahren. Was daran schwer sein soll? Nun, einfach war all das zu Beginn meist nie. Können Sie sich noch daran erinnern, wie oft Sie als Kind das Lesen und Schreiben von Buchstaben üben mussten, bis Sie es draufhatten? Eine riesige Schweinehundeplackerei! Heute aber erkennen Sie Buchstaben problemlos. Ja, es genügt sogar ein einziger Blick und: *Sie lseen gnaze Wrote, onhe dsas deern Bchustbaen dfaür rchitig angoerndet sien msüsten. Huaptscahe, der estre und ltzete Bcuhtsabe des Wrotes stmimen.* Den Rest interpretiert Ihr innerer Schweinehund nun dank seiner Erfahrung. Super, Günter!

Anscheinend haben Günters Fähigkeiten also eine ganze Menge mit Übung zu tun. Auch beim Autofahren war es so. Wissen Sie noch, wie oft Sie das üben mussten, bis Sie es konnten? Alleine das Kuppeln: Kupplung treten, Gang schalten, Kupplung kommen lassen, Gas geben. Üben, üben, üben hieß es da! Und wie oft hat Günter damals gemeckert: »Das lernst du nie!« Und? Haben Sie heute immer noch Schwierigkeiten damit? Kaum. (Es sei denn, Sie fahren Automatik.) Nein, heute läuft das alles problemlos ab: rote Ampel, Leerlauf, danach Gang eins, zwei, drei – ohne, dass es anstrengend wäre. Wir spulen unser gelerntes Programm ab und können nebenher allerlei lustige Dinge tun: Radio hören, telefonieren, in der Nase bohren. Extra Konzentration fürs Autofahren selbst müssen wir nicht mehr aufbringen.

Anscheinend kriegen wir es also oft ganz gut hin, unseren inneren Schweinehund zu dressieren. Nur fällt uns das erst hinterher auf, wenn wir etwas bereits geschafft haben. Wie aber geht es von vorneherein, wenn wir etwas schaffen wollen (sollen) und noch lange nicht am Ziel sind?

Ganz einfach: Können Sie eine Schwarzwälder Kirschtorte backen? Ja? Super! Oder eher doch nicht? Schade. Aber essen können Sie doch sicher eine? Okay, gesetzt den Fall, Sie könnten keine Schwarzwälder Kirschtorte backen: Würden Sie sich zutrauen, eine zu backen, wenn Sie dafür ein Rezept hätten? Klar! Nun müssten Sie schließlich einfach nur Zutat nach Zutat in der richtigen Reihenfolge verarbeiten – und am Ende winkt lecker Fresschen.

Sehen Sie? Genau so ist es mit fast allem im Leben: Sobald wir passende »Rezepte« haben, kriegen wir eine Menge auf die Reihe. Wir können einen Marathon laufen, wenn wir dafür das richtige Trainingsprogramm kennen (und natürlich auch umsetzen). Wir können glückliche Beziehungen führen, wenn wir wissen, wie Beziehungen funktionieren (und unser Partner daran ebenfalls Interesse hat). Und wir können einen VW-Käfer reparieren, wenn wir dazu das Handbuch benutzen (und entsprechendes Werkzeug). Wie also sieht es mit dem inneren Schweinehund aus? Auch der ist mit der richtigen Anleitung zu dressieren wie ein gehorsamer Pudel, Terrier oder Chihuahua. Alles eine Trainingsfrage. Und die Zutaten des Rezepts für unseren zukünftigen Super-Günter stammen aus den verschiedensten Disziplinen: zum Beispiel aus Psychologie, Neurowissenschaften, Medizin, Betriebswirtschaftslehre, Coaching, Psychotherapie und dem gesunden Menschenverstand. Sobald wir sie beisammen haben, heißt es bald nur noch: »Brav, Günter!«

So
bleiben Sie
**garan-
tiert**
erfolg-
los!

Möchten Sie sich bereits jetzt aus diesem Buch verabschieden, weil Ihnen der Gedanke suspekt ist, dass man ein Leben selbstbestimmt, glücklich und erfolgreich gestalten kann? Dann habe ich hier noch ein paar Informationen für Sie zusammengestellt, damit Sie es sich in Ihrer passiven Weltsicht weiterhin gemütlich machen können. Denn mit dem richtigen Rezept erfolgreich und gut drauf sein wollen – das ist nur etwas für weltfremde Spinner! Sie hingegen (oder besser: Ihr innerer Schweinehund!) haben womöglich Ihre ganz eigenen Lebensregeln. Solche, die Sie immer wieder auf dem Allerwertesten landen lassen. Aua.

Klare Sache: Nach meinen Beobachtungen wenden weniger Erfolgreiche regelmäßig die folgenden **12 goldenen Regeln für Misserfolg** an. Und falls auch Sie weiterhin erfolglos bleiben wollen, dann setzen Sie sie einfach besonders konsequent um! Dann verpennen Sie garantiert auch Ihr restliches Leben.

1. Lassen Sie sich ziellos treiben!

Ziele braucht kein Mensch! Im Gegenteil, Ziele halten Sie nur davon ab, sich auf das zu konzentrieren, was in Ihrem Leben wirklich zählt: das konfuse Hier und Jetzt. Die Bedingungen des Moments eben. Und diese Bedingungen beinhalten eine solche Vielzahl komplexer Verflechtungen, Verpflichtungen, Resultate und Entscheidungen, dass Sie sich in Ihrer entspannten Sinn- und Richtungslosigkeit ganz locker auf Ihren Bauch verlassen können. Geben Sie einfach jedem Impuls nach – er wird Sie schon irgendwo hinführen. Die eigenen Handlungen organisieren sollen andere. Sie jedenfalls sind dafür nicht gemacht. Sie leben das süße Privileg der wahrhaft Entspannten.

2. Versuchen Sie zu ernten, ohne gesät zu haben!

Was soll auch immer dieser blöde Fleiß? Schon in der Schule war es viel einfacher, beim Nachbarn abzuschreiben, anstatt selbst zu denken. Sollen die anderen ruhig schwitzen, sich kontinuierlich anstrengen oder mit Widrigkeiten fertig werden müssen! Ihr Geburtsrecht hingegen ist es, als einziger Mensch auf Erden rein gar nichts für Erfolge tun zu müssen. Denn Sie wissen: Wenn man auch auf die Prozesse achtet, statt nur auf die Resultate, wird es anstrengend – dann muss man nachdenken, analysieren, steuern. Nein, nein – wenn der Erfolg einfach nicht kommen will, ist der Moment dafür noch nicht reif. Bleiben Sie einfach geduldig und warten Sie weiter ab! Irgendwann fällt Ihnen bestimmt alles in den Schoß.

spielen die komplette Klaviatur der Wenns und Abers, packen stets besonders Vieles und Unterschiedliches an, und wenn Sie der kleine Buchhalter im Kopf kitzelt, dann organisieren Sie sogar Kleinkram so perfekt durch, dass daneben jeder Bürokrat wie ein blasser Dilettant erscheint. Dass Ihre Affinität zum Kleinklein mitunter zu Stillstand und Misserfolgen führt, ist nur ein weiterer Hinweis darauf, dass die Welt Ihre eigentliche tiefere Genialität noch nicht verstanden hat. Warten Sie einfach ab und verzetteln Sie sich weiter: Ihre Zeit wird schon noch kommen!

3. Verzetteln Sie sich in Kleinigkeiten!

Prioritäten braucht kein Mensch, sie wirken nur wie eine Zwangsjacke. Schließlich ist es viel spannender und ehrenhafter, sich den spontanen Eingebungen kritischer Gedanken hinzugeben, anstatt aufs große Ganze zu blicken und über Sinn und Richtung nachzudenken. Nein, Sie sind schließlich kein beschränkter Idealist, der sich nur aufs Wesentliche konzentriert! Sie

4. Kneifen Sie bei der kleinsten Schwierigkeit!

Auch Sie würden ja heroisch voranschreiten – wenn nur nicht immer diese blöden Widrigkeiten wären: Menschen, die ganz andere Ziele haben. Regeln und Gewohnheiten, die sich Ihnen in den Weg stellen. Überraschungen, die Sie nicht auf dem Schirm hatten. Deshalb ist es Ihr gutes Recht, bei der kleinsten Schwierigkeit zu kneifen – sonst riskieren Sie womöglich lebensgefährliche Anstrengungen und Ihre Freunde halten Sie für einen fanatischen Workaholic! Nein, nein, das haben Sie nicht nötig. Ergreifen Sie deshalb auch weiterhin effektive Gegenmaßnahmen: Reden Sie lieber statt zu handeln! Wenn schon keine Ergebnisse kommen, haben Sie wenigstens Moral geheuchelt. Lenken Sie sich konsequent ab! Es gibt stets genügend gute Gründe, vom Weg abzuweichen und sich eine Auszeit zu gönnen. Sagen Sie immer »Ja, aber ...«, wenn eine Idee erfolgversprechend klingt! Es wird schon gute Gründe dagegen geben, sodass Sie untätig bleiben können. Und überhaupt: Grämen Sie sich nicht! Erfolge sind ohnehin nur etwas für langweilige Spießer. Für Leute, die nichts Besseres mit ihrem Leben anzufangen wissen, als immer nur nach vorne zu blicken. Für dröge und schwächliche Typen, die weit weniger aushalten als Sie. Es gehört immerhin eine ordentliche Portion Stärke dazu, sich einzugestehen, dass die Dinge nicht so laufen wie geplant. Ein Glück, dass Ihnen das eigentlich egal sein kann, weil Sie ohnehin nie ernsthaft vorhatten, Ihre Pläne in die Tat umzusetzen.

5. Suchen Sie sich die falschen Vorbilder!

Von den Erfahrungen Erfolgreicher zu profitieren, kann jeder. Aber wäre das Leben nicht viel zu einfach, wenn wir uns alle gut beraten ließen? Machen Sie es lieber spannend: Lassen Sie sich von Menschen beraten, die garantiert keine praktischen Erfolge vorzuweisen haben, aber dafür umso ausschweifender darüber philosophieren! Lernen Sie von Spitzenpolitikern, wie Wirtschaft funktioniert, lassen Sie sich vom paranoiden Nachbarn in die Geheimnisse der aktuellsten Verschwörungstheorien einweihen oder erfahren Sie vom Psychiater, wie man psychisch gesund und glücklich wird! Denn Theorie schlägt Praxis, ist doch klar. Viel kreativen Input können Sie sich natürlich auch im »Freundes«- oder Kollegenkreis holen, indem Sie jede Ihrer Ideen brav zerpflücken lassen, bevor Sie in Gefahr geraten, sie in die Tat umzusetzen: Lassen Sie Ihr Geschäftsmodell vom arbeitslosen Sachbearbeiter prüfen, lassen Sie sich vom Kettenraucher erklären, wie man mit dem Rauchen aufhört oder vom Angsthasen, wie man mutig wird! Lassen Sie sich einreden, dass Sie auch nicht schaffen, woran bereits andere vor Ihnen gescheitert sind! Also: Strengen Sie sich bloß nicht an, Sie haben es sowieso nicht drauf! Und falls doch eine gewisse Erfolgsgefahr besteht, dann lassen Sie sich wenigstens vor den unkalkulierbaren Risiken warnen! Wie sollen Sie schon alleine absehen, was alles passieren kann? Besser, Sie vertrauen Ihren falschen Vorbilder. Loser leben immerhin verlässlich risikolos.

6. Geben Sie sich niemals selbst die Schuld!

Etwas ist nicht so gelaufen, wie beabsichtigt? Dann suchen Sie rasch nach einem Schuldigen! Sie selbst freilich haben mit Ihrem Misserfolg nichts zu tun. Nein, nein, daran sind immer nur die anderen schuld. Oder irgendwelche widrigen Umstände. Schließlich weiß man ja, wie das so läuft: Erfolg ist Glückssache, weil man nie wissen kann, ob einem die Umstände gewogen sind. Deshalb können Sie auch guten Gewissens neidisch sein auf diese verdammten Erfolgreichen! Die haben alle nur Glück gehabt – ihnen ist For-

tuna gewissermaßen auf den Schoß gesprungen wie ein zutraulicher Pudel. Aber egal: Warten Sie einfach weiter ab und versuchen Sie nicht, Ihre Fehler zu analysieren oder sich sogar zu verbessern – eines Tages ist das Glück auch Ihnen hold!

7. Spielen Sie »Alles oder Nichts«!

Ihnen ist natürlich klar: Erfolg ist eine Alles-oder-nichts-Sache! Entweder hat man ihn, oder man hat ihn nicht. So wie bei einer Klippe: Es gibt oben. Und es gibt unten. Dass Erfolg eher einem Gefälle gleicht, also einer Summe mehrerer richtiger Faktoren, die unterm Strich in den nächsten Level führen, halten Sie für esoterischen Schwachsinn. Deshalb seien Sie ungeduldig und drängen Sie, was das Zeug hält! Dass sich gute Systeme entwickeln und in ihren Effekten erst kumulieren müssen, ist theoretischer Blödsinn. Auch dass es dabei oft auf die Zwischentöne ankommt, wie etwa Kommunikation oder menschliche Beziehungen, ist natürlich Quatsch – es zählen schließlich nur die Fakten und Ergebnisse! Seien Sie also jederzeit bereit, alles von einem Tag auf den anderen über den Haufen zu werfen! Seien Sie dabei absolut unflexibel und opfern Sie selbst lange gewachsene Beziehungen auf dem Altar Ihrer täglich wechselnden Impulse! Irgendwann wird die Konstellation schon stimmen.

8. Bringen Sie garantiert keinen Nutzen!

Konzentrieren Sie sich bei all Ihren Handlungen unbedingt nur auf sich und Ihre eigene Perspektive! Denken Sie dabei niemals daran, was andere Menschen von Ihnen und Ihren Ideen haben könnten – solche Sentimentalitäten gehören in psychologische Jammergruppen und platte Marketingkurse! Sie hingegen sind genial – auf Ihre ganz eigene Art. Anderen mit Ihrem Handeln einen Nutzen zu bringen, käme Ihnen nicht in den Sinn. Wozu auch? Jeder ist sich schließlich selbst der Nächste – leben wir nicht in einer völlig egozentrischen Welt? Und denken Sie natürlich auch niemals fächerübergreifend! Sie haben schließlich jahrelanges hartes Wahrnehmungstraining hinter sich gebracht, um Ihren Tunnelblick zu

perfektionieren. Nein, nein, Perspektivenwechsel kann man von Ihnen nicht verlangen. Das wäre ja fast so, als sollte sich ein Handwerker auch mit Service und Verlässlichkeit oder ein Computerspezialist mit dem Vermitteln von Basiswissen auskennen! Lächerlich ... Übersehen Sie einfach großzügig die Bedürfnisse anderer Menschen! Sie werden auf Ihrem Weg schon alleine zurechtkommen.

9. Nehmen Sie stets mehr als Sie geben!

Und wo wir schon mal bei der Ignoranz sind: Behandeln Sie unbedingt die Menschen schlecht, die gut zu Ihnen sind! Freunde? Loyale Kunden? Verlässliche Mitarbeiter? Stabile Beziehungen? Geliebte Familie? Braucht doch kein Mensch! Oder besser: Wenn die Beziehungen ohnehin schon stehen, müssen sie nicht extra gepflegt werden. Zeigen Sie Ihren Liebsten einfach, dass Sie für Höheres berufen sind: für all die Kunden, die Sie noch nicht gewonnen haben, oder all die tollen Freunde, die andere haben! Die Kirschen in Nachbars Garten sind schließlich immer besonders lecker. Es ist Ihr gutes Recht, immer mehr zu wollen und dabei von denen zu nehmen, die Ihnen etwas geben. Dankbarkeit? Etwas zurückgeben? Oder sogar ein Gleichgewicht zwischen Geben und Nehmen anstreben? Das ist doch nur etwas für hoffnungslose Romantiker!

und sich komplett nach deren Bedürfnissen richten, erhalten Sie das Privileg, ihnen dienen zu dürfen. Dass dabei Ihr eigenes Leben auf der Strecke bleibt, ist nicht so schlimm – schließlich haben Sie sich ohnehin noch nie viel daraus gemacht.

10. Geben Sie stets mehr als Sie nehmen!

Andererseits: Manchmal müssen Sie im Leben einfach Dreck fressen! Vor allem, wenn Sie die Sympathien der Menschen gewinnen wollen, denen Sie total egal sind, oder die Sie sogar wie einen Dreckklumpen am Schuh behandeln. Nun müssen Sie sich natürlich ins Zeug legen: Geben Sie solchen Menschen stets mehr, als Sie zurückbekommen – das sind diese Menschen so gewohnt! Vor allem, wenn andere Sie schlecht behandeln, müssen Sie besonders nett sein. Was sollen die anderen auch sonst von Ihnen denken? Etwa, dass Sie sich selbst auch wichtig sind? Gott bewahre, bloß nicht! Denn erst wenn Sie Ihre Persönlichkeit aufgeben

11. Konzentrieren Sie sich auf Ihre Schwächen!

Mit seinen Stärken gewinnen, kann jeder: Der Stürmer schießt Tore, der Tüftler tüftelt und der Kommunikator kommuniziert – wie langweilig! Sie hingegen haben derlei Unterforderung nicht nötig. Nein, stattdessen haben Sie sich heroisch auf die Fahnen geschrieben, gegen Ihre eigene Natur zu handeln und sich konsequent in dem zu üben, was Sie weniger gut können: Nun sind Sie womöglich ein super Torwart, der in den Sturm wechselt. Oder ein Tüftler, der sich für den Job im Außendienst bewirbt. Oder vielleicht ein Top-Außendienstler, der unbedingt ins Controlling will. So erleben Sie immer wieder Ihre eigenen Grenzen und rauben sich Mut und Energie, bravo! Sollen doch die langweiligen Erfolgreichen scheinbar mühelos ihre billigen Siege davontragen!

12. Lernen Sie nichts aus Erfahrungen!

Zum Schluss noch eine ganz besonders wichtige Voraussetzung für Ihren persönlichen Misserfolg: Verstehen Sie das Leben unbedingt als ein starres Gebilde, in dem Sie rein gar nichts beeinflussen können! Lernen Sie also keinesfalls aus Feedback, sondern machen Sie alles immer so wie schon zuvor – wozu sich auch verändern, wenn alles ohnehin so bleibt, wie es ist? Und sollten Sie dennoch einmal über offensichtliche Veränderungen stolpern, dann ignorieren Sie sie, so lange es geht. Ganz wichtig: Gehen Sie Veränderungen konsequent aus dem Weg! Tun Sie alles, um Ihre unheile alte Welt möglichst für immer aufrechtzuerhalten! Und erst wenn Sie nicht mehr anders können, stellen Sie sich dem Unausweichlichen – dann natürlich motzend, jammernd und fleißig auf die Nachteile der Veränderungen hinweisend.

Sie werden sehen: Je mehr Sie von diesen zwölf Regeln umsetzen, desto größer wird Ihr Misserfolg,

SIE JÄMMERLING!

Unser inneres Selbstgespräch

Beginnen wir unsere Schweinehundedressur mal mitten in unserem Kopf. Genauer gesagt in unseren Gedanken. Da quasseln innere Schweinehunde nämlich gerne munter drauflos – obwohl es uns dabei so vorkommt, als redeten wir mit uns selbst. Sie merken: Ich rede vom inneren Selbstgespräch. Von unserem ständigen inneren Dialog. Von den permanenten Kommentaren, mit denen wir uns selbst begleiten oder belästigen – und somit motivieren (»Ja, das machst du super!«) oder demotivieren (»Das schaffst du nie!«). Denn im inneren Selbstgespräch zeigt sich ganz schnell, wie konstruktiv und nützlich Günter für uns ist. Oder eben nicht ist.

Übrigens: Falls Sie sich fragen sollten, ob es normal ist, dass Sie in Gedanken mit sich reden – keine Sorge! Das ist völlig normal. Obwohl – auch das ist mir zum ersten Mal aufgefallen, als ich noch in der Psychiatrie gearbeitet habe … Egal, normal ist es trotzdem. Wir »hören« quasi Stimmen, ganz ohne psychotisch zu sein. Beispiel: Es ist sechs Uhr morgens, der Wecker klingelt. Der Wecker sagt: »Leg los!« Günter wird wach und sagt: »Los, leg … dich wieder hin!« Und jetzt kommt die erste Amtshandlung des inneren Schweinehundes: Zack – Wecker wieder aus! In zehn Minuten wird neu verhandelt. Kennen Sie das? Klar.

»Das schaffst du SOWIESO NICHT!«

Wie wir uns in Gedanken SELBST FERTIGMACHEN

Es ist schon erstaunlich, wie sich manche Menschen in Gedanken selbst fertigmachen. »Dies kannst du nicht!« und »Jenes kannst du nicht!«, heißt es dabei oft. Oder sogar: »Das schaffst du nie!«, »Dafür bist du viel zu blöd!« und »Du hast es nicht anders verdient!«. Kein Wunder also, dass wir uns manche Dinge nicht trauen, wenn wir so destruktiv mit uns selbst reden.

Obwohl – mit guten Freunden würden wir niemals so reden, wenn sie uns in einer wichtigen Sache um Rat fragten! Guten Freunden würden wir höflich Mut machen: »Das kriegst du schon hin, keine Sorge!« Warum also sind wir oft so schnell bereit, uns selbst klein zu halten? Meist ist ein destruktives inneres Selbstgespräch Resultat der falschen Gedankenumgebung, vor allem in jüngeren Jahren. Immerhin gilt es

bei uns als sozial akzeptiert, sein Licht unter den Scheffel zu stellen und sich vornehm zurückzuhalten. Eigenlob? »Stinkt! Was glaubst du, wer du bist!?«

Kein Wunder also, dass eine ständige Kleinmachdressur mit der Zeit in unser Selbstbild diffundiert – und dann Ärger macht, wenn es zur Sache geht: Seine Meinung offen sagen? »Mach dich nicht lächerlich!« Ein Risiko eingehen? »Lieber der Spatz in der Hand ...!« Sich selbst überwinden? »Viel zu schwierig!« Besonders perfide wird es, wenn Günter scheinbar rationale Gründe anführt, warum wir besser untätig bleiben, anstatt einfach zu tun, was wir eigentlich für richtig halten: »Dafür bist du zu jung, zu alt, zu reich, zu arm, zu gut ausgebildet, noch nicht genug ausgebildet, zu dick, zu dünn, zu gut bezahlt, zu schlecht bezahlt, zu ...«

Daher sollten folgende drei Regeln gelten:

1. Sprechen Sie in Gedanken nur so mit sich selbst, wie Sie auch mit einem guten Freund sprechen würden!

2. Streichen Sie dabei unbedingt sämtliche Beschimpfungen, Beleidigungen und Entmutigungen aus Ihrem inneren Selbstgespräch!

3. Formulieren Sie Ihr inneres Selbstgespräch stattdessen stets freundschaftlich, konstruktiv und zuversichtlich!

ÜBUNG

Achten Sie auf Ihre Gedanken!

Achten Sie auf Ihre Gedanken, wenn sich der »innere Schweinehund« meldet: Mit welchem genauen Wortlaut halten Sie sich selbst zurück? Und wie können Sie stattdessen konstruktiv mit sich selbst sprechen?

Meine destruktiven Schweinehundekommentare:	Stattdessen konstruktiv umformulierte Schweinehundekommentare:

27

2.
Lernen Sie
Ihr Gehirn
kennen!

Unterm Strich ist der innere Schweinehund ja nichts anderes als eine Metapher für die Programme, die in unserem Gehirn laufen. »Gehirn« ist Ihnen ein Begriff, oder? 1,3 Kilogramm Schwabbelmasse zwischen unseren Ohren. Jeder hat eines, ob man es glaubt oder nicht. Apropos »glauben«: Das Gehirn ist auch das Organ, mit dem wir glauben, dass wir denken. Obwohl es meist genau andersherum ist: Das Gehirn denkt uns! Und zwar vollautomatisch, ohne dass wir es bewusst wahrnehmen. Ja sogar ohne dass wir daran glauben müssten. Wie das?

Das Günter-Gehirn: unser Autopilot

Stellen wir uns Gehirne mal vereinfachend wie Zentralcomputer vor. Alles, was wir denken oder tun, findet erst mal im Gehirn statt – in Form von elektrischen und biochemischen Impulsen und Schaltkreisen, in den unterschiedlichsten Strukturen. Damit wir hier jetzt aber keinen Kurs über E-Technik, Informatik und Neurowissenschaften machen müssen, gestatten Sie mir sicher folgende Vereinfachung: Unser Gehirn besitzt zwei Betriebssysteme – wie etwa Apple Macintosh oder Microsoft Windows. Und auf denen laufen unzählige Programme – wie zum Beispiel Word, Excel oder Keynote. Beziehungsweise wie das Programm »Günter«.

Das eine Betriebssystem unseres Gehirns will uns im Leben voranbringen – es ist unser Antrieb nach vorne: Es sorgt dafür, dass wir lernen, uns weiterentwickeln, Risiken eingehen, Neues ausprobieren, uns durchsetzen, uns Fortschritte zutrauen, uns gut unterhalten und insgesamt unseren eigenen Weg gehen. Nennen wir dieses Betriebssystem mal System »Abenteuer«. Günter will die Welt entdecken und erobern.

Das andere Betriebssystem hingegen tickt völlig anders – es wirkt oft wie eine Bremse. Denn es will in erster Linie, dass bei uns alles möglichst sicher ist und wir in Ruhe und Ordnung leben. Risiken scheut es genauso sehr wie Anstrengungen oder Abenteuer. Wozu sollen diese auch gut sein? Besser das Bekannte bewahren als das Unbekannte ausprobieren. Klare Sache: Dieses Betriebssystem will eher verwalten statt gestalten. Es will den Weg gehen, der schon da ist – und keinen neuen schaffen. Nennen wir es mal das Betriebssystem »Sicherheit«, »Verwaltung«, »Routine«.

Sie merken: Das mit den beiden Betriebssystemen ist wie bei Apple Macintosh und Microsoft Windows. Das eine ist cooler und progressiver, das andere aber hat den größeren Marktanteil. Denn Günter läuft besonders häufig auf Betriebssystem Nummer zwei. Und das äußert sich meist in zwei Ausprägungen – in Routinen und in Gleichgewichtszuständen.

Routinen – immer das Gleiche tun

Betrachten wir zunächst die Routinen. Im Kern funktionieren sie nämlich so: Was wir uns einmal angewöhnt haben, fällt uns leicht. Aber nicht, weil es von vornherein leicht wäre, sondern weil wir aus einer Handlung mit der Zeit Routine gemacht haben – und dann wiederholen wir nur noch, was wir schon können. Ein Beispiel: Haben Sie vielleicht die Routine, regelmäßig Sport zu machen, so zwei-, dreimal die Woche? Falls ja, Gratulation. Dann müssen Sie dafür nicht mehr extra Ihren inneren Schweinehund überwinden. Oder höchstens nur mal zu Beginn Ihres Sportprogramms, um in Schwung zu kommen. Ansonsten aber geht es problemlos, Sport ist Ihnen ein Bedürfnis, oder? Klar, warum: Sport ist für Sie Routine! Und Sie tun eigentlich nur, was Sie einmal gelernt haben und nun gewöhnt sind.

Oder aber haben Sie etwa die Routine, regelmäßig keinen Sport zu machen? Dann fällt Ihnen das genauso leicht wie dem Sportler das Sporteln! Sie müssen Ihren inneren Schweinehund nicht überwinden, um keinen Sport zu machen. Er unterstützt Sie dabei freiwillig. Gut, vielleicht kommen Sie manchmal abends nach Hause und fragen sich mutig: »Was tun? Heute wieder Couch oder mal die Sportschuhe?« Doch dann kommt sofort Günter daher und sagt: »Ist doch klar: Couch, so wie immer!«

Sie ahnen längst, wie das mit den Routinen funktioniert. Wie schon gesagt, sind sie im Kern reine Übungssache: Lesen und schreiben ist Routine. Im Auto kuppeln ist Routine. Rauchen oder nicht Rauchen ist

Routine. Probleme lösen ist Routine. Und vor Problemen davonlaufen auch. Es kommt eben darauf an, was wir uns (Günter) beigebracht haben. Haben wir im Gehirn mal ein Programm installiert, läuft es. Und zwar dauerhaft und problemlos – solange wir es nicht durch ein neues ersetzen. Und zwar, weil unser Sicherheitsbetriebssystem befiehlt: »Mach's genau so wie immer! Kannst dabei keinen Fehler machen, weißt ja schon, wie es richtig geht. Passt alles.«

Gleichgewichtszustände – bequem stabil bleiben

Eine andere Ausprägung unseres Betriebssystems »Sicherheit« sind Gleichgewichtszustände. Beispiel Sport: Nicht das Joggen an sich ist ja anstrengend (wenn man es langsam genug macht, um dabei Luft zu bekommen), sondern mit dem Joggen anzufangen. Denn es ist ein Gleichgewichtszustand, nicht zu joggen. Und es ist ein Gleichgewichtszustand, zu joggen. Schwierig ist nur der Wechsel vom einen zum anderen. Wer hingegen einmal in Schwung kommt, der läuft.

Übrigens: Menschen, die nicht verstehen, wie Motivation funktioniert, meinen ja häufig, man müsse erst mal auf die Motivation warten, um eine Handlung zu starten. Das ist Grütze. Denn es funktioniert auch genau andersherum: Erst mal anfangen, dann kommt irgendwann die Motivation hinterher. Kennen wir alle noch aus der Schule: Wer hatte schon Lust auf die Hausaufgaben? Wenn wir sie aber angefangen hatten, haben wir sie auch irgendwie fertig gemacht. Die Motivation kam also hinterher. Und heute ist es noch genauso: Haben Sie Lust darauf, die Küche aufzuräumen? Oder einen unangenehmen Kunden anzurufen? Natürlich nicht. Aber fangen wir damit an, kommt währenddessen Günter und sagt: »Jetzt mach's auch fertig!« Weil der innere Schweinehund jetzt in einem anderen Gleichgewichtszustand ist. Er ist aktiv geworden und will es auch bleiben.

Wie also kommen wir in den Gleichgewichtszustand der Aktivität? Zum Beispiel morgens im Bett: Es geht dabei gar nicht ums Wach- und Aufsein an sich. Das Wach- und Aufsein ist nicht das Anstrengende. Das Anstrengende ist der Wechsel vom einen Gleichgewichtszustand in den andern! Gemütlich im Bett liegen, kuscheln und träumen, ist ein Gleichgewichtszustand. Günter sagt: »Och, hast gut geschlafen. Bist gut entspannt. Da draußen ist Montag.« Wir bleiben liegen, weil wir mit dem Aufstehen eine unangenehme Verbindung assoziieren: Kälte, Stress, der blöde Chef. Unangenehme Verbindungen aber möchte der innere Schweinehund nicht haben, deswegen sagt er: »Bleib im Bett liegen!«
Doch: Wachsein, Unterwegssein und etwas aktiv zu tun ist auch ein Gleichgewichtszustand. Und zwar einer, der Spaß machen kann!

In Schwung kommen dank Druck oder Sog

Also was bringt uns zum Aufstehen? Meist ja zwei Szenarien: Druck oder Sog. Klar: Der Sog ist viel angenehmer. Wenn man etwas vorhat, was einen gewissermaßen aus dem Bett zieht. Wenn man zum Beispiel mitten in einem spannenden Projekt steckt, in den Urlaub fliegt oder frisch verliebt ist. Dann sagt Günter gleich nach dem Wachwerden: »Los, steh endlich auf!« Betriebssystem Abenteuer – erinnern Sie sich?

Viel häufiger aber treibt uns der Druck aus dem Bett: Druck von außen oder Druck von innen. Beispiel: Haben Sie schon einmal zehn Minuten verschlafen? Der Radiowecker dudelt vor sich hin und Sie bauen die Nachrichten und die Musik in Ihren Traum mit ein: Der Stau auf der A8 geht durch Ihr Wohnzimmer, und in der Küche sitzt Madonna am Tisch und singt. Plötzlich werden wir wach und Günter sagt: »Ätsch, der Tag hat schon angefangen!« Und urplötzlich haben wir ein Katastrophenszenario im Kopf, das Günter wild ausschmückt: »Wenn du jetzt nicht aufstehst, gibt es Ärger: Stau im Bad, Stau in der Küche, Stau auf der Straße. Zu spät beim Job, Stress mit den Kollegen und Kunden, die Beförderung kannst du vergessen. Hartz IV, du landest in der Gosse!« Und schwupp – schon stehen wir auf! Und zwar ohne Probleme. Meist verlassen wir das Haus jetzt sogar noch fünf Minuten vor unserer üblichen Zeit. Adrenalin sei Dank.

Das heißt, der Druck von außen macht zwar keinen Spaß, aber er wirkt. Natürlich gibt es auch einen Druck von innen. Am frühen Morgen ist das die volle Blase. Und im Laufe des Tages die vielen Zwänge und Nöte, die uns ungeliebte Dinge anfangen lassen, obwohl wir eigentlich nicht wollen. Druck sei Dank: »Du musst! Du musst! Du musst jetzt einfach!« Und dann tun wir, was wir müssen. Was bleibt uns anderes übrig?

3.
Das LUST-
SCHMERZ-Prinzip

Halten wir also fest: Eigentlich ist es gar nicht so schwer, Günter zum Handeln zu motivieren. Wir müssen einfach nur in Schwung kommen, um Routinen und Gleichgewichtszustände zu überwinden. Sind wir einmal in Bewegung oder ist die Routine aufgebaut, ist alles ganz leicht. Der neue Gleichgewichtszustand pendelt sich dann als Normalzustand ein. Die Routine ist easy. Das mit dem In-Schwung-Kommen klappt sogar morgens nach dem Aufstehen: Da wollen wir nach Toilette, Dusche, Kaffee und Müsli schließlich auch nicht mehr ins Bett zurück. Oder nur unter ganz bestimmten Umständen, auf die ich hier nicht näher eingehen möchte.

Emotionale Startsignale

Demnach geht es zunächst also nur ums Überwinden der Anfangs-trägheit. Und hier wird es tricky! Denn was benötigt man, um in Schwung zu kommen, wenn man gemütlich im Sicherheitsbetriebs-system läuft? Klar: Startsignale! Und zwar emotionale: Entweder bringt uns die Aussicht auf ein schönes Gefühl in Schwung. Oder der Wunsch, ein schlechtes Gefühl zu vermeiden. Nennen wir das mal das »Lust-Schmerz-Prinzip«. Menschen und Schweinehunde wollen Lust erleben und Schmerzen vermeiden. Ganz einfach.

Das Lust-Prinzip

Nun könnte Günter fordern: »Ist doch super, dann brauche ich nur möglichst oft eine Belohnung, damit ich mich bewege!« Klingt verlockend. Doch wenn Günter so tickt, denkt er meist nur kurzfristig. Er will ein schnelles Leckerli – leider ohne darauf zu achten, was ihm (uns) auf lange Sicht wirklich guttut. Im Gehirn wird dabei der sogenannte »Nucleus Accumbens« stimuliert, eine Art Lustknopf in unserem limbischen System, also den Nervenbahnen im Hirn, die Gefühle verarbeiten. Immer wenn der Lustknopf gedrückt wird, erlebt Günter einen kurzen emotionalen Kick – nicht aber anhaltendes Glück. Bedürfnisbefriedigung quick and dirty.

Beispiel: Sie sitzen am Schreibtisch und arbeiten, sind also gerade in einem Gleichgewichtszustand. Dann kommt ein Kollege ins Büro und hat – wie fast jeden Tag – eine leckere Schwarzwälder Kirschtorte mitgebracht. Augenblicklich sagt Günter nun: »Los, steh auf und hol dir ein Stück!« Und schon ist der Gleichgewichtszustand verlassen und ein Tortenstück verdrückt. Ganz unabhängig vom guten Vorsatz, sich gesünder zu ernähren und ein wenig schlanker zu werden. Uuups! Daran ist dann wohl der innere Schweinehund schuld. Typisch Lust-Prinzip eben.

Sie bemerken das Dilemma? Selbst wenn das Erleben schöner Gefühle erst mal gutzutun scheint, ist noch lange nicht gesagt, dass es uns langfristig auch wirklich guttut. Außerdem lenken uns kurzfristige Kicks zwar für einen Moment von unseren Routinen und Gleichgewichtszuständen ab, dann aber landen wir meist wieder dort, wo wir zuvor waren. Egal, ob wir wollen oder nicht. Denn: »Der Kick ist vorbei, wann kommt der nächste?«, meint Günter nun – und wartet auf das nächste Mal lecker Fressen, Saufen, Sex oder Faulenzen. Darauf hat er schließlich immer Lust.

Demotivation durch Belohnung
Nun ist zwar gegen vereinzelte Belohnungen in Form von schönen Gefühls-Kicks nichts zu einzuwenden – schließlich machen sie wirklich Spaß. Blöd allerdings wird es, wenn wir es damit übertreiben: Dann bewegt sich Günter nämlich bald nicht mehr freiwillig – so ganz ohne Belohnungs-Kick. Warum sollte er auch die gemütlichen Routinen und Gleichgewichtszustände verlassen, wenn es dafür nicht mal etwas gibt?

Und so entwickelt sich oft eine Art Belohnungssucht – ohne Kicks fehlt uns (Günter) nun etwas. Und das demotiviert! Denn die meisten Dinge des Alltags sollten wir hinkriegen, ohne extra etwas dafür zu erwarten: ein gewisses Maß an Anstrengung bei der Arbeit, dem Partner im Haushalt helfen, regelmäßig Sport machen – alles eigentlich Selbstverständlichkeiten! Doch was, wenn Günter ohne Belohnung keinen Finger mehr rührt, weil er sie für sein gutes Recht hält? Wenn wir für jede extra Anstrengung im Job ein fettes Lob vom Chef brauchen? Oder besser noch einen Bonus auf dem Konto! Was, wenn wir für jede kleine Gefälligkeit unserem Partner gegenüber besondere Anerkennung erwarten? Und wenn wir ohne die Aussicht auf ein Weißbier hinterher erst gar nicht mehr zum Sport gehen? Dann hat sich unser lustgesteuertes Motivationssystem ins Knie geschossen. Wir werden zu emotional Bedürftigen, die freiwillig keinen Finger mehr krümmen. Au weh.

Don't eat the Marshmallow – yet!

Im Leben bringt uns oft die Fähigkeit weiter, uns Belohnungen kurzfristig zu versagen und sie stattdessen aufzuschieben. Der amerikanische Psychologieprofessor Joachim de Posada hält diese Fähigkeit sogar für den wichtigsten Faktor für Erfolg überhaupt.

De Posada berichtet von einem Versuch der Standford University: Vierjährige Kinder bekamen die Aufgabe, 15 Minuten alleine in einem Raum zu verbringen. Vor ihnen auf dem Tisch lag ein Marshmallow – für die meisten Kinder eine Köstlichkeit. Dann wurde den Kindern erklärt: Wenn sie es schafften, den Marsmallow nicht zu essen, während sie alleine sind, bekommen sie hinterher zur Belohnung einen zweiten zusätzlich.

Was war das Ergebnis? Zwei Drittel der Kinder aßen ihren Marshmallow vorzeitig. Ein Drittel aber lenkte sich zum Teil sehr mühevoll von der Aussicht auf den zu erwartenden Genuss ab und hielt die 15 Minuten tapfer durch. Das heißt: Diese Kinder verstanden schon im Alter von vier Jahren, wie wichtig für Erfolg die Fähigkeit ist, Belohnungen zu verzögern! Sie hatten Selbstdisziplin.

14 bis 15 Jahre später fanden Verlaufsstudien statt: Was war aus den Kindern geworden, die nun mittlerweile 18 oder 19 Jahre alt waren? Die Ergebnisse waren deutlich: 100 Prozent der

Kinder, die den Marsmallow nicht gegessen hatten, waren erfolgreich! Sie hatten gute Noten, waren gut drauf, hatten Lebenspläne und gute Beziehungen zu Lehrern und Mitschülern. Bei einem großen Anteil der Kinder aber, die den Marsmallow vorzeitig gegessen hatten, lief es weniger gut: Sie hatten meist schlechte Noten und die Schule längst verlassen. An die Universität oder Karriere war nicht mehr zu denken.

Das Schmerz-Prinzip

Die süchtig machende Lust-Orientierung alleine scheint also nicht auszureichen, um Günter wirklich zu dressieren und unser Leben dauerhaft zu verbessern. Unterm Strich tut er nämlich immer das Gleiche: Routinen und Gleichgewichtszustände beibehalten und den Status quo verwalten. Also braucht es manchmal einen viel deutlicheren Handlungsanreiz, damit wir unseren Allerwertesten hochbekommen: Schmerz.

Was glauben Sie: Was ist der stärkere Antrieb? Das Erleben von schönen Gefühlen oder das Vermeiden von schlechten? Klare Sache: Das Vermeiden von schlechten Gefühlen ist biologisch betrachtet der stärkere Antrieb, weil es viel wichtiger ist! Denn wenn uns irgendetwas wehtut, könnte es gefährlich sein. Und dann sollte die oberste Priorität unseres Gehirns lauten: »Am Leben bleiben, um jeden Preis!« Nicht wahr? Also werden wir alles tun, um tatsächlich erlebten oder auch nur vorgestellten Schmerz, Angst oder allzu großen Stress und Unsicherheit zu vermeiden. Das Schmerz-Prinzip ist ein kategorisches Muss für uns.

Dafür nehmen wir zwischenzeitlich sogar ein paar Unannehmlichkeiten in Kauf – und verändern unser Verhalten.

Haben Sie zum Beispiel schon mal auf eine heiße Herdplatte gefasst? Autsch! Dieser Schmerz ist im Kopf sofort abgespeichert. Da fassen wir nie wieder hin – das Ding kann noch so schön orange leuchten! Oder haben Sie schon einmal von einer/einem Angebeteten einen Korb bekommen? Autsch, auch das sitzt manchmal sehr tief! Und wieder kommt das gleiche Prinzip zum Einsatz: Beim nächsten Möchtegernflirt rät Günter nun zur Defensive – wir verstecken unsere Bewunderung lieber. Zurückweisung tut zu sehr weh.

Ach, gibt es nicht unzählige Traumata, die uns immer noch beeinflussen, obwohl sie oft Jahre zurückliegen? Schlechte Lehrer in der Schule. Ungerechtigkeit im Job. Die Trennung von Modern Talking. Nie wieder wollen wir also die Schulbank drücken, in einem Laden ohne Betriebsrat arbeiten oder einen Bild-Artikel über Dieter Bohlen versäumen! Alles zu schmerzhaft gewesen für uns.

Die Flucht vor dem Tiger

Oder stellen Sie sich vor, Sie sind mit Ihrer Familie im Zoo spazieren. Nach eineinhalb Stunden tun Ihnen die Oberschenkel weh, denn Sie waren schon mal besser trainiert. Sie suchen sich also eine Bank und setzen sich. Auch dabei bewegen Sie sich nur weg vom Schmerz und hin zur Lust, merken Sie? Und Sie genießen das Sitzen jetzt besonders, weil es vorher so ungemütlich war. Der Kontrast tut gut.

Nun schicken Sie Ihre Familie weiter: »Wir treffen uns später, ich ruhe mich hier eine Weile aus.« Dann stellen Sie fest: Um Sie herum sind lauter Menschen, die alle in eine Richtung schauen. Warum? Da! Fünf Meter vor Ihnen: der Tigerkäfig. Darin sehen Sie eine große Katze, zwei Meter lang, quer gestreift. Die läuft von links nach rechts und von rechts nach links. Und dann geht die Käfigtüre auf, der Tiger kommt raus und direkt auf Sie zu. Na? Was werden Sie jetzt augenblicklich machen, außer in die Hose? Keine Frage: Sie werden aufstehen und Sie werden laufen – so wie alle anderen um Sie herum auch! Und zwar augenblicklich! Und es wird Sie dabei in keiner Weise stören, dass Sie vorher schmerzende Oberschenkel hatten. Sie werden sich nicht fragen: »Hm, passt das jetzt in meinen Trainingsplan? Was machen da morgen die Laktatwerte?« Oder: »Sieht man, dass beim Laufen mein Popo wackelt?« Das wird Sie alles nicht stören, garantiert. Sie werden laufen, laufen, laufen.

Die spannende Frage ist jetzt aber: Wie schnell müssen Sie laufen? Also rein objektiv betrachtet. Na? Schneller zu sein als der Tiger werden Sie nicht schaffen, keine Chance. Schneller als die anderen? Nahe dran, aber auch noch nicht ganz richtig. Nein, Sie müssen doch nur schneller laufen als der Langsamste! Klar, oder? Denn wenn der Langsamste gefressen wird, ist der Tiger zu beschäftigt, um Ihnen weiter hinterher zu rennen. Sie schalten also wieder gemütlich einen Gang zurück und sagen empört: »Tierpfleger, schau mal! Darf der das?«

Immer erst warten, bis es wehtut?
Ganz ehrlich: Kennen Sie diese Art der Motivation? Einfach warten, bis es anfängt, richtig wehzutun, und dann machen wir selbst die unangenehmsten Dinge freiwillig: einen ungeliebten Job kündigen, obwohl

noch kein neuer in Aussicht ist. Eine kaputte Beziehung beenden, obwohl man aneinander gewöhnt ist. Auf die morgige Prüfung lernen, obwohl wir dafür den Fernseher ausschalten müssen. Wir lassen die Umstände eine Entscheidung treffen. Und ziehen diese dann tapfer durch.

Leider nur ist der Schaden dann häufig schon größer als er hätte sein müssen: Wir haben jahrelang verpennt, uns nach Jobalternativen umzusehen, und trauen uns fast nichts mehr zu. Wir haben alle Energie in die Ex-Beziehung gesteckt und stehen nun ohne Freunde da. Und den Lernstoff schaffen wir auch nicht mehr, müssen uns also für die Nachprüfung anmelden. Doch die ist zum Glück erst im nächsten Jahr. Also schnell wieder zurück vor den Fernseher!

Blöd, oder? Können wir nicht einfach freiwillig in Schwung kommen, ohne dass es dazu erst wehtun muss? Können wir Veränderungen nicht angehen, bevor das Kind in den Brunnen fällt? Eigentlich schon. Nur ist auch freiwillige Veränderung mit einem gewissen Aufwand verbunden, einem gewissen Maß an Schmerz also. Und den sollten wir auf uns nehmen wollen, damit wir mit ihm konstruktiv umgehen können. Doch bevor wir uns freiwillig auf eine Aufgabe konzentrieren, lenken wir uns lieber eine Weile mit Telefonaten, Internetsurfen oder Spielen ab. Bevor wir einer Mitarbeiterin direkt sagen, dass sie Murks gebaut hat, befürchten wir Ärger mit der Gleichstellungsbeauftragten und schweigen lieber. Und bevor wir uns den Stress antun, nach dem Essen keine mehr rauchen zu dürfen, hören wir erst irgendwann in der Zukunft mit dem Quarzen auf.

Erst wenn uns die Aufgabe beinahe physisch in den Hintern tritt, kriegen wir selbigen hoch und blenden sämtliche Ablenkungen aus. Erst wenn die Mitarbeiterin den Fortbestand der Firma bedroht, rückt die nüchterne Leistungsbeurteilung ins Blickfeld.

Und erst wenn sich im Röntgenbild ein Schatten auf der Lunge zeigt, nehmen wir uns ernsthaft vor, unseren Espresso künftig ohne begleitenden Krebsstängel zu schlürfen. Freilich rennen wir auch dann erst mal zum Hypnotiseur oder in die Apotheke, damit man uns die Entzugserscheinungen wegmacht – selbst wenn sie gar nicht spürbar sind.

Unsere Schmerzvermeidungskultur

Besonders angenehm an der allgemeinen Schmerzvermeidung: Weil ohnehin fast jeder Schmerz und Anstrengung aus dem Weg geht, schaut man uns wegen unserer eigenen Leistungsverweigerung nicht einmal schräg an! Wir leben in einer allgemein anerkannten Schmerzvermeidungskultur und bestätigen uns alle gegenseitig, dass es völlig okay ist, erst dann richtig loszulegen, wenn wir es müssen: Lernen? Erst kurz vor der Prüfung! Malochen? Erst kurz vor der Insolvenz! Alles andere erscheint nicht zumutbar. Wir sind doch keine Masochisten! Und sobald der akute Schmerz, der akute Druck dann wieder vorbei ist, machen wir wieder weiter wie zuvor: Ist die Aufgabe erledigt, gehen wir augenblicklich wieder zur Zerstreuung über – konzentriert nachdenken ist zu anstrengend. Ist die Liquidität unserer Firma gesichert, tolerieren wir selbst die größten Hohlköpfe – egal welchen Geschlechts. Und erweist sich der Schatten auf der Lunge als technischer Defekt des Röntgengeräts, klickt auch schon wieder das Feuerzeug – auf diesen überstandenen Schreck brauchen wir erst mal eine Zigarette.

Wir halten es also für normal, kuschelig in Watte gepackt zu leben. Wir meinen, jede kleine Unpässlichkeit für Schmerz halten und sie vermeiden zu müssen. Und erst wenn die jeweiligen Erträglichkeitsschwellen überschritten sind, haben wir einen sozial akzeptierten Grund fürs Handeln: »Was sein muss, muss sein!« Kein Wunder also, dass wir oft erst dann funktionieren, wenn wir es müssen! Wir haben es so gelernt. Und wir erfahren es jeden Tag aufs Neue, wenn wir uns mit anderen Menschen (und Schweinehunden) umgeben.

Langsamer Schmerz erhöht die Leidensfähigkeit Na,

klingt das logisch? Möglich. Aber es ist völlig unlogisch! Denn andererseits ertragen wir heroisch die unangenehmsten Situationen, nur um uns nicht verändern zu müssen! Unsere Leidensfähigkeit ist nämlich enorm, wenn sich Schmerzen nur langsam steigern. Wie beim Frosch im Wasser: Wird es sprunghaft wärmer, registriert Kermit die Gefahr und springt ins Trockene. Sonst findet die Muppet Show ohne ihn statt. Steigt die Temperatur aber nur langsam, riskiert er, gekocht zu werden, ohne es zu merken. Und Miss Piggy droht der schmerzhafte Verlust ihres geliebten Punching Ball.

Genauso ist es bei uns: Es ist unglaublich, was wir alles ertragen können, wenn sich Unangenehmes nur langsam genug entwickelt! Identitätskrisen, Übergewicht, Beziehungsdramen – nichts scheint uns etwas anhaben zu können. Hauptsache nur, die Katastrophe entwickelt sich peu à peu. Dann leiden wir tapfer vor uns hin und merken es oft nicht einmal. Wir sind blind für unsere Dauerschmerzen. Und wieder scheinen wir erst darauf warten zu müssen, dass etwas richtig wehtut, bevor wir uns verändern. Das ganze System muss uns erst so richtig vor die Füße fallen, damit wir reagieren und gegensteuern: Depressionen, Diabetes, der Nachbar im Kleiderschrank. »Los jetzt, tu was dagegen!«, sagt nun

selbst Günter. Obwohl sich so manche Katastrophe durch recht-
zeitiges beherztes Handeln vermeiden ließe …

Wer die eigenen Gefühle selbst steuert, steuert sein Leben

Halten wir also fest: Sowohl das kurzfristige Lustprinzip als auch
das Warten auf schmerzhaften Druck stößt an Grenzen. Es scheint
uns oft am wirklichen Vorankommen zu hindern, wenn wir uns
nur von unseren Gefühlen steuern lassen. Wir leben dann zwar
einigermaßen sicher und bequem, werden aber auch übervorsich-
tig und faul.

Wäre es demnach nicht viel besser, wenn wir unsere Gefühle steuern könnten? Dann hätten wir indirekt auch einen Antrieb für
uns selbst. Sie merken: Wir kommen langsam zum Thema »emotionale Intelligenz« – die Damen werden etwas damit anfangen
können. Wir bewegen uns weg vom reinen Reiz-Reaktions-Modell
und weiter zum bewussten Wahrnehmen und Interpretieren unserer Gefühle (und der anderer). Denn wer das draufhat, kann sein
Leben viel unabhängiger steuern (und mit anderen besser klarkommen): Wer die richtige Brille aufsetzt und die richtige Perspektive einnimmt, kann Gefühle so interpretieren, dass sie fast immer
nützlich sind. Sogar die unangenehmen.

Auch schlechte Gefühle sind schließlich für etwas gut. Etwa falls
sie lange anhalten. Dann helfen sie uns nämlich, Irrwege als solche zu erkennen: Nein, es tut nicht wirklich gut, ein chronisches
Beziehungsproblem nicht zu lösen. Nein, es ist nicht sinnvoll,
jeden Tag gegen ein Burn-out zu kämpfen, weil man seine Ar-
beitsumstände nicht hinterfragen will. Nein, es hilft nicht wirklich weiter, über Unordnung zu motzen, sich aber nicht zum Auf-
räumen aufzuraffen.

Sind schlechte Gefühle hingegen nur kurze Übergangsphasen zu dauerhaft besseren, sieht es genau andersherum aus: Ja, wir sollten unser Leben ohne Zigaretten einüben, selbst wenn es sich zunächst ungewohnt anfühlt, weil wir danach mehr Luft, Kraft und Stolz haben. Ja, wir sollten uns endlich an den Schreibtisch setzen und tun, was wir ewig vor uns herschieben, weil es uns hinterher super geht. Ja, wir sollten ein unangenehmes Gespräch führen, wenn die Aussicht besteht, danach ein Problem gelöst zu haben. Besser ein Ende mit Schrecken, als ein Schrecken ohne Ende, sagt der Volksmund. Das gilt auch für die Schrecken, die uns unser innerer Schweinehund vorgaukelt.

In beiden Fällen sind schlechte Gefühle also Handlungssignale: Einmal sollten wir etwas unterlassen, das uns offensichtlich nicht guttut. Ein anderes Mal tun, was uns offensichtlich guttäte. Es kommt also nur darauf an, wie wir die schlechten Gefühle wahrnehmen und interpretieren und dass wir sie als Startknöpfe für gezielte Handlungen anwenden.

So

werden Sie
in vier
Schritten
zum
Chef
über
UN–
angenehme

GEFÜHLE

Eigentlich ist es ganz einfach, zum Chef über seine eigenen Gefühle zu werden. Dafür brauchen Sie vier Gedankenschritte:

2. Was bedeutet das für Sie?

1. Was genau nehmen Sie wahr?

Versuchen Sie, unangenehme Gefühle nicht zu verdrängen, sondern bewusst wahrzunehmen und zu beschreiben! Was fühlen Sie genau?

Ungeduld? Allgemeine Ängstlichkeit? Furcht vor etwas ganz Bestimmtem? Nervtötenden Stress? Stechenden Schmerz? Dumpfen Druck? Kurze Müdigkeit? Tiefe Erschöpfung? Ratlosigkeit? Hilflosigkeit? Leichte oder starke Über- oder Unterforderung? Nervosität? Gereiztheit? Perspektivlosigkeit? Einsamkeit? Einengung? Und so weiter.

Je besser Sie wissen, was Sie fühlen, desto eher können Sie Abhilfe schaffen.

Fragen Sie sich nun nach der Bedeutung Ihres unangenehmen Gefühls! Wo kommt es her? Und was will es Ihnen ganz konkret sagen?

Ist Ihr schlechtes Gefühl vielleicht ein Handlungssignal dafür, etwas Bestimmtes in Zukunft zu tun oder zu unterlassen? Was genau?

3. Was bedeutet das langfristig?

Dass Ihnen schlechte Gefühle im Moment nicht guttun, ist klar. Aber wie entwickeln sie sich wohl langfristig? Also ein wenig später, morgen, nächste Woche oder in einem Jahr? Wechseln Sie unbedingt von der kurzfristigen in die langfristige Perspektive! Was werden Sie zukünftig fühlen, wenn Sie tun, was Ihnen Ihre Gefühle sagen?

Wenn Sie zum Beispiel die lästige Anfangsträgheit überwinden und Sport machen, geht es Ihnen hinterher besser. Lassen Sie sich aber von der Anfangsträgheit steuern, fühlen Sie sich langfristig unausgeglichen und schlapp. Oder falls Sie sich momentan unsicher fühlen und Zukunftsängste haben, weil Ihre Firma den Bach runtergeht, können Sie Unsicherheit und Zukunftsangst als Handlungssignale betrachten und sich sofort aktiv nach Alternativen umsehen: Wo bekommen Sie einen anderen Job her? Sollten Sie sich vielleicht selbstständig machen? Oder Vollgas geben, um die derzeitige Firma zu retten? Sobald Sie sich darüber im Klaren sind und die Perspektive langfristig ausgerichtet ist, wird das schlechte Gefühl »nur« zu einem Kompass, der Ihnen die Richtung zeigt. Und sobald Sie in diese loslaufen, geht es Ihnen besser. Warten Sie aber weiterhin nur passiv ab und leiden diffus vor sich hin, wird sich weder an der Situation Ihrer Firma noch an Ihrer so bald etwas ändern. Sie werden zum

Spielball der Umstände. Obwohl Ihre Gefühle Ihnen die richtigen Signale angezeigt haben.

4. Love it, change it or leave it!

Nachdem Ihnen nun die langfristigen Implikationen klar sind, müssen Sie sich nur noch für eine von drei Reaktionsalternativen entscheiden: Love it, change it oder leave it!

a) Love it!

Ist das unangenehme Gefühl nur sehr kurzfristig und eigentlich ist alles in Ordnung? Haben Sie vielleicht einen kurzen Durchhänger, ein vorübergehendes Zwischentief oder einen frustrierten inneren Schweinehund, der ein wenig Zuspruch braucht? Dann kraulen Sie Günter kurz hinter den Ohren und machen dann weiter mit Ihrem Business as usual. Alles ist prima: Sie können Ihr Leben lieben und genießen — und vorübergehende Unpässlichkeiten getrost ausblenden. Love it!

b) Change it!

Hängt das unangenehme Gefühl allerdings mit einem Umstand zusammen, den Sie positiv beeinflussen können, dann verändern Sie diesen Umstand unbedingt: Change it! Erst danach wird es Ihnen besser gehen. Nun wäre es ein Fehler, Ihre schlechten Gefühle zu verdrängen.

c) Leave it!

Und falls Sie die Umstände, die Ihnen schlechte Gefühle bereiten, weder verändern noch dauerhaft ertragen können, sollten Sie unbedingt konsequent sein und die Situation ganz verlassen: Leave it! Sonst geht es langfristig nur auf Ihre Kosten. Auch hier sind schlechte Gefühle ein eindeutiges Handlungssignal. Sie dürfen sie auf keinen Fall verdrängen.

ÜBUNG
Die Einser-Regel

Um bei typischen Schweinehundesituationen in die langfristige Perspektive zu wechseln, hilft die Einser-Regel. Fragen Sie sich ganz konkret: »Was bedeutet mein Handeln für mich in einer Minute, in einer Stunde, einem Tag, einer Woche, einem Monat, einem Jahr, einem Jahrzehnt?«

Beispiel regelmäßiges Joggen: Eine Minute nach dem Beginn des Laufens fühlen Sie sich womöglich unangenehm außer Puste, Sie müssen erst noch richtig in Schwung kommen. Nach einer Stunde stehen Sie aber vielleicht schon glücklich unter der Dusche und sind froh, dass Sie sich bewegt haben. Nach einem Tag wissen Sie, dass Sie gestern joggen waren und es heute nicht müssen. In einer Woche können Sie so locker drei bis vier Laufrunden in Ihrem Alltag unterbringen, ohne dass es zur täglichen Pflicht wird, zu der Sie sich quälen müssen. Nach einem Monat ist Ihre Kondition schon ein wenig besser geworden und vielleicht haben Sie ein halbes Kilo Gewicht verloren. Nach einem Jahr fühlen Sie sich deutlich fitter als im Vorjahr und die Waage zeigt ein klares Minus. Und nach einem Jahrzehnt sind Sie im Vergleich zu den regelmäßigen Nichtsportlern in Ihrer Umgebung kaum gealtert und fühlen sich nach wie vor jung und frisch. Na? Hat Günter jetzt immer noch so viel Respekt vor der kleinen Anfangshürde?

Sie sehen: Mit der Einser-Regel lassen sich etliche Sorgen, Mühen und Anstrengungen relativieren. Denn: Die meisten schlechten Gefühle sind langfristig betrachtet unwichtig, denn sie gehen vorbei. Es sei denn, wir erkennen sie nicht als einen Wink mit dem Zaunpfahl und verändern gar nichts. Zum Beispiel wird chronische Unzufriedenheit mit der eigenen Jobsituation (tut nicht gut) mit der Zeit meist immer frustrierender, wenn man nichts gegen sie unternimmt (tut noch weniger gut). Auch so mancher kurzfristige Kick wird aus der langfristigen Perspektive als schädlich entlarvt: Jeden Abend die Füße hochlegen und Chips essen (tut gut) führt eben langfristig zu Trägheit und Schwäche (tut nicht gut).

Meine typischen Schweinehundesituationen:	Was bedeutet diese Situation für mich nach der Einser-Regel?

4. Das Prinzip
»ABENTEUER«

Survival of the fittest?

Okay, das bewusste Wahrnehmen unserer Gefühle und ihre Betrachtung unter zeitlichen Aspekten relativiert also unseren bequemen Lust-Schmerz-Autopiloten. Und das ist sehr wichtig – auch unter dem Gesichtspunkt der Leistungsfähigkeit! Schauen wir uns dazu noch mal die Gruppe Menschen an, die vorm Tiger davonläuft: In der Regel folgt deren Laufleistung ja der Normalverteilung: Die Allermeisten laufen im Mittelfeld, ein paar wenige an der Spitze der Gruppe und ein paar andere wenige am Ende. Was bedeutet das?

Nun, der alte Charles Darwin hat ja gesagt: »Survival of the fittest«. Doch das ist falsch. Denn in der Natur überleben nicht nur die Fittesten, sondern auch das Mittelmaß. Was Darwin meinte, war vielmehr »Death of the unfittest«. Den Letzten fressen die Tiger. Und das kommt tatsächlich den Umständen in der wahren Welt ziemlich nahe. Wer nicht einmal ein Minimum an Leistungsfähigkeit draufhat, verschwindet vom Markt. Das erleben Antilopen, wenn sie von Löwen gejagt werden und leistungsmäßig zu den ganz Schlechten gehören. Das erlebt jede Firma, wenn sie einen wichtigen Startschuss nicht hört und die Mitbewerber schneller reagieren. Und das erleben jedes Wochenende junge Männer beim Balzen in den Clubs, wenn sie sich zu seltsam verhalten haben und deshalb wieder mal alleine nach Hause müssen. Nein, Leistungsfähigkeit sieht anders aus. Gewisse Mindeststandards sind einfach überlebenswichtig. Selbst für die Schnarchnasen, die nur nach dem Lust-Schmerz-Prinzip leben.

Das graue Mittelfeld

Die im Mittelfeld hingegen haben es besser: Sie versuchen, sich in ihrer Leistungsfähigkeit einfach nur dem Umfeld anzupassen – und obwohl sie keine wirklich guten Leistungen zustande bringen, leben sie so ziemlich sicher. Schließlich definiert die Masse, was gerade Standard ist. Und solange man sich daran hält, bleibt man am Leben – selbst wenn man sich hin und wieder auch mal notgedrungen anstrengen muss, um sich halbwegs in Schuss zu halten: täglich von neun bis fünf zur Arbeit gehen, um das Mittelklasse-Leben zu finanzieren, ein- bis zweimal pro Woche trainieren, um die Freizeit-Liga zu halten, und die lieben Kunden kriegen jedes Jahr brav eine Weihnachts- und Geburtstags-postkarte, weil man das so macht. Alles ganz normal eben.

Dass es im Mittelfeld nicht un-bedingt bunt zugeht, ist offen-sichtlich. Doch wozu auch? Oberste Maxime ist, sicher am Leben zu bleiben. Und die kriegt man mit einer ordentlichen Portion Lust-Schmerz-Prinzip schon hin. Auch unser Betriebssystem

»Sicherheit« mit seinen Routinen und Gleichgewichtszuständen scheint hier gut zu passen. Wir verwalten, was wir haben. Und wenn wir Zwischengas geben müssen, tun wir es. Zwar bremsen wir hinterher freilich wieder ab und bewegen uns dann wie zuvor, aber das ist schon okay: Wozu sich auch überanstrengen? Wenn der Tiger sowieso nur den Langsamsten frisst.

Die gut trainierte Spitze

Ganz anders hingegen sieht es an der Spitze der Laufgruppe aus. Da rennen nur die Besten und müssen sich für die Flucht vor dem Tiger nicht einmal besonders anstrengen. Es reicht ihnen, eine normal gute Leistung abzurufen und sie joggen den anderen vergleichsweise locker davon. Warum? Weil ein Tiger hinter ihnen herläuft? Nicht unbedingt, denn sie können auch schnell laufen, ohne dass sie dafür in Gefahr geraten müssen. Dann vielleicht, weil sie lebende Laufwunder sind? Möglich. Aber die Frage ist doch: Warum sind sie solche Laufwunder?

Die Antwort ist simpel. Gute Läufer sind deshalb gute Läufer, weil sie das Laufen ständig üben. Zwar ist auch ein gewisses Talent dafür ganz praktisch, im Wesentlichen aber ist Laufen Trainingssache. Nur wer oft und ausdauernd genug übt, schafft es nach ganz vorne. (Übrigens sogar dann, wenn das Talent zunächst nicht übermäßig stark ausgeprägt ist. Oder waren Sie als Kind ein Naturtalent beim Sprechen, Schnürsenkel zubinden, Schreiben? Egal – mittlerweile kann man Sie darin durchaus als »talentiert« bezeichnen.) Und genau hier unterscheidet sich die Spitzengruppe von allen anderen: Sie laufen regelmäßig – und zwar unabhängig davon, ob sie es müssen, weil ihnen gerade ein Tiger auf den Fersen ist. Sie laufen, weil ihnen das Laufen an sich so wichtig ist, dass sie es immer wieder trainieren. Und wenn dann mal zufällig ein Tiger um die Ecke kommt, können sie eine viel höhere Leistung abrufen als die anderen, die nur dann trainieren, wenn sie ab und zu »müssen«.

Na, sehen Sie die Parallelen zum täglichen Leben? Wo etwa der eine mühsam mit Veränderungen kämpft, heißt sie ein anderer herzlich willkommen. Weil der eine sehr routineorientiert denkt und lebt, sieht er Veränderung als Bedrohung an. Während dem anderen schon immer Neugier und Flexibilität wichtig waren und er sich seit Jahren stets freiwillig weiterentwickelt. Wo die Wirtschaftskrise verkrusteten und vertriebsschwachen Unternehmen das Genick gebrochen hat, konnten andere mühelos wachsen. Weil sie sich auch in guten Zeiten stets verbessert haben und dann, als es drauf ankam, leistungsstark in die Lücken springen konnten, die sich auftaten. Wo der eine ewig alleine bleibt, hat der andere längst neue Kontakte geknüpft. Vielleicht weil der eine sozial unbeholfen auftritt, ihm Menschen suspekt sind und er sich kaum im sozialen Austausch übt? Dem anderen hingegen sind vielleicht Kontakte so wichtig, dass er ohnehin ständig Menschen kennenlernt – nicht nur kurz bevor er total vereinsamt. Sie erkennen das Muster: Zwar kann man sich auch im Mittelfeld durchaus mit Veränderungen arrangieren, sein Unternehmen verbessern oder neue Menschen kennenlernen. Man tut es aber nur, wenn man muss. Die Spitze hingegen tut es, weil sie es will.

Warum aber wollen die an der Spitze immer so leistungsfähig sein? Die Antwort ist erst mal überraschend: Es geht den Top-Performern im Kern gar nicht um Leistungsfähigkeit an sich. Es geht ihnen meist um irgendetwas ganz anderes, das sie mit ihrer Leistungsfähigkeit erreichen wollen: Sie wollen ein aufregendes Leben führen, ein super Unternehmen haben oder sozial gut vernetzt sein. Die Leistungsfähigkeit ist nur die logische Folge ihrer Wünsche. Denn dafür trainieren sie. Es ist wie bei Olympia. Da treffen Sie keinen Hundertmeterläufer, der sagt: »Och, für mich ist so der Weg das Ziel!« Nein, die wollen gewinnen, wenn sie schon antreten. Oder zumindest ganz vorne mit dabei sein. Und genau dafür wird trainiert, genau dafür wird die Fähigkeit geübt, schnell zu laufen.

Sie sehen: Diese Art der Motivation ist völlig anders als nur der Versuch, nicht vom Tiger gefressen zu werden. Sie wirkt tiefer, dauerhafter, echter. Ich nenne diese Art der Motivation mal das Prinzip »Abenteuer«. Na, erinnern Sie sich? War da nicht was? Stimmt genau: Das Prinzip »Abenteuer« ist nämlich neben dem Betriebssystem »Sicherheit« das zweite große Antriebssystem in unserem Gehirn. Das mit dem Drive nach vorne, welches dafür sorgt, dass wir lernen, uns weiterentwickeln, Risiken eingehen, Neues ausprobieren, uns durchsetzen, uns Fortschritte zutrauen,

uns gut unterhalten und insgesamt unseren eigenen Weg gehen. Dank des Betriebssystems »Abenteuer« will Günter die Welt entdecken und erobern. Stichwort »Apple Mac«. Sie wissen schon.

Es gibt einen Faktor, der ist mit Abstand am wichtigsten dafür, dass wir auf »Abenteuer« umschalten – und zwar die Tatsache, dass wir überhaupt einen Sinn in unserer Handlung sehen! So wie Günter hier im Bild. Sie sehen: Günter kämpft mit einem Drachen. Das sieht gefährlich aus und ist es auch. Es ist definitiv abenteuerlich, was unser Schweinehund hier macht. Nur: Günter macht das nicht nur einfach so aus Spaß. Er macht es, weil er zur Burg will. Denn dort wartet vielleicht ein Goldschatz, er kann König werden oder das sexy Burgfräulein abschleppen. Günter sieht also einen Sinn in seiner Handlung – und er kämpft. Und genau das ist der Punkt: Er hat einen Grund, ohne den er nicht kämpfen würde. Ohne Olympia würde der Läufer nicht ganz so viel trainieren. Und ohne den Wunsch, das Autofahren zu lernen, würden wir uns keine Fahrschule antun. Sprich: Ohne einen sinnvollen Grund sind wir in unseren Handlungen weit weniger motiviert. Schon gar nicht für Spitzenleistungen oder gar Abenteuer.

Geschichten und Abenteuer treiben uns an

Übrigens sind Abenteuer ja immer ähnlich aufgebaut – sei es in Kino, TV, Roman oder im Computerspiel: Da gibt es Heldin oder Held. Und die leben in eigentlich stabilen Verhältnissen, alles ist okay in ihrem Leben. Dann aber kommt plötzlich eine große Herausforderung: Es liegt eine Leiche im Vorgarten, es stolpert der vermeintliche Traumpartner ins Leben oder jemand ruft zur Suche nach dem Heiligen Gral auf. Und was machen Heldin oder Held dann? Sagen sie »Och, das ist Sache der Polizei!«, »Ich habe doch schon einen Freundin!« oder »Soll jemand Indiana Jones anrufen!«? Natürlich nicht! Sie nehmen die Herausforderung an, verlassen ihre bequeme kleine Welt und begeben sich auf die Piste – mittenrein in die Mordermittlungen, ins Gefühlschaos oder auf Archäologiereisen.

Und schon beginnt eine oft rasante Achterbahnfahrt von einer Veränderung zur nächsten. Ständig passiert etwas, kaum steht mal etwas still. Es wird geliebt und gehasst, gefangen und getötet, gesucht und wieder verloren. Bis das Abenteuer vorbei ist: Der Mörder ist gefasst, der richtige Partner liegt im Doppelbett, der Heilige Gral steht sicher im Museum. Und bis es so weit ist, fühlen wir uns prächtig unterhalten: Wir fiebern ständig mit und wollen wissen, was passiert und wie es ausgeht. Sogar wenn der Film spät nachts kommt und wir eigentlich hundemüde sind! Wir überwinden ein schlechtes Gefühl in dem Bewusstsein, einem höheren Ziel zu folgen. Wie der Olympialäufer beim Training. Alles dank der richtigen Handlung, des richtigen Rahmens, des übergeordneten Sinns.

Es sind also Abenteuer und Geschichten, die uns besonders gut antreiben. Nicht umsonst verpacken auch sämtliche Kulturen dieser Welt ihre Identität und wichtigsten Botschaften in Story-Form. Religionen vermitteln ihre eigene Ethik, Märchen die jeweiligen Werte ihrer Zeit. Und Zeitungen vermitteln Märchen – je nachdem, wo sie gedruckt werden: in Hamburg, Washington oder Pjöngjang. »Der Struwwelpeter« zähmt widerspenstige Kinder. Hollywood vermittelt den Glauben an ein Happy End. Und der Hundertmeterläufer sagt sich eben: »Ich will bei Olympia gewinnen.« Genau so, wie sich der Unternehmer sagt, er will Marktführer werden. Oder wie die Fußballnationalmannschaft die EM oder WM gewinnen will. Sobald die Story steht, beginnt die freiwillige Leistung – selbst wenn es zwischendurch mal anstrengend wird. Wir konstruieren unsere eigene Wirklichkeit. Wir erschaffen uns unsere eigene Welt, unseren Rahmen, der bestimmt, was wir nun tun.

ÜBUNG
Das eigene Abenteuer erleben

Betrachten Sie Ihre typischen Schweinehundesituationen einmal durch die Abenteuerbrille: In welcher einzigartigen Story spielen Sie mit? Welches Drehbuch können Sie durch Ihr eigenes Handeln mitschreiben? Was wollen Sie erreichen? Was können Sie dadurch Spannendes erleben? Was wird sich dadurch verändern? Was wird das für Sie bedeuten? Welches Risiko gehen Sie dadurch ein? Welches Risiko gehen Sie ein, wenn Sie nicht beherzt handeln?

Überlegen Sie zum Beispiel, mal einen anderen Urlaubsort zu besuchen, und Günter sträubt sich: »Da kennst du dich doch gar nicht aus!«? Dann stellen Sie sich mal vor, was Sie alles erleben können: eine spannende Hotelsuche im Internet, unbekannte Flughäfen, abenteuerliche Transportbusse, exotische Buffets voller unbekannter Gerichte, ungewohnt klingende Sprachen, völlig neue Gerüche, spannende Tauchkurse, viele neue Menschen. Und und und. Oder Sie erwägen eine Umschulung? Wow! Dann können Sie sogar völlig neue Wissenskontinente entdecken: Unbekannte Wörter und Zusammenhänge, neue Menschen und Geschäftsfelder, Aha-Erlebnisse und Lernerfolge – und hinterher fühlen Sie sich, als sei Ihr Gehirn gewachsen. Was für ein Abenteuer! Kaum auszudenken, wenn Sie immer noch den alten Job machen müssten, in dem Sie schon so viele lange Jahre tätig waren ...

Vorsicht, ESOTERIK!?

Man steht ja manchmal auch als professioneller »Motivationsfuzzi« im Verdacht, unlautere Methoden anzuwenden: Suggestionen, Manipulationen, unberechtigten Optimismus. Motto: »Wie kann der Kerl es wagen, mir sagen zu wollen, dass das Leben schön und die Welt gut ist?!« Dabei ist mir (und etlichen tollen Kollegen) Seriosität sehr wichtig. Wer die Mittel positiver Psychologie anwendet, macht nichts anderes als das, was jeder Mensch ohnehin jeden Tag tut: Er schafft sich seine eigene Wirklichkeit.

Nun könnte man sagen, eigene Wirklichkeiten zu schaffen, sei demnach eine Art Grundrecht. Jeder dürfe somit alles Mögliche behaupten — und jeder andere könne sich sein eigenes Bild davon machen. So weit, so gut. Problematisch aber wird es, wenn wissentlich Behauptungen getätigt werden, die sich nicht nachweisen lassen oder die sogar vulgo »falsch« sind. Meist fließt dabei ein individueller Verfälschungsfaktor in die subjektive Beurteilung mit ein: eben die eigene Wahrnehmung! Und die führt einen manchmal an der Nase herum.

Die magische TOILETTE

Beispiel: Sie sitzen in der Kneipe und gucken im TV ein Fußballspiel. Und weil Sie viel Bier getrunken haben, gehen Sie mal schnell zum Pinkeln. Nun stellen Sie sich vor, Ihre Mannschaft schießt währenddessen ein Tor. Was könnte nun gemäß den Gesetzen der konstruierten Wirklichkeit geschehen? Sie könnten glauben, das Tor und Ihr

Pinkeln stünden in einem kausalen Zusammenhang! Wehe, wenn Sie nun auf der Toilette bleiben und Ihre Mannschaft wieder ein Tor schießt: Dann könnte es sein, dass Sie fortan sämtliche Spiele vom stillen Örtchen aus beobachten – immerhin unterstützen Sie damit Ihr Team ...

Unlogisch? Klar! Weil einigermaßen vernünftig vermutet werden kann, dass eben kein kausaler Zusammenhang zwischen Pipimachen und Toreschießen besteht. Trotzdem wäre denkbar, dass ein entsprechend Verpeilter daran glauben könnte. Und er würde bald alles Mögliche an Begründungen ins Feld führen, warum er mit seiner Sichtweise recht hätte – selbst wenn die Tore nach wie vor nicht am Fließband (oder sogar für die Gegenmannschaften!) fallen: Vielleicht hat er falsch gestanden? Hatte das falsche T-Shirt an? Etwas Falsches gegessen? Dennoch: Unterm Strich »fühlt« er, das Richtige zu tun. Immerhin wird er durch ständig neu fallende Tore in seiner Wahrnehmung bestärkt.

Hilfe, ein Wahn!

Es entsteht also eine Art Wahnsystem: Seine Überzeugung wird zur subjektiv empfundenen Gewissheit, die sich selbst füttert, obwohl sie keinen objektiven Kriterien standhält. Den Gegenbeweis anzutreten und wieder ein paar Spiele außerhalb der Toilette zu verbringen, um die Kausalität kritisch zu überprüfen, kommt nicht infrage. Dumm gelaufen ...

Was will ich mit diesem Beispiel sagen? Ich möchte erklären, wie Esoterik funktioniert. Denn ähnlich wie unser pinkelnder Fußballfan steckt auch unsere alltägliche Umwelt voller wirrer Pseudokausalitäten, die – mit ein bisschen Ideologie aufgepeppt – unter erstaunlich gewohnten Handelsnamen die Runde machen: Homöopathie, Akupunktur, Bachblüten, Bioresonanz, Traditionelle Chinesische Medizin, Heilsteine, Holopathie, Meridianklopftherapie und so weiter und so fort. Alle haben dabei eines gemeinsam: Keiner weiß wirklich, wie es gehen soll – obwohl viele wirre Theorien kursieren. Es bestehen eben keine Kausalitäten. Trotzdem machen es viele.

LOGISCHE ERKLÄRUNGEN

Ein bisschen ist es wohl wie bei der schlichten Erkältung: Wann gehen wir damit zum Arzt? Wenn es uns richtig dreckig geht. Und wann geht es uns dreckig? Wenn die Krankheit maximal ausgeprägt ist. Was aber passiert nach der maximalen Ausprägung? Die Erkrankung wird wieder besser. Und zwar völlig unabhängig vom Arztbesuch. Das bedeutet, dass der Arzt uns nun so ziemlich jedes Mittelchen geben kann – alles »bewirkt«, dass es uns bald besser geht. Wir glauben, dass die Besserung etwas mit dem Mittelchen vom Arzt zu tun hat! Kein Wunder also, dass Homöopathie und Co. so erfolgreich sind ... (Übrigens: Wussten Sie eigentlich, dass die angeblichen Wirkstoffe in homöopathischen Medikamenten so stark verdünnt sind, dass sich der Stoff faktisch nicht mehr darin nachweisen lässt? Das ist in etwa so, als würden Sie einen Tropfen Pipi mit zehn Olympiaschwimmbecken Wasser verdünnen.

Und weil gemäß der Homöopathie-Ideologie im Wasser dennoch eine Art Gedächtnis enthalten sein soll, »bewirkt« der Tropfen Pipi angeblich trotzdem irgendetwas. Junge, Junge! Wenn schon abwesende Moleküle so einen Effekt haben, möchte ich gar nicht daran denken, was anwesende alles anstellen ...)

Das Einzige, was sich bei esoterischen Methoden aber nachweisen lässt, ist der Placebo-Effekt. Den aber gibt es durchaus: Wer glaubt, bewirkt etwas – und zwar die Ausschüttung endogener Opioide und Dopamin im Kopf. Die machen, dass es uns besser geht: Wir fühlen uns gut, haben weniger Schmerzen oder Zweifel. Wir sind sozusagen gedopt. Und dadurch haben wir manchmal den Eindruck, ein Mittelchen helfe, obwohl es dafür gar keine Kausalität gibt! Das aber bedeutet etwas völlig Schräges: Wir können etwas nachweislich Wirres und objektiv Falsches tun und dadurch dennoch einen positiven und vielleicht sogar richtigen Effekt bewirken!

Das Geheimnis liegt im Glauben an die Wirksamkeit

So hat man zum Beispiel nachgewiesen, dass Akupunktur bei chronischen Rückenschmerzen weit hilfreicher ist als »echte« Schmerztabletten. Ja, mehr noch: Sogar Placebo-Akkupunktur ist den echten Schmerzmitteln überlegen! Wohlgemerkt: Akupunkturnadeln, die völlig willkürlich in die Haut gepiekst wurden, »halfen« im Versuch besser gegen Schmerzen als Mittel, die nachweislich die Schmerzintensität verringern. Warum? Weil es der Glaube an die Hilfe ist, der hilft. Die Hilfe entsteht somit im eigenen Kopf, ist also selbstgemacht. Besonders dann, wenn die »Geschichte« drum herum stimmt: die historische Story der Akupunkturmethode, die Nadeln, die Atmosphäre, die Zuwendung des »Therapeuten« zum Patienten – all das sind gewissermaßen Simulatoren für Glaubwürdigkeit. Wir werden zu Protagonisten einer konstruierten Wirklichkeit. Schon wieder. Und vor allem: Es hilft tatsächlich!

Mit Geschichten drum herum »verkaufen« wir uns gewissermaßen selbst, woran wir glauben wollen. Die eigentliche Wertigkeit entsteht durch die Inszenierung. Essen Sie mal in einer schmuddeligen Autobahnraststätte ein Wiener Schnitzel. Auf den schlichten Tischen sind Krümel, der Fernfahrer am Nachbartisch reißt dreckige Witze und es riecht nach Bratfett. Und dann essen Sie das genau gleiche Wiener Schnitzel in einem liebevoll eingerichteten österreichischen Restaurant, das Ihnen in einem Gourmetführer empfohlen wurde. Die Tischdecke ist strahlend weiß, die Wände sind kunstvoll holzvertäfelt, ein Blumensträußchen und Kerzen stehen vor Ihnen. Ein sympathischer Kellner lässt Sie aus einer hochwertig anmutenden Speisekarte aussuchen und beherrscht perfekte Umgangsformen. Was glauben Sie: Wo wird Ihnen das Schnitzel mit Sicherheit besser schmecken – selbst wenn es in beiden Situationen absolut identisch ist? Die harten Fakten sind genau gleich, nur die suggestive Wirkung der Inszenierung drum herum unterscheidet sich – und bestimmt demnach unsere Interpretation.

Erwünschte
POSITIVE EFFEKTE

Betrachten wir es mal positiv: Unterm Strich bedeutet das, dass wir eben doch die Welt im eigenen Kopf kreieren – obwohl unser Kopf nicht unbedingt eine Auswirkung auf die Umwelt haben muss. Wer Fußballspiele auf der Toilette verfolgt, beeinflusst das Torschießen nicht. Aber: Er hat den Eindruck, als beeinflusse er es. Und insofern kann es ihm auf der Toilette durchaus sehr gut gehen. So kann zum Beispiel auch Akupunktur wissenschaftlich betrachtet Unsinn sein – wenn Patienten daran glauben, steigen dennoch die Chancen auf positive Effekte. So hätte ich auch gar nichts dagegen, wenn die 20 Millionen Raucher in Deutschland alle eine Anti-Nikotin-Akupunktur machten. Denn: Wenn nur zehn Prozent daran glauben, könnten auf einen Schlag 200.000 frisch gebackene Nichtraucher entstehen! Wir täten etwas Richtiges, obwohl wir es wissenschaftlich betrachtet falsch machten.

Womit wir wieder bei der Kausalität wären. Denn: Nicht die Akupunktur macht das Nichtrauchen. Sondern der Glaube daran, nun dank der Akupunktur nicht mehr rauchen zu müssen – und insofern nicht mehr zur nächsten Zigarette zu greifen, wodurch sich die nächste Nikotinzufuhr erübrigt, die nächste Synapsenirritation, die nächsten leichten Entzugssymptome und bald auch – dank neu gelernter Erfahrungen – die nächsten Stresszigaretten, Pausenzigaretten, Verdauungszigaretten und so weiter. Die Kettenreaktion des Rauchens wird endlich unterbrochen (die übrigens großenteils auch nur dadurch zustande kommt, dass wir an ihre Zwangsläufigkeit glauben). Dank der Akupunktur? Nein: Dank des Entschlusses zum Nichtrauchen! Die Akupunktur war nur eine Krücke ...

Noch einmal: Das bedeutet aber nur, dass unser Glaube an die Wirksamkeit irgendeines Handelns der eigentliche Grund für die Wirksamkeit ist! Wir glauben, also entsteht Opium im Kopf. Das macht uns stärker. Und wenn es etwas aktiv zu tun gibt, handeln wir nun – und bewirken somit, was wir ohne Glaube nicht bewirkt hätten, weil wir untätig geblieben wären! Glaube –

Stärke – Handlung – Effekt! In dieser Reihenfolge läuft es also ab! Das aber bedeutet auch, dass im Endeffekt umso wichtiger wird, was wir mit unserem guten Gefühl tun – und nicht »nur«, woran wir zunächst glauben (was es also ausgelöst hat)! Denn wenn wir das Falsche glauben und das Richtige tun, begründen wir zwar die Effekte mit den falschen Ursachen, bewirken aber dennoch das Richtige.

Das Richtige tun – egal, was wir glauben!

Problematisch wird es zudem andersherum: Wenn wir zwar das Richtige glauben, aber das Falsche tun, bewirken wir rein gar nichts. Halten wir Akupunktur für Humbug und rauchen deshalb weiter, haben wir streng genommen zwar recht, gucken aber am Ende trotzdem doof aus der Wäsche – und dem Raucherzimmer.

Es kann aber auch andersherum dumm laufen: Wir können an Esoterik glauben und dadurch das Richtige unterlassen! Zum Beispiel indem wir uns mit geheimnisvollen Amuletten, Gebeten oder Heilsteindrinks gegen Krebs »schützen« – und weiterrauchen. Hier soll dann ein irrationaler Glaube ausbügeln, was nicht auszubügeln ist. Mit der gleichen Logik könnten wir mit geschlossenen Augen über die Autobahn brettern und uns dafür die Straße ganz dolle vorstellen. Oder eben beim Spiel unserer Mannschaft auf die Toilette gehen. Logisch: Hier hilft der Placebo-Effekt nun nicht mehr. Klar auch, warum: Es besteht eben keine Kausalität. So gerne wir eine hätten ...

Was aber bedeutet das alles?

Erstens: Wir kreieren unsere Welt tatsächlich selbst. Und das ist erst mal gut so! Denn unsere eigenen Suggestionen, Manipulationen und unser Optimismus vermögen Großartiges zu leisten! Wir dopen uns sozusagen selbst und versorgen uns mit der Energie, die wir für unser Leben brauchen.

ZWEITENS: Wir sollten dabei aber dennoch von unserer Intelligenz Gebrauch machen und immer wieder kritisch Kausalitäten checken. Denn wir können so von uns aus häufig das Richtige tun, ohne uns dafür erst sperrigen Ideologien unterwerfen zu müssen. Wir können sozial handeln, ohne es erst mit der Bibel herleiten zu müssen. Wir können gesund werden, ohne Geld für nutzloses Zeug zu bezahlen. Und wir können uns zum Fußballgucken wieder gemütlich vor den Fernseher setzen, ohne Gedankengedöns auf dem Klo.

DRITTENS: Wenn wir ohne Ideologie dennoch das Richtige tun können, sollten wir nicht zögern, es zu tun. Wir brauchen keine Ideologie zum Handeln. Denn: Wir – siehe Erstens – kreieren unsere Welt selbst. Und wenn wir vernünftige Kausalitäten erkennen, sollten wir sie ideologiefrei und pragmatisch annehmen. Es sind letztlich unsere Handlungen, die zählen – nicht unser Glaube. Und genau daran können wir glauben – ganz ohne dass uns irgendeine Esoterik-Ideologie Knoten ins Hirn macht. Und dadurch, dass wir an unsere eigene Wirksamkeit glauben, versorgen wir uns selbst mit Opium-Doping – und können einfach tun, was zu tun ist.

VIERTENS: Wenn wir nicht sicher sind, ob wir einer falschen Ideologie nachrennen, sollten wir uns über sie informieren. Seien Sie aber bitte nicht allzu enttäuscht, wenn sich dabei liebgewonnene Überzeugungen in Luft auflösen. Noch einmal: Es sind letztlich unsere Handlungen, die zählen – nicht unser Glaube. Doch wenn wir an uns selbst glauben, erübrigen sich irrationale Ideologien – wir lernen, ohne sie zu handeln. Und wir können uns unsere eigene Welt ganz bewusst selbst erschaffen.

In diesem Sinne: Ich wünsche gute Erkenntnisse und viel Erfolg in Ihrer eigenen Wirklichkeit!

Leistungsbooster »Sinn«

Für unsere Leistungsfähigkeit ist also ein subjektives Abenteuer, eine übergeordnete Geschichte sehr wichtig. Denn Leistung geht uns mit dem richtigen Sinn sehr viel lockerer von der Hand. Wir scheinen uns ungleich weniger anstrengen zu müssen, wenn wir, in eine Story eingebettet, unseren Allerwertesten hochbekommen sollen. Noch einmal das Beispiel Fußball-WM: Da sagt mit Sicherheit kein Spieler »Nö, heute spiele ich mal nicht beim Endspiel mit. Im Fernsehen kommen die Simpsons.« Im Gegenteil: Er wird sogar freiwillig morgens aufstehen, weil ihm Günter sagt: »Los, heute wird es spannend!« Ihnen kann es natürlich jeden Morgen auch so gehen. Voraussetzung natürlich: Günter weiß, wozu er Sie antreiben soll. Findet er keinen wirklichen Grund, fehlt ihm das »Abenteuer«, der größere Rahmen und er muss wieder passiv auf Lust und Schmerz warten. Also auf Antreiber von außen, auf den Druck der Umstände.

Hier liegt übrigens auch die Erklärung dafür, warum Arbeitslosigkeit psychisch so unangenehm ist. (Oder bei manchen Jugendlichen die großen Ferien.) Warum sollte man auch morgens aufstehen? Es gibt scheinbar ohnehin nichts zu tun, was natürlich ein Trugschluss ist. Gerade bei Jobverlust ist es sehr wichtig, sich möglichst kontinuierlich beschäftigt zu halten: mit Bewerbungen, Umschulungen, Netzwerken oder eigenen Geschäftsideen. Sonst geht schnell der allgemeine Sinn verloren und man schlittert in chronische Hilflosigkeit oder sogar Depression. Bei Langzeitarbeitslosen und Hartz-IV-Empfängern einfach nur den Druck erhöhen zu wollen, um zur Arbeit zu motivieren, greift deshalb als Lösungsansatz viel zu kurz. Zunächst viel wichtiger ist auch hier der tiefere Sinn für den Einzelnen: »Wozu soll ich wieder am Arbeitsleben teilnehmen? Habe ich überhaupt etwas anzubieten? Was kann mir das Arbeitsleben bieten?« Und ganz tief drinnen steht die Frage: »Bin ich überhaupt (noch) etwas wert?« Erst wenn dieser Rahmen wieder stimmt, kann auch Motivation zur Leistung kommen.

Männer und Frauen unter Doping

Mittlerweile dürfte klar sein, wie wichtig Sinn und Grund für aktives Handeln sind. Ohne fällt handeln immer schwer. Aus gutem Grund hingegen machen wir Menschen die absurdesten Handlungen freiwillig. Warum machen wir eine Steuererklärung? Weil wir vielleicht Geld zurückbekommen. Warum lesen Männer den Playboy? Weil man bei den gut recherchierten Artikeln etwas lernen kann.

Okay, sorry, blöder Witz. Also ein anderes Beispiel: Schicken Sie mal eine Gruppe Männer bei einem echten Sauwetter auf eine Wiese. Dort sollen sie wild herumrennen, schwitzen, stinken, sich ab und zu hinschmeißen, sich gegenseitig in die Hacken treten und Knochenbrüche riskieren. Na, wie groß wäre wohl die Begeisterung? Dann aber bringen Sie einen Fußball mit ins Spiel, teilen zwei Mannschaften ein und verlegen die Aktion auf einen Bolzplatz. Augenblicklich werden Sie in leuchtende Augen gucken und Ihre lustlose Männertruppe wird zu begeisterten Spielkindern. Sogar die alten Herren, also die Ü30-Fraktion, gibt nun freiwillig Vollgas. Selbst wenn sich Einzelne hinterher tagelang halbtot mit Muskelkater durch die Gegend schleppen, berichten sie noch voller Stolz: »Fast hätte ich ein Tor geschossen!«

Der Gerechtigkeit wegen auch ein Beispiel für die Damen: Liebe Leserin, stellen Sie sich vor, ich schicke Sie auf einen dreistündigen Fußmarsch. Sie kriegen ein Gewicht an den rechten Arm und ein Gewicht an den linken. Und Sie werden dabei die ganze Zeit Geld verlieren. Na, haben Sie Lust darauf? Klar: Sie sind auf Shoppingtour! Na, erkennen Sie auch hier die Motivationsprinzipien wieder, die in Ihrem Kopf angeschaltet sind? Abenteuer pur! Sie sehen einen Sinn in Ihrer Handlung, Sie laufen, laufen, laufen sich Blasen in die Füße, kommen zufrieden grinsend zu Hause an und sagen: »Schatz, guck mal: Tüte eins, zwei, drei – ich war auf der Jagd!«

Sie merken: Obwohl Fußballspielen und eine Einkaufstour streng genommen keine angenehmen physischen Handlungen sind, machen sie dennoch Spaß. Wegen ihres Sinns. Warum? Die Antwort heißt Dopamin. Das ist ein Überträgerstoff unserer Nervenzellen, der immer dann angeschaltet wird, wenn wir auf Abenteuertour sind. Wenn wir also eine spannende Story erleben, wenn wir neugierig lernen, wenn wir wissen, warum wir etwas tun. »Dopamin« – das klingt zwar ähnlich wie Doping, hat aber nichts mit Radsport zu tun. Oder mit chinesischen Gewichtheberinnen. Dennoch hat Dopamin ganz ähnliche Effekte: Es macht wach, ausdauernd und leistungsstark. Es macht, dass wir Schmerzen nicht so sehr spüren. Es ist eine Art Doping für unseren inneren Schweinehund, das Leistungsfähigkeit überhaupt erst ermöglicht, weil es Anstrengungen ausblendet. Sprich: Dopamin macht uns gute Gefühle, wenn wir auf Mission sind – sogar wenn die Mission selbst nicht nur angenehme Effekte hat.

Stellen Sie sich mal einen Park voller Tiefschnee vor. An dem laufen Sie mit Günter vorbei und sagen ihm: »Weißt du was? Komm, lass uns da reingehen!« Wie wird Ihr innerer Schweinehund wohl reagieren? Klar: »Bist du bekloppt? Viel zu kalt und viel zu anstrengend!« Höchstens wenn uns ein Tiger in den Park hineintrie-

Fressbude 1: Der motivierte Gang in den Tiefschnee — dank Fressbude. Einmal in Schwung gekommen, geht es leicht und macht Spaß.

be, gäbe Günter seine Verweigerungshaltung kurzzeitig auf. Was aber, wenn Günter in der einen Ecke des Parks etwas zu fressen bekommt? Wenn da jemand extra eine Fressbude für innere Schweinehunde hingestellt hat? Klar, nun würde Günter hoch motiviert sagen: »Los, rein da! Dort hinten gibt es lecker Fressen!« Und randvoll mit Dopamin ginge es in den Park. Schritt für Schritt durch den tiefen Schnee in Richtung Fressbude. Dass es immer noch anstrengend und kalt ist – geschenkt! Denn schließlich sieht Günter nun einen Grund für seine Handlung. Er ist voll drin im Abenteuermodus.

Anfangshürden, Anstrengung und Erfolg

Übrigens kommen auch hier wieder ein paar Motivationsprinzipien zum Einsatz, die wir bereits kennen: Zunächst muss die übliche Anfangshürde überwunden werden. Also der Gleichgewichtszustand, außerhalb des Tiefschnees zu sein. Das geht mit der Fressbude als Ziel recht einfach. Man startet einfach, macht zwei, drei Schritte in den Schnee und ist dann drin im Laufen. Einmal in Schwung gekommen, bleibt man in Schwung.

Nun passiert etwas anderes Interessantes: Zwar kostet jeder einzelne Schritt nüchtern betrachtet Kraft – dennoch empfinden wir es nicht so, denn wir nähern uns einem konkreten Ziel. Unterwegs treibt uns im Kopf dabei das Dopamin an. Und wir kommen unserem Ziel mit jedem Schritt näher, sodass uns Günter sogar noch anfeuert: »Los, geh weiter! Bald hast du es geschafft!« Sprich: Wir tun mit Spaß, was ohne Sinn einfach nur anstrengend wäre.

Und noch etwas ist dabei sehr wichtig: Dass wir handeln, bis wir am Ziel angekommen sind! Dann erst kickt es nämlich so richtig im Kopf: Die Fressbude ist erreicht, das Futter schmeckt. Im Kopf gibt es eine Extradosis Dopamin und ein paar Spritzer Endorphine – wir haben eine Synapsenparty zwischen den Ohren. Günter ist glücklich, er weiß: »Alles richtig gemacht!« Nun hat er gelernt, dass er auch beim nächsten Besuch im Park bis zur Fressbude durchlaufen muss, um seine Belohnung zu kriegen. So wie auch wir im Alltag manche Projekte nicht nur anfangen und dann wieder abbrechen sollten. Stattdessen sollten wir sie unbedingt so lange weitermachen, bis sich Erfolge einstellen. Also nicht nur anfangen mit der Diät, der Fortbildung, dem Sport …

NICHTS-TUN MACHT NICHT GLÜCK-LICH

Schlechte Nachricht für alle Fans des dauerhaften Füßehochlegens: Der berühmte amerikanische Psychologieprofessor Mihály Csikszentmihályi (sprich: »Tschik-sent-mihayi«), einer der wichtigsten Glücksforscher, fand heraus, dass aktives Handeln Menschen glücklicher macht als faules Nichtstun. Warum? Weil wir uns, wenn wir ganz in eine Aufgabe versunken sind, so fühlen, als seien wir selbst gar nicht da! Was zählt, ist dann einfach nur die Aufgabe. Wir selbst, die Welt um uns herum, unsere Sorgen, Nöte, Wünsche – alles egal, alles wie aufgelöst. Sogar die Zeit vergeht, ohne dass wir es noch wahrnehmen! Und dabei fühlen wir uns wie

im Fluss. Unbeschwert. Einfach gut. Wie in Trance. Und irgendwann mal schauen wir auf die Uhr und sind überrascht: »Was? So spät ist es schon?«

Einer der wichtigsten Faktoren für dieses von ihm »Flow«-Empfinden genannte Phänomen ist die begrenzte Verarbeitungskapazität unseres Nervensystems. Unser Bewusstsein kriegt nämlich nur etwa 110 Bits Informationen pro Sekunde auf die Reihe. Alles darüber hinaus müssen wir zwangsläufig ausblenden. Um zum Beispiel diesen Text hier zu lesen, müssen Sie ungefähr 60 Bits pro Sekunde verarbeiten. Läuft nun nebenher auch das Radio, können Sie zwar noch gerade so »mit einem Ohr« den Nachrichten folgen. Will sich nun aber auch noch jemand mit Ihnen unterhalten, sind Sie überfordert. Um das hinzukriegen, legen Sie entweder das Buch weg oder Sie schalten das Radio aus. Das gleiche Phänomen kennen Sie übrigens auch vom Autofahren. Was macht man da, wenn man sich plötzlich auf die Straße konzentrieren muss? Richtig: erstmal das Radio aus.

Das bedeutet aber auch, dass wir selbst Unangenehmes oder Lästiges nicht bewusst wahrnehmen, während wir voller Leidenschaft etwas tun, das unsere ganze Aufmerksamkeit erfordert. Der Fußballspieler fühlt während eines wichtigen Angriffs keine Erschöpfung. Der Autor vergisst während des konzentrierten Schreibens den Kaffee auf seinem Tisch, der langsam kalt wird. Und selbst schlechtes Wetter kann uns nichts anhaben, wenn wir unsere Aufmerksamkeit etwas wirklich Relevantem widmen.

Umgekehrt bedeutet das aber, dass wir immer dann, wenn wir im Leben unterfordert sind, auch unwichtige Lästigkeiten wahrnehmen: den Kratzer im Lack, die Regenwarnung für übermorgen und einen leicht mürrischen Partner am Frühstückstisch. Was wohl der Lackierer verlangt? Ob wir wieder Schnupfen kriegen? Und wann uns der nächste Krach droht? Insofern kann ein vermehrtes Wahrnehmen von Problemen oder häufiges Grübeln über drohendes Ungemach auch ein Symptom von Unterforderung sein! Wir faulenzen uns unglücklich.

5. Wie wir NEUES lernen

Zurück zu Günter: Der hat sich in der Fressbude inzwischen seinen Bauch mit lauter Leckereien gefüllt und will weiter. Auf welchem Weg wird er wohl wieder aus dem Park hinauslaufen? Klar: auf seinen eigenen Spuren – da hat er den Schnee schließlich schon ein wenig niedergetrampelt. Und was passiert, wenn wir am nächsten Tag wieder am Park vorbeikommen? Dann erinnert sich Günter natürlich und sagt: »Gestern war da lecker Fressen – los, rein in den Park! Mal gucken, ob es noch da ist!« Und schon wird Sie Günter wieder begeistert in den Tiefschnee treiben. Na ja, nicht ganz in den Tiefschnee. Schließlich ist nun schon eine kleine Spur entstanden, auf der Sie etwas bequemer laufen können.

Sie ahnen, wie es weitergeht: Jedes Mal, wenn Sie mit Günter am Park vorbeikommen, besuchen Sie nun die Fressbude. Und der Weg durch den Tiefschnee wird immer bequemer, weil ein Trampelpfad entsteht. Sie laufen hin und her, hin und her, hin und her. Das machen Sie drei Mal, zehn Mal, hundert Mal. Fressbude sein Dank!

Hallo, Alltag!

Nun aber passiert Zweierlei gleichzeitig: Zum einen werden Sie beim Gang durch den Tiefschnee immer fixer. Mittlerweile ken-

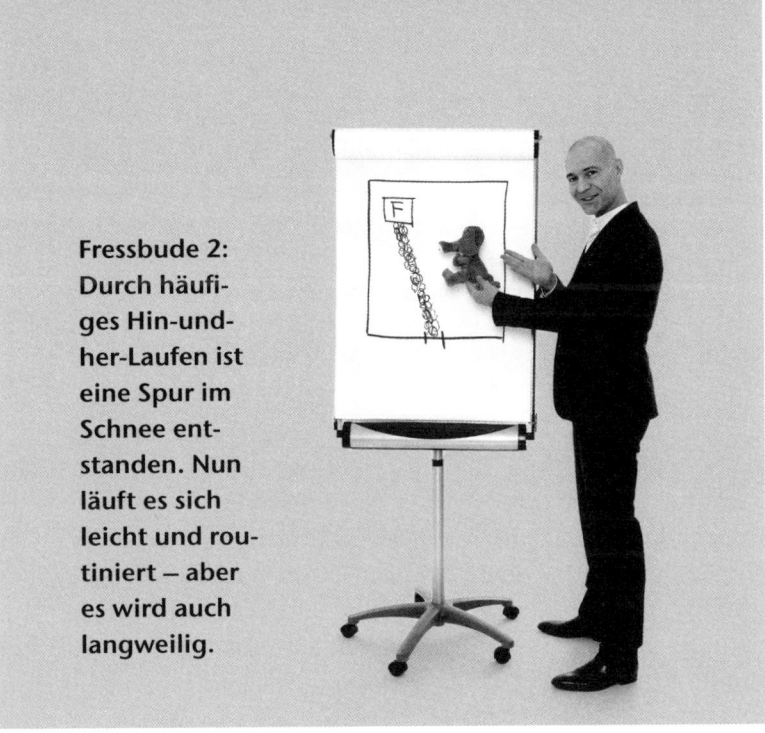

Fressbude 2: Durch häufiges Hin-und-her-Laufen ist eine Spur im Schnee entstanden. Nun läuft es sich leicht und routiniert – aber es wird auch langweilig.

nen Sie die beste Schrittfolge, wissen um vereinzelte Stolperfallen und kennen den Budenbesitzer mit Vornamen. Klar, Sie lernen ja auch täglich dazu! Zum anderen aber schleicht sich langsam Routine ein. Und das, was anfangs noch abenteuerlich war, wird mit der Zeit zum Alltag. Wir wissen: Hier der Parkeingang, dort die Bude, da das Fressen, Geschmack wie immer. Sprich: Günter schaltet nun langsam vom Betriebssystem »Abenteuer« wieder ins Betriebssystem »Sicherheit« zurück – unsere Eroberungsmission ist beendet, das Dopamin verschwunden. Jetzt geht es wieder ans Verwalten des Bekannten. Gähn.

Mit der Zeit also gehen wir nicht mehr wegen des leckeren Fressens in den Park – diese Motivation haben wir längst hinter uns. Wir gehen nur noch hinein, weil wir immer in den Park gehen, wenn wir daran vorbeilaufen. So sieht unser Alltag nun mal aus. Wir tun, was wir tun – ohne dafür erst in Ekstase geraten zu müssen. Routinen und Gleichgewichtszustände, Sie erinnern sich? Und das ist wahrscheinlich auch ganz gut so. Wer möchte schon tagtäglich wegen aller Selbstverständlichkeiten in Begeisterungsstürme ausbrechen? »Super! Ich kann lesen und schreiben!« Oder: »Toll, ich habe eine Kaffeemaschine!« Das wäre auf Dauer wirklich anstrengend. Obwohl wir es mit unserer Nüchternheit auch nicht übertreiben sollten: »Ach, hallo Schatz, du schon wieder!«

Also scheinen wir unser Dopingmittel langsam abzubauen, je besser wir etwas können. Klare Sache: Dopamin ist schließlich eine Lerndroge. Es ist immer dann besonders aktiv, wenn wir etwas Neues erfahren dürfen. Vor allem bei Kindern ist dieser Effekt sehr ausgeprägt. Na, haben Sie Kinder? Dann haben Sie sicher schon gemerkt, dass Kinder keine inneren Schweinehunde haben, sondern Ferkelwelpen. Immer neugierig. Immer auf Achse. Denn Kinder denken nicht: »Was, wenn es schiefgeht?« Oder: »Viel zu anstrengend, lass es besser bleiben!« Sondern sie denken chancenorientiert, initiativ, unternehmerisch. Sie fragen sich: »Mal gucken, ob ich mit einem einzigen Filzstift die ganze Wand grün anmalen kann!« Das ist der Spirit. Das ganze Kinderleben kann so ein einziger großer Spaß sein: stundenlanges Spielen ohne Mühe! Was ja auch nichts anderes ist als lernen – im ganz eigenen Tempo. Die Energie reicht scheinbar ewig. Klar, Kinder sagen sich nicht: »Ich spiele nur von 9 bis 17 Uhr, das wurde mir gewerkschaftlich zugesichert!« Vielmehr heißt es am Abend: »Ich will noch nicht ins Bett, ich will weiterspielen!« Doping ohne Ende.

Hm, ob wir auch noch im Erwachsenenleben etwas Neues lernen können? Und das mit so viel Begeisterung, dass wir es als Spiel betrachten? Und ob wir das können! Wir sollen es sogar! Denn Kopf-Doping ist immer noch dann aktiv, wenn wir uns in eine neue Aufgabe einlernen: Wenn wir uns beruflich verändern, neue Menschen kennenlernen, neue Perspektiven einnehmen. Wer geistig rege bleibt, bei dem wird auch Günter immer wieder zum verspielten Ferkelwelpen. Er schaltet in den Abenteuermodus, läuft mühelos durch den Tiefschnee, erlebt dabei Kopf-Doping und erarbeitet sich Spannung, Glück und Erfolg. Das geht unser ganzes Leben lang! Was wollen wir mehr?

Wir lernen unsere Umgebung kennen

Wir können also unser ganzes Leben lang lernen. Sehr schön! Doch was lernen wir überhaupt? Welche Spuren trampeln wir in unseren »Kopf-Schnee«? Das hängt ganz von den Ereignissen in unserer unmittelbaren Umgebung ab, von dem also, was wir erleben. Denn wir können unseren Gehirnen alles Mögliche beibringen. Auch wirklich Seltsames: In England lernt man, es sei normal, auf der falschen Straßenseite zu fahren. In Asien essen sie mit Stäbchen. Im alten Rom war es normal, dass man sich abends noch gemütlich anschaut, wie Christen von Löwen zerfleischt werden. Und bei uns ist es noch schlimmer: Da guckt man RTL. »Bauer sucht Frau«. Und wir halten das für normal!

Anscheinend müssen wir also darauf achten, was wir uns in den Kopf tun, wenn alles so leicht Spuren hinterlässt. Wollen wir also lernen, dass das Leben mühsam und ungerecht ist? Oder lieber, wie man sich Rückenwind verschafft und erfolgreich ist? Wollen wir lernen, dass das Rauchen normal ist oder das Nichtrauchen? Wollen wir bei Veränderungen erst mal motzen oder sie aktiv angehen? Wollen wir in allem eher die Probleme sehen oder die Chancen? Wollen wir bei Frust saufen oder seine Ursachen beseitigen? Mittlerweile ahnen Sie schon: Günter ist für alle möglichen Ansichten offen. Egal, ob diese uns guttun oder nicht.

NIE WIEDER
Stinkstiefel!

Kaum etwas bestimmt unser Leben so sehr wie unser persönliches Umfeld. Nein, nicht als Zwangsläufigkeit im Sinne von »Der Apfel fällt nicht weit vom Stamm« oder »Schuster, bleib bei deinem Leisten!«. Verändern können wir uns schließlich jederzeit. Vielmehr geht es darum, dass unser Gehirn eben nur denkt, was es denken kann. Und das sind zumeist Gedanken, die von außen ins Gehirn gekommen sind. Aus unserer persönlichen Umwelt, unserem Umfeld.

ACHTUNG, ACHTUNG:
Falsche Informationen vermüllen unser Denken!

Betrachten wir unser Gehirn mal als eine Art Computer, auf dem eine Menge verschiedener Programme laufen:

Was man gut findet und was schlecht. Wie man sich motiviert. Wie man mit anderen Menschen umgeht. Was man bei Schwierigkeiten tut. Und so weiter. Und manche dieser Programme nützen uns, während andere uns schaden. Wie aber landet all diese Software in unserem Hirn? Durch unsere Aufmerksamkeit! Wir füttern uns quasi tagtäglich unsere persönliche Welt an. Doch worauf richten wir unsere Aufmerksamkeit zumeist? Logisch: auf unsere unmittelbare Umgebung!

Klar also, wie wichtig unsere Umgebung ist! Denn die Frage lautet: Welche Software finden wir dort vor? Betrachten wir zum Beispiel einen Menschen, der sich »eigentlich« selbstständig machen will, aber nicht weiß, wie das geht. Wenn es dumm läuft, verbringt er seine wertvolle Zeit mit der Familie, die Selbstständigkeit für zu riskant hält (aber sich vielleicht auch nicht näher damit beschäftigen möchte), mit den immer gleichen Moser-Kollegen, den alten Kumpels oder vor dem Fernseher. Wie auch sonst? Wo doch in Familie, Umgebung und Freundeskreis Arbeitslosigkeit und Zukunftsangst herrschen ...

Das Problem ist offensichtlich: Das Umfeld bietet für die Selbstständigkeit nicht die richtigen Gedanken an. Keine Chance für sein persönliches Wachstum – und erfolgreiche Selbstständigkeit. Stattdessen muss unser Möchtegern-Selbstständiger ständig einen Spagat zwischen seinen Wünschen und der Realität seiner Familie und Freunde machen, die sich mit ganz anderen Dingen beschäftigen: Arbeitssuche, Sicherheitsorientierung und Routine. Als Folge davon hält er seine Selbstständigkeit nicht für realistisch. Und um sich besser zu fühlen, geht es wieder vor den Fernseher. Für die Selbstständigkeit aber lernt er dort nichts. Die Konsequenz: Alles bleibt beim Alten. Und das nur wegen der falschen Software.

Müll rein, Müll raus!

Informatiker nennen das Phänomen »Garbage in, Garbage out«, kurz »GIGO«. Das heißt so viel wie »Müll rein, Müll raus«. Ein System produziert Unsinn, wenn man Müll eingibt. Pech, lieber Möchtegern-Selbstständiger! Oder nehmen wir mal die vielen Menschen, die scheinbar ewig in unglücklichen Beziehungen aushalten und ihr ganzes Leben dabei als einen ständigen aufzehrenden Kampf gegen ihren Partner empfinden. Wie viel Kraft das kostet! Wenn sie nur ein wenig stärker wären, würden sie sich trennen. Warum aber fühlen sie sich nicht stärker? Oft leider, weil sie sich in Hunderten von Streitereien immer wieder schlimmste Beschimpfungen anhören mussten: Sie seien dieses und jenes und überhaupt zu gar nichts nütze. Wozu aber führt das nach dem GIGO-Prinzip? Klar: zu einem destruktiven inneren Selbstgespräch, zu schlechten Autosuggestionen und zu Depressionen. Kein Wunder! Hier hilft nur ein neues Gedankenumfeld.

Wir werden, was wir sehen — also suchen wir uns ein gutes Umfeld!

Halten wir also fest: Unser Umfeld bestimmt unser Leben wesentlich mit. Es beeinflusst Glück, Unglück, Erfolg, Misserfolg, Friede und Streit. Zeit für ein paar wichtige Prinzipien: Wir werden, was wir sehen. Also sorgen wir dafür, dass wir in unserem Umfeld sehen können und dürfen, was wir werden wollen! So füttern wir unser Gehirn fast zwangsläufig mit den richtigen Gedanken. Dabei gilt übrigens: Gleich und gleich gesellt sich gern. Und wer sich zu Beginn noch anders verhielt, passt sich bald an. Sicher haben Sie schon einmal beobachtet, wie ähnlich sich Menschen werden, die viel Zeit miteinander verbringen. In Gegenden mit Schnurrbartträgern wachsen beständig neue Schnurrbartträger nach. In Branchen mit konservativem Outfit überbieten sich alle in modischer Zurückhaltung. In intellektuellen Familien pflanzt sich die Literatur als Tischgespräch eher fort als der Boxsport. Und Kinder von Akademikern studieren viel wahrscheinlicher als Kinder von Nichtakademikern. Also, suchen Sie sich Menschen, die so sind, wie Sie sein wollen, und die vorleben, was Sie nachleben wollen! Glück macht glücklich.

Raus aus dem Umfeld der FALSCHEN GEDANKEN!

Dieses Gleichheitsprinzip betrifft aber nicht nur Bildung, Aussehen oder Job, sondern auch konkrete Ziele. So würde das Verhalten unseres Möchtegern-Selbstständigen in Unternehmerkreisen etwa als grob falsch beurteilt. Richtig hingegen wäre, mit einem konkreten Ziel vor Augen das zu tun, was einen dem Ziel näher bringt. Einer, der es mit der Selbstständigkeit wirklich ernst meint, würde jede freie Minute mit konstruktiven Gesprächen, Gedanken, Büchern, Zeitschriften und Start-up-Beratungen zubringen. Und wohl oder übel auch einigen Freunden absagen, deren (für das Projekt Selbstständigkeit) belangloses Geplapper ihm auf die Nerven geht. Vor allem aber würde er sich von pessimistischen Ratschlägen fernhalten: »Sei bloß vorsichtig! Was, wenn alles ein Reinfall wird?« Denn Sorgen rauben Mut und Energie. Also: Würde sich unser Möchtegern-Selbstständiger statt mit ängstlichen Zauderern mit dem Selbstständigkeits-Starter oder einem bereits erfolgreichen Selbstständigen abgeben, könnte er von deren Art zu denken und zu handeln profitieren. Er könnte Erfolg sehen und erfolgreich werden.

Bleiben wir mit unseren falschen Gedanken aber in einem Umfeld falscher Gedanken, wird sich so bald nichts tun. Nicht von ungefähr leben übergewichtige Familienmitglieder einander falsche Essgewohnheiten vor. Nicht von ungefähr ziehen sich sozial Schwache oft gegenseitig runter, während Glückliche und Erfolgreiche sich gegenseitig beflügeln. Gedanken sind ansteckend.

Nie wieder
STINKSTIEFEL!

Da unsere Umgebung so stark auf uns abfärbt, können wir Glück und Erfolg ruinieren, indem wir uns mit zu viel Unglück und Misserfolg umgeben! Vorsicht also beim Umgang mit Glück- und Erfolglosen, mit Das-geht-sowieso-nicht-Typen und anstrengenden Drama-Queens! Diese können uns sämtliche Energien rauben. Denn was wir beachten, verstärken wir. Und was wir lernen, tun wir. Beachten und lernen wir Müll, haben wir bald Müll im Kopf. GIGO also!

Sicher kennen auch Sie Menschen, denen das Pech geradezu nachläuft. Vielleicht sogar solche, die Ihnen ständig schlaue Ratschläge geben wollen, aber selbst von einer Katastrophe in die andere schlittern: vom Burn-out zum Traumjob und gleich direkt in die Pleite. Von der dramatischen Trennung zur großen Liebe und direkt in die nächste Identitätskrise. Vom Schamanismus zur Selbsthilfe und dann direkt in einen Kurs über Säure-Basen-Fasten. Irgendwie stets gut gemeint. Aber auch ständig knapp daneben. Oft lauter als nötig. Mitunter gar mit viel Tamtam. Andauernd über die Ursachen grübelnd. Doch letztlich blind in der Selbstreflexion. Beratungsresistent. Hilflos. Arm dran. Och Gottchen.

Sie merken: Ich rede von Problem-Magneten. Von Energie-Vampiren. Von Stinkstiefeln. Irgendetwas klappt nicht wirklich mit deren (innerer) Hygiene – und so müffeln sie uns die Bude und das Leben voll. Meist müssen sie dafür nicht einmal extra ihre Schuhe ausziehen. Sie haben in »Eau de Problem« gebadet – ihr (Gedanken-)Umfeld stinkt. Und das modert nach innen und dann wieder nach außen. Einzige Hilfe also auch hier: Einmal kräftig lüften und sauber machen – mit den richtigen Gedanken. (Vorsicht aber, wenn sich Stinkstiefel dagegen wehren, weil sie es sich in ihrem Mief gemütlich gemacht haben! Um dann nicht selber loszustinken, hilft uns nur eines: von ihnen Abstand halten. Sorry, Stinker.)

Rein ins Umfeld
DER GUTEN GEDANKEN!

Also, suchen Sie sich immer das beste Umfeld, das Sie bekommen können! Fahnden Sie nach Menschen mit den richtigen Gedanken für Sie. Geben Sie sich nicht sofort mit dem zufrieden, was Sie finden! Sondern fragen Sie sich: »Wo genau sind meine Ziele?« Und: »Wer kann mich dabei unterstützen, sie zu erreichen?« Und dann arbeiten Sie daran so lange, bis Sie Ihr Ziel konkret vor Augen haben. Wechseln Sie in die Branche, in der Sie tätig werden wollen, umgeben Sie sich mit Menschen, die Ihr Traumziel schon erreicht haben und Ihnen wirklich gute Ratschläge geben können, und machen Sie sich Ihre Ziele mithilfe von Büchern, Bildern, Filmen, sozialen Netzwerken und Zeitschriften immer wieder klar. So sammelt Ihr Gehirn (Günter), was es braucht – und bald geht es tatsächlich los!

Wir werden, womit wir uns umgeben

Sehr viel Arbeit erübrigt sich, wenn uns unsere Umgebung Gedanken und Verhaltensweisen vorlebt, die hilfreich für uns sind. Schließlich imitieren wir Denk- und Verhaltensmuster. Man könnte also sagen, dass ein passendes Umfeld das Leben von vorneherein viel einfacher und erfolgreicher macht. Wir füttern unser Gehirn ganz automatisch mit dem, was wir sehen – und plötzlich flutscht alles wie von selbst! Das klappt sogar, wenn Sie sich bislang aufgrund Ihres Umfeldes oder Ihrer Sozialisation für unterprivilegiert gehalten haben – wechseln Sie einfach das Umfeld, und Sie spüren bald den Sog von Freude, Aufgeschlossenheit und Mut!

Nervenzellen und Synapsen

Was aber passiert in unserem Gehirn beim Lernen? Im Prinzip verknüpfen sich dabei einfach Nervenzellen. Von denen sollte unser Gehirn ja einige enthalten, auch wenn das nicht bei jedem sofort auffällt. Und: Jede Nervenzelle steht für eine bestimmte Bedeutung. Daher ist die richtige Verknüpfung untereinander sehr wichtig.

Wie Sie sicher noch aus der Schule wissen, sehen Nervenzellen ungefähr wie Sterne mit ganz vielen langen Strahlen aus. Oder meinetwegen mit langen Antennen. Wobei diese etwa wie Kabel funktionieren, über die sich die Nerven miteinander unterhalten. Die Strahlenantennen funken die Nachbarzellen sozusagen an. Seriös nennt man diese Kabel (beziehungsweise Strahlenantennen) übrigens »Axone«. Sie leiten Informationen vom einen Nerv zum anderen in Form von elektrischen Impulsen. Und am Ende des Axons berührt der eine Nerv den anderen. Diese Stelle nennt man »Synapse«. Hier werden die elektrischen Signale in chemische umgewandelt und die Informationen hüpfen vom einen Nerv zum anderen rüber – in Form biochemischer Botenstoffe mit komischen Namen: Acetylcholin, Serotonin, Dopamin, Adrenalin, Noradrenalin und so weiter. Das sind die sogenannten »Transmitter«. Die docken am gegenüberliegenden Nerv an den sogenannten »Rezeptoren« an, sozusagen an den Ohren des anderen Nerven, mit denen er die neuen Infos nun quasi »hören« kann.

Was aber bestimmt, welche Nerven mit welchen anderen wie stark verbunden sind? Zum großen Teil unsere individuellen Lernerfahrungen! Stellen wir uns mal folgendes Modell vor: Wir nehmen drei Nervenzellen. Oben eine, unten rechts eine und unten links eine. Und sagen wir mal, Sie haben Hunger. Und weil der oberste Nerv Ihr Pizza-Nerv ist, dem Sie in ungezählten Besuchen beim Italiener diese Bedeutung einprogrammiert haben, wird er

Pizza-Nerv 1: Nerven stehen für eine bestimmte Bedeutung und funken sich gegenseitig über »Antennen« an. Hier: Oben der Pizza-Nerv, unten rechts Pizza Nummer acht und unten links Pizza Nummer dreizehn.

durch Hunger aktiviert. Ihr Lieblingsitaliener hat allerdings seinen Laden geschlossen. Stattdessen ist da nun eine neue, Ihnen völlig unbekannte Pizzeria drin. »Egal!«, denken Sie. »Wird schon schmecken.« Sie betreten das Restaurant und screenen die neue Speisekarte. Tatsächlich: Die Pizza Nummer acht und die Pizza Nummer dreizehn erscheinen sehr lecker!

Also weisen Sie den Nervenzellen zwei und drei die Pizza Nummer acht und dreizehn zu. Der Nerv unten rechts ist jetzt die Pizza acht. Und der Nerv unten links die Nummer dreizehn. Zu beiden Nervenzellen steht der Pizza-Nerv über ein Axon und eine Synapse in loser Verbindung. Welche Pizza also nehmen Sie? Egal, Sie wissen ja noch nicht, wie die Pizzas tatsächlich schmecken. Irgendwie entscheiden Sie sich für die Nummer acht. Sie rufen die Kellnerin, geben Ihre Bestellung auf und warten voller Vorfreude auf die vermeintlich leckere Pizza. Der knusprige Rand! Der

Pizza-Nerv 2: Ist eine Erfahrung schlecht, lernen das die Nerven: Es schwächt sich die Verbindung zwischen ihnen ab. Hier: Pizza Nummer acht schmeckt schlecht.

leckere Käse! Die deftige Salami! Und als die Kellnerin Ihre Pizza schließlich bringt, sind Sie enttäuscht: Der Rand ist labberig, der Käse zieht keine Fäden und die Salami schmeckt fade. Ganz klar: Diese Pizza schmeckt viel schlechter, als Sie erwartet hatten.

Was passiert jetzt an der Synapsenverbindung zwischen Pizza-Nerv und Nummer-Acht-Nerv? Der Nerv lernt: Die Synapsenfläche verkleinert sich, das Axon zieht sich ein Stück zurück! Nun ist es beim nächsten Mal ein wenig schwerer für die Botenstoffe, hier auf die andere Seite zu hüpfen. Die Signale zwischen beiden Nerven werden schwächer. Signalstärke Minus. Ich vergleiche das gerne mit Schneckenaugen. Na? Haben Sie als Kind auch gerne Schnecken geärgert? Tun wir mal so, als seien die Synapsen die Schneckenaugen und die Axone die Augenstiele. Also: Was passiert, wenn eine Schnecke Sie anguckt und Sie dotzen einfach ein wenig auf die Augen drauf? Genau: Augenblicklich schnurzeln die

Augen zurück – wie Teleskope fahren sie ein. Und ganz ähnlich ist es eben an der Synapse. Der Nerv lernt, was ihm nicht guttut.

Nun die spannende Frage: Wenn Sie das nächste Mal Ihre neue Pizzeria betreten, welche Pizza werden Sie dann wohl bestellen? Klar: die Nummer dreizehn! Mit der Acht haben Sie immerhin schon schlechte Erfahrungen gemacht. Wozu die wiederholen? Zugegeben: Natürlich gibt es auch Menschen, die würden die Acht noch einmal bestellen. Manche Vertriebler zum Beispiel. Sie wissen ja: »Nein« heißt »Noch-ein-Impuls-notwendig«. Oder manche Beziehungsgeschädigte, die sich zum x-ten Mal den gleichen Partnertyp suchen, obwohl der ihnen überhaupt nicht guttut. Und tatsächlich: Würden wir die Verbindung zur Nummer acht immer wieder gezielt forcieren, könnten wir uns auch an weniger prickelnde Verknüpfungen gewöhnen. Schließlich entstünden auf diese Weise wie üblich Routinen – und diese müssen nicht zwangsläufig angenehm sein. Menschen gewöhnen sich manchmal Unglaubliches an: Extremsport, Magersucht, Beziehungen mit Lothar Matthäus. Je schlechter das Pizza-Erlebnis allerdings ist, desto schwerer wird es, so eine Verknüpfung zu installieren.

Nun bestellen Sie aber die Nummer dreizehn, weil Sie gelernt haben, dass Sie die Acht nicht mögen. Und wieder warten Sie voller Vorfreude, die dieses Mal nicht enttäuscht wird: Die Pizza schmeckt großartig! Na, was wird jetzt wohl an der Synapse passieren? Klar: Die Be-

Pizza-Nerv 3: Auch positive Erfahrungen lernen unsere Nerven: Die Verbindungsstärke untereinander wächst. Hier: Pizza Nummer dreizehn schmeckt gut.

rührungsfläche zum Nummer-Dreizehn-Nerv wird sich vergrößern. Der Synapsenknubbel wächst ein wenig. Signalstärke Plus. Die Schnecke kriegt jetzt richtige Stielaugen. Und welche Pizza werden Sie beim nächsten Mal noch schneller bestellen? Logisch: die Dreizehn wieder. Mit der haben Sie schließlich schon gute Erfahrungen gemacht. Wieder wird die Synapse größer, Signalstärke Doppelplus. Es fällt den Impulsen jetzt ganz besonders leicht, vom Pizza-Nerv auf den Nummer-Dreizehn-Nerv zu springen. Und was passiert, sobald Sie die Pizzeria erneut betreten? Jetzt bringt Ihnen die Kellnerin schon automatisch die Pizza Nummer dreizehn! Schließlich sind Sie mittlerweile Stammgast. Einer, der weiß, was er mag.

Routinen sind wie Muskeln

Wissen Sie, was das bedeutet, dass Routinen wie Muskeln sind? Das bedeutet, dass sich Verhaltensweisen genauso trainieren lassen wie Muskeln! Wenn man Muskeln benutzt, wachsen sie. Wenn man sie nicht benutzt, werden sie dünner. Wenn man Verknüpfungen zwischen Nerven wiederholt, werden die Verknüpfungen stärker – vor allem wenn die Verknüpfung mit angenehmen Gefühlen oder Erfolgen verbunden ist. Und wenn man die Verknüpfungen nicht wiederholt, werden sie schwächer. Insofern können wir uns nun alles mögliche Verhalten als Trainingsresultat unserer Nerven herleiten: Gehen Sie zum Beispiel jeden Morgen an einem bestimmten Kiosk vorbei und holen sich da mal ein Snickers, werden Sie sich am nächsten Tag daran erinnern – und womöglich wieder eines holen. Spätestens ab Tag drei ist das »Ihr« Kiosk, in dem Sie »immer Ihr« Snickers essen. Verknüpfung sei Dank! Die Leistung zwischen Kiosk-Nerv und Snickers-Nerv steht. Ihr Gehirn weiß Bescheid.

Nun haben wir aber im Kopf nicht nur drei Nervenzellen, sondern hundert Milliarden. Wie Knotenpunkte in einem riesigen Netz können die sich auch erst mal alle miteinander vernetzen. Wäre das sinnvoll? Kaum. Es entstünde nur das reine Chaos. Und schon sind wir wieder beim Lernen: Denn der Sinn der zusammengehörigen Verknüpfungen liegt darin, möglichst gut in der Welt zurechtzukommen und nicht ständig alles neu lernen zu müssen. Je besser wir also lernen, wie die Welt funktioniert, desto stärker werden die Verknüpfungen zwischen ganz bestimmten Nerven – und andersherum: Je stärker bestimmte Verknüpfung, desto besser funktionieren wir. Wir wissen, wie man kuppelt, Kaffee kocht, mit dem Partner umgeht – weil wir funktionierende Muster in unser Nervennetz einspielen. Wie Programme in einen Computer. Und dabei lernen wir auf dreierlei Arten: durch Lust (leckere Pizza), Schmerz (Tiger oder heiße Herdplatte) oder eben Wiederholungen (kuppeln – schalten, kuppeln – schalten).

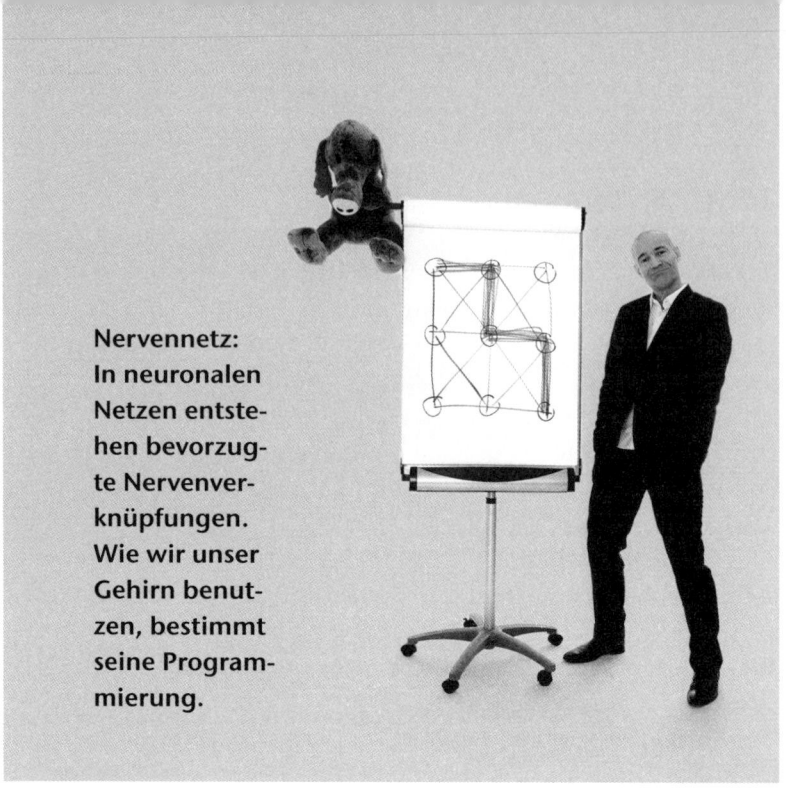

Nervennetz: In neuronalen Netzen entstehen bevorzugte Nervenverknüpfungen. Wie wir unser Gehirn benutzen, bestimmt seine Programmierung.

Das bedeutet aber auch etwas anderes sehr Wichtiges: Nämlich, dass wir im Leben keine Erfahrungen machen, sondern dass die Erfahrungen uns machen! Alles, was wir tun und erfahren, beeinflusst unser Gehirn. Und das ist praktisch: Erfahrungen legen Verhaltensspuren an, auf denen wir beim nächsten Mal sicherer und schneller durch den Tiefschnee kommen! Es wäre schon doof, jeden Morgen aufs Neue zu grübeln: »Wo im Schrank sind die Kaffeetassen?« Oder sich an der Ampel zu wundern: »Wo war noch gleich der erste Gang?« Oder den Partner zu fragen: »Schatz, wie heißt du noch gleich?« Das Programm ist fest im Kopf verankert, wir wissen zum Glück Bescheid.

Denken in Assoziationen

Durch die richtigen Verknüpfungen legen wir im Kopf Assoziationen an, die uns ganz gut durchs Leben bringen. Wir wissen Bescheid: Sieben plus acht gleich fünfzehn. Die Hauptstadt von Kuba ist Havanna. Und Florian Silbereisen moderiert Volksmusik. Unser Netz im Kopf differenziert sich immer weiter aus und kommt auf die richtigen Lösungen.

Das klappt auch mit Worten. Achtung: Ich schreibe mal ein paar einzelne Worte auf, und Sie fragen sich bei jedem einzelnen, welches andere Wort Ihnen dazu sofort einfällt, okay?

Meine Worte lauten:

schwarz
hell
hoch
Mann

Wahrscheinlich haben Sie gedacht: schwarz – weiß, hell – dunkel, hoch – tief, Mann – Frau. Cool, oder? Ich weiß, was Sie denken! Klar, für die meisten Leser ist Deutsch schließlich ihre Muttersprache. Und natürlich wissen wir, welche Worte in der Muttersprache zusammengehören. (Gut, ein paar Leser werden auch andere Assoziationen gehabt haben: »schwarz – Wald« zum Beispiel, wenn sie da herkommen. Oder »schwarz – Geld«, wenn sie bei der Steuerfahndung sind.)

Es sind genau diese Assoziationen, die bestimmen, in welchen Bahnen unser Denken abläuft. Wir bilden dabei sogar richtige Assoziationsketten: schwarz – weiß – Schnee – Skifahren – Spaß. Oder: schwarz – weiß – Schnee – Skifahren – Kreuzbandriss, je nachdem, welche individuellen Erfahrungen wir gemacht haben.

Zigaretten-flipchart: Was wir oft genug wiederholen, üben wir als »normal« ein. Hier: die »typischen« Auslösesituationen für einen Raucher, um sich eine Zigarette anzuzünden.

Wir denken nur »schwarz« – und schon steht uns eine ganze Schublade voller gültiger Assoziationen zur Verfügung. Wow, was für ein tolles Gehirn wir haben!

Wissen Sie, was das außerdem bedeutet? Dass der innere Schweinehund eigentlich nur auf ungewohnte Verknüpfungen hinweist! Stellen Sie sich zum Beispiel Nerven eines Rauchers vor: in der Mitte der Zigaretten-Nerv und darum herum die ganzen verknüpften Auslösesituationen: Kaffee – Zigarette, Stress – Zigarette, Langeweile – Zigarette, Party – Zigarette, Pause – Zigarette, nach dem Essen – Zigarette, nach dem Sex – Zigarette, während dem Sex – Zigarette. Also wenn Sie als Raucher am Tag drei Tassen Kaffee trinken und zu jeder Tasse eine Zigarette rauchen, schleifen Sie die Verknüpfung »Kaffee – Zigarette« im Jahr mehr als tausend Mal in Ihre Nervenzellen ein! Das heißt: Die armen Raucher haben

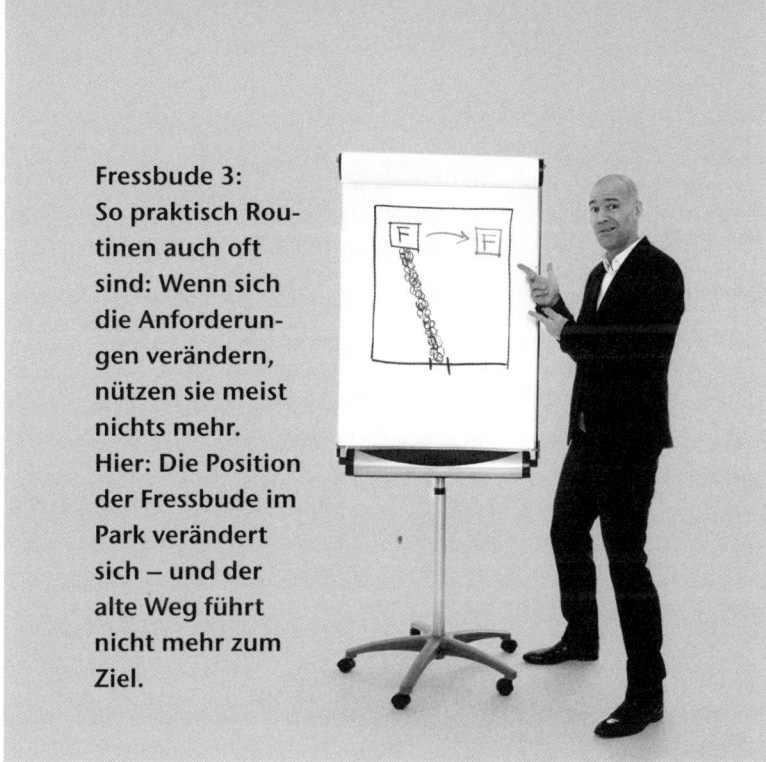

Fressbude 3: So praktisch Routinen auch oft sind: Wenn sich die Anforderungen verändern, nützen sie meist nichts mehr. Hier: Die Position der Fressbude im Park verändert sich – und der alte Weg führt nicht mehr zum Ziel.

wirklich keine Ahnung, wie Dreiviertel der Menschheit den Kaffee ohne Kippe runter kriegt. Was für ein fetter Günter im Kopf!

Jetzt fragen Sie einen Raucher aber mal, ob er weiß, dass Rauchen ungesund ist. Der guckt Sie nur mitleidig an und hält Sie für naiv. Denn: Natürlich weiß er es! Aber: Er raucht trotzdem. Und zwar, weil er es einmal so gelernt hat. Das Problem bei Routinen ist nämlich, dass sie ziemlich hartnäckig sind – selbst dann, wenn sie uns eigentlich nichts mehr nützen. Zum Beispiel weil sich die Welt so verändert hat, dass die Routinen in die falsche Richtung laufen: Der Arzt diagnostiziert einen Diabetes – und der Patient fängt trotzdem keinen Sport an. Unser Rentensystem ist ein Witz – wir halten dennoch daran fest. Der Kunde will im Versandhaus online einkaufen – und trotzdem druckt es ausschließlich Kataloge (und geht deswegen Pleite wie eine versiegende Quelle).

Noch mal zurück zum Park voller Schnee. Stellen Sie sich vor, da kommt plötzlich ein Riese vorbeispaziert und setzt die Fressbude einfach mal von der linken hinteren Ecke in die rechte. Na, was glauben Sie wohl: Wie reagiert Günter da? Natürlich sieht er, dass sich etwas verändert hat – er ist ja nicht doof. Möglicherweise

Intelligenz, Konvergenz und Divergenz

Keine Frage: Es bringt jede Menge Vorteile mit sich, ein möglichst umfangreiches und differenziertes Assoziationsnetz im Gehirn auszubilden.

So erlernen wir die Regeln unserer Welt, erkennen wichtige Muster und kommen zu den richtigen Schlüssen. Was gehört zusammen? Und was nicht? Wer das besonders gut kann, gilt als intelligent.

Tatsächlich messen Intelligenztests die Fähigkeit, konvergent zu denken, also Zusammenhänge zu erkennen, richtig zuzuordnen und Fehler zu entlarven. Diese Konvergenz im Denken bringt uns weit – in Schule, Uni oder Ausbildung: Wir lernen Grammatik, Mathe, Biochemie. Unser Grips frisst, was man uns vorsetzt, und katalogisiert, was wo hingehört. Sind motzt er sogar mutig: »He, Riese, was soll das?« Dann aber gibt er uns einen typischen Schweinehundratschlag: »Du, geh den alten Weg, die Bude kommt zurück!« Tja, dumm nur, dass sich die Welt andauernd verändert. Jeden Tag.

wir schlau! Dann aber verlassen wir Schule, Uni oder Ausbildungsstätte – und stellen plötzlich fest, dass Schulbildung und akademische Intelligenz längst kein Garant für Erfolg im Leben oder im Beruf sind. Im Gegenteil: Oft bringen sogar gute ehemalige Schüler oder Studenten nur mittelmäßige Leistungen zustande, während ehemals mittelmäßige in Leben und Beruf mitunter trotzdem durchstarten. Warum?

Malcom Gladwell erklärt in seinem Bestseller »Überflieger. Warum manche Menschen erfolgreich sind – und andere nicht« das Gegenmodell zur reinen Konvergenz: die Divergenz. Im Gegensatz zum konvergenten Denken nämlich, bei dem man richtig und falsch herausfindet, geht es beim divergenten Denken darum, auf möglichst viele Lösungen für ein Problem zu kommen. Richtig und falsch gibt es dabei nicht. Vielmehr geht es um kreativen Einfalls-reichtum, möglichst ohne eingeübte Denkgrenzen.

Der Ziegelstein
und die Decke

Als Beispiel für einen Divergenztest nennt Gladwell die Aufgabe, möglichst viele Verwendungsmöglichkeiten für einen Ziegelstein und eine Decke zu finden. Na, was fällt Ihnen dazu ein? Was kann man mit einem Ziegelstein alles anfangen? Und was mit einer Decke? Vielleicht möchten Sie sich ja zunächst ein paar Antworten überlegen, bevor Sie weiterlesen.

Sehr aufschlussreich ist die Gegenüberstellung zweier Ergebnisse von Schülern einer englischen Eliteschule. Beide Schüler sind intelligent, einer von beiden sogar ein »Wunderkind«. Ihre konvergenten Fähigkeiten sind also ausgezeichnet. Was aber machen ihre Divergenzfähigkeiten?

Der erste Schüler findet in der vorgegebenen Zeit für den Ziegelstein folgende Verwendungsmöglichkeiten: »Verwenden beim Schaufenstereinbruch«, »Haus zusammenhalten«, »Verwenden beim russischen Roulette, wenn du gleichzeitig etwas für deine Fitness tun willst (zehn Schritte, umdrehen, werfen, Ausweichen nicht erlaubt)«, »Bettdecke mit einem Stein in jeder Ecke des Bettes fixieren«, »leere Colaflaschen zerdeppern«. Und die Decke findet bei ihm folgende Verwendungen: »auf dem Bett«, »als Versteck für verbotenen Sex im Wald«, »als Segel für Boot, Karren oder Schlitten«, »Ersatz für Handtuch«, »als Ziel bei Schießübung für Kurzsichtige«, »zum Auffangen von Leuten, die aus brennenden Hochhäusern springen«. Nicht schlecht, seine vielen Ideen, oder?

Nun schauen wir mal, was unserem Wunderkind alles eingefallen ist. Beim Ziegelstein kam er nur auf »Dinge bauen« und »werfen«. Und für die Decke fielen ihm immerhin »warm halten,« »Feuer ersticken«, »an Bäume binden und drin schlafen (als Hängematte)« sowie »improvisierte Trage« ein. Erstaunlich, oder? Obwohl der Intelligenzquotient des Wunderkindes höher ist als der des ersten Schülers, ist seine Fantasie ziemlich mickrig! Wer wohl von beiden ein erfolgreicheres Leben führen wird?

Was aber bedeutet das? Dass es zwar ganz nett ist, einen hohen Intelligenzquotienten zu haben und Regeln zu kennen. Aber auch dass man für Erfolg letztlich doch mehr braucht als das. Nämlich die Fähigkeit, aus den jeweils gegebenen Umständen das Beste zu machen. Mit Fantasie, Kreativität und Pragmatismus – nicht unbedingt Hauptfächer in unseren Lehrplänen. Und es bedeutet, dass wir Günters Regeln und Routinen besser nicht allzu ernst nehmen ...

Kreativität
in der Physikprüfung

Sehr schön und passend finde ich auch folgende Anekdote, die sich so während einer Physikprüfung an der Universität Kopenhagen abgespielt haben soll und die in diversen Onlineforen die Runde macht:

Ein Professor stellt in einer Physikprüfung folgende Aufgabe: »Beschreiben Sie, wie man die Höhe eines Wolkenkratzers mit einem Barometer feststellt.« Ein Kursteilnehmer antwortet: »Sie binden ein langes Stück Schnur an den Ansatz des Barometers, senken dann das Barometer vom Dach des Wolkenkratzers zum Boden. Die Länge der Schnur plus die Länge des Barometers entspricht der Höhe des Gebäudes.« Diese in hohem Grade originelle Antwort entrüstet den Prüfer dermaßen, dass der Kursteilnehmer sofort entlassen wird. Der jedoch appelliert an seine Grundrechte, mit der Begründung, dass seine Antwort unbestreitbar korrekt sei. Die Universität ernennt einen unabhängigen Schiedsrichter, um den Fall zu entscheiden. Der Schiedsrichter urteilt, dass die Antwort in der Tat korrekt sei, aber kein wahrnehmbares Wissen von Physik zeige.

Um das Problem zu lösen, wird nun entschieden, den Kursteilnehmer nochmals hereinzubitten und ihm sechs Minuten zuzugestehen, in denen er eine mündliche Antwort geben kann, die mindestens eine minimale Vertrautheit mit den Grundprinzipien von Physik zeigt. Für fünf Minuten sitzt der Kursteilnehmer still, den Kopf nach vorne, in Gedanken versunken. Der Schiedsrichter erinnert ihn, dass die Zeit läuft, worauf der Kursteilnehmer antwortet, dass er einige extrem relevante Antworten habe, aber sich nicht entscheiden könne, welche er verwenden soll. Als ihm geraten wird, sich zu beeilen, antwortete er wie folgt: »Erstens könnten Sie das Barometer mit auf das Dach des Wolkenkratzers nehmen, es über den Rand fallen lassen und die Zeit messen, die es braucht, um den Boden zu erreichen. Die Höhe des Gebäudes kann mit der Formel $h = 0,5\ g \times t$ im Quadrat berechnet werden. Das Barometer wäre allerdings dahin! Oder, falls die Sonne scheint, könnten Sie die Höhe des Barometers messen, es hochstellen und die Länge seines Schattens messen. Dann messen Sie die Länge des Schattens des Wolkenkratzers, anschließend ist es eine einfache Sache, anhand der proportionalen Arithmetik die Höhe des Wolkenkratzers zu berechnen. Wenn Sie aber in einem hohen Grade wissenschaftlich sein wollen, könnten Sie ein kurzes Stück Schnur an das Barometer binden und es schwingen lassen wie ein Pendel, zuerst auf dem Boden und dann auf dem Dach des Wolkenkratzers. Die Höhe entspricht der Abweichung der gravitativen Wiederherstellungskraft $T = 2$ Pi im Quadrat (l/g). Oder, wenn der Wolkenkratzer eine äußere Nottreppe besitzt, würde es am einfachsten gehen, da hinaufzusteigen, die Höhe des Wolkenkratzers in Barometerlängen abzuhaken und oben zusammenzählen. Wenn Sie aber bloß eine langweilige und orthodoxe Lösung wünschen, dann können Sie selbstverständlich das Barometer benutzen, um den Luftdruck auf dem Dach des Wolkenkratzers und auf dem Grund zu messen und den Unterschied bezüglich der Millibare umzuwandeln, um die Höhe des Gebäudes zu berechnen. Aber da wir ständig aufgefordert werden, die Unabhängigkeit des Verstandes zu üben und wissenschaftliche Methoden anzuwenden, würde es ohne Zweifel viel einfacher sein, an der Tür des Hausmeisters zu klopfen und ihm zu sagen: Wenn Sie ein neues Barometer möchten, gebe ich Ihnen dieses hier, vorausgesetzt Sie sagen mir die Höhe dieses Wolkenkratzers.«

Der Name des Kursteilnehmers war Niels Bohr. Am 10. Dezember 1922 erhielt er für seine Forschungen über die Atomstruktur sowie die von den Atomen ausgehende Strahlung den Nobelpreis für Physik.

Ein kleines Mädchen malt Gott

Der international renommierte britische Gesellschaftsberater und Autor Ken Robinson erzählt folgende Geschichte, die ebenfalls den Kern kreativer Intelligenz trifft: Während des Zeichenunterrichts in der Schule fragte die Lehrerin ein kleines Mädchen: »Was malst du denn da?« Das Mädchen antwortete: »Ich male ein Bild von Gott.« Die Lehrerin sagte: »Aber es weiß doch niemand, wie Gott aussieht!« Daraufhin das Mädchen: »Doch. Gleich.«

6. Günters
kleine WELT

Was die Fressbude angeht, nähern wir uns so langsam dem, was man landläufig unter einem inneren Schweinehund versteht: Günter wird mit der Zeit nämlich dick und fett und faul und träge. Und zwar, weil er schon so viele Verknüpfungen kennt! Neues lernen will er jetzt nicht mehr. »Wozu auch? Du weißt doch schon alles!«, grunzt er – und ist davon überzeugt, etwas Schlaues zu sagen. Er hat es sich in seinem Sessel gemütlich gemacht, trinkt Bier und frisst Chips, während im Fernsehen die Lottozahlen kommen. Ob auch er endlich mal Glück hat im Leben?

Was Günter dabei aber eigentlich macht, ist etwas sehr Perfides: Er beginnt, in seiner eigenen kleinen Welt zu leben. Denn er gewöhnt sich so sehr an seine persönliche Sichtweise und klammert sich so sehr an seine Erfahrungen, dass er sich kognitiv einmauert. Alternativen erscheinen ihm bald undenkbar – das Leben ist genau so, wie er es sieht. Und so, wie es immer ist. Da sind sie wieder, unsere Routinen und Gleichgewichtszustände!

Nennen wir diese kleine Welt einmal Günters »Gartenzwergzone«. In der ist mit der Zeit nämlich alles drin, was zu unserem kleinen Leben gehört: Unsere Familie und Freunde mit all ihren Besonderheiten und Schrulligkeiten. Unser Job, unser Gehalt, unsere Abläufe. Die lieben Kollegen und die weniger lieben. Unsere Lieblingskunden und die Stinkstiefel. Unser Haus in unserer Straße in unserer Ortschaft. So wie schon immer. Unser Supermarkt, unser Müsli – drittes Regal von links, da können wir blind reingreifen. Und wehe, die räumen mal die Regale um! Dann motzt Günter: »Frechheit! Das können die doch nicht machen!« Sogar unser Urlaub ist Teil unserer kleinen Welt geworden: Jedes Jahr Mallorca, was auch sonst? Alles wie zu Hause, nur ein bisschen wärmer. Sogar das Hotel ist das gleiche wie seit sieben Jahren. Unser Zimmer im Hotel auch. Und »unsere« Ecke am Pool ebenfalls. Obwohl wir die jeden Morgen mit einem Handtuch erobern müssen.

Psychologen und Coaches nennen dieses Phänomen auch gerne unsere »Komfortzone«. In der ist nämlich alles kuschelig bequem. Wozu etwas verändern? Das Gemeine ist nur, dass sich die meisten Herausforderungen im Leben ja außerhalb unserer Komfortzone befinden. Um sie zu meistern, müssten wir Günters Gartenzwergzone also verlassen. Doch Günter hat darum mittlerweile einen Zaun gebaut …

**Komfortzone 1:
In der Komfort-
zone ist alles
bequem und
bekannt. Aber:
Die Herausfor-
derungen lie-
gen außerhalb!**

Eine konkretes Beispiel für die Herren: Lieber Leser, stellen Sie sich
vor, das seien Sie in der Mitte der Komfortzone. Sie sind Mitte
Zwanzig, gut aussehend, haben einen tollen Job, ein prima Leben,
haben beste Perspektiven – kurz: Sie sind ein super Typ. Das einzige, was Ihnen im Leben noch fehlt, ist eine Frau. Und dann sehen
Sie Ihre Traumfrau plötzlich auf der Party neben Ihnen stehen. Sie
denken sich: »Wow, super! Die ist es!« Auch Günter registriert das
natürlich und rät augenblicklich: »Wow, super! Die ist es! Los, die
sprichst du an – wenn du sie das nächste Mal siehst!« Denn auf
dem Weg zur Grenze Ihrer Gartenzwergzone kommen Günter lauter Gründe, warum jetzt der falsche Zeitpunkt zum Ansprechen
ist: »Was, wenn du sie störst? Was, wenn sie dich nicht mag? Du
hast schon zu viel gesoffen!« Oder: »Du hast noch nicht genug
gesoffen!« Sprich: Sie finden lauter Gründe, warum es scheinbar
vernünftiger ist, passiv zu bleiben.

Komfortzone 2: An der Grenze unserer Komfortzone bekommt man oft Angst – und die hält einen zurück. Hier: Schüchternheit.

Komfortzone 3:
Auch Vermeidung kann zu einer Routine werden – allerdings zu einer, die die Grenzen der Komfortzone zementiert.

Vermeiden lernen – der Zaun wird immer höher

Was aber passiert in Ihrem Hirn, wenn Sie ein bestimmtes Verhalten erfolgreich praktizieren? Richtig: Sie speichern es ab. Günter schlussfolgert: »Hast alles richtig gemacht, schließlich ist nix Schlimmes passiert!« Und bei der nächsten Herausforderung weiß er schon genau, was er Ihnen raten muss: »Das ist nichts für dich, bleib in deiner sicheren Komfortzone!« Und spätestens beim dritten Mal ist sich Günter nun sicher: »Bist halt kein Frauentyp!«

Was passiert dabei aber unterm Strich? Der Zaun um die Gartenzwergzone wird immer höher! Jedes Mal, wenn wir vor einer Herausforderung kneifen, mauern wir uns ein Stückchen mehr ein – und halten es irgendwann überhaupt nicht mehr für möglich,

Komfortzone 4: Wer immer nur Herausforderungen vermeidet, mauert sich in seiner Komfortzone regelrecht ein.

unsere kleine Welt zu verlassen. Wie auch? Wo wir das schon ewig nicht mehr gemacht haben.

Sicher kennen auch Sie Menschen, die vor langer Zeit aufgehört haben, zu wachsen und sich weiterzuentwickeln. Und dann treffen Sie sie irgendwann wieder und wundern sich, wie klein ihre Welt geworden ist. Oder kennen Sie Menschen, die überfordert sind, wenn sie mal ihre gewohnte Umgebung, zum Beispiel ihre Stadt, ihren Freundeskreis oder ihr gewohntes Berufsumfeld verlassen sollen? Plötzlich werden aus selbstbewussten Erwachsenen wieder kleine Kinder: »Nein, ich kann dich leider nicht besuchen – du wohnst so weit weg!«, »Bestimmt mag mich woanders keiner!«, oder »Für eine Umschulung bin ich zu alt!« Die Mechanik dahinter ist simpel: Zu viel Sicherheitsdenken und Bequemlichkeit produziert mit der Zeit Unsicherheit und Leistungsschwäche.

Sogar ausgewachsene pathologische Züge kann so ein Hang zum Vermeidungsverhalten annehmen. Zum Beispiel bei einer Angsterkrankung. Auch dabei läuft nämlich Ähnliches ab: Oft steht am Anfang eine plötzliche Panikattacke oder unerklärliche Angst in einer bestimmten Situation – etwa im Supermarkt, Auto oder Fahrstuhl. Und weil Günter unangenehme Gefühle vermeiden will, wird ab sofort der Supermarkt, das Auto oder der Fahrstuhl vermieden. So kann man aber die negative Erfahrung nicht relativieren, lernt also nicht, dass Supermarkt, Auto und Fahrstuhl eigentlich ganz harmlos sind. (Zwar ist das dem Verstand theoretisch bewusst, aber wer hört schon auf seinen Verstand?) Nun geht häufig eine Negativspirale los: Nicht nur die konkreten Angstauslöser werden mit der Zeit vermieden, sondern auch andere vermeintlich gefährliche Situationen – der Bus, die Straße, das Treppenhaus. Alles erscheint auf einmal gefährlich, ständig droht die unerklärliche Angst. Nicht wenige Angstpatienten trauen sich daher nicht einmal mehr aus ihrem Haus heraus.

Die eigenen Grenzen sprengen

Die Lösung ist erstaunlich simpel: Im Wesentlichen besteht sie darin, sich den Angst auslösenden Situationen zu stellen und umzulernen. »Nanu, es passiert ja gar nichts Schlimmes!«, soll Günter verstehen – und in Zukunft keine Angst mehr machen. Natürlich ist im Idealfall ein fähiger Therapeut mit dabei, der dem Patienten geduldig und verständnisvoll beim Üben hilft.

Aber auch das lässt sich eins zu eins auf unsere alltäglichen Kleine-Welt-Phänomene übertragen: Schon lange keine Kaltakquise mehr gemacht? Dann wird es aber Zeit! Schon lange keine Fortbildung mehr besucht? Na, dann mal los! Schon lange keinen anderen Urlaubsort mehr ausprobiert? Dann schnell zum Reisebüro! Sonst siegt unser Schweinehund. Denn wir wissen genau, dass

Komfortzone 5: Wer Herausforderungen annimmt, lernt, sie zu meistern. So kann die Komfortzone wachsen.

es im Kern darum geht, Grenzen einfach nicht zu akzeptieren, sondern sie ständig weiter zu verschieben. Schließlich haben wir alle im Leben schon die Erfahrung gemacht, dass wir die meisten Dinge hinbekommen, wenn wir sie konsequent angehen. Denn die meisten Grenzen sind nur eingebildet. Wenn wir sie angehen, können wir sie auch übertreten und die Herausforderung in unser Leben einbauen.

Auch das kennen wir eigentlich zur Genüge: Waren doch Lesen und Schreiben, der Schulabschluss oder das Autofahren einmal nichts anderes als Grenzen unserer kleinen Welt. Weil wir sie aber nicht akzeptiert haben, sind wir gewachsen – wir haben die Grenzen verschoben. Unsere Welt ist größer geworden. Und wenn wir das reflektieren und verstehen, ergibt sich daraus, dass wir auch andere Grenzen angehen und sprengen können. Denn wir haben schließlich schon erfolgreiche Referenzerlebnisse vorzuweisen!

Also können wir die nächste Herausforderung auch noch mitnehmen. Und die übernächste. Und die überübernächste. Und unsere Traumfrau auch. Wir befinden uns auf mentalem Expansionskurs und erobern die Welt. Wir haben wieder unseren Abenteuermodus eingeschaltet und genießen unseren Dopaminrausch.

Ohne Anstrengung
KEIN ERFOLG

Sportler wissen Bescheid: Ohne Training kein Besserwerden. Warum? Weil wir einen trainingswirksamen Reiz brauchen, um uns zu mehr Leistung zu stimulieren. Würden wir uns immer nur so belasten wie zuvor, bliebe unser Leistungsniveau gleich oder würde mit der Zeit schlechter.

Schließlich werden wir immer älter. Außerdem geben wir so dem Wettbewerber die Chance, seinerseits richtig zu trainieren und uns zu schlagen.

Die zugrundeliegende Mechanik ist logisch: Erst im Grenzbereich unserer Leistungsfähigkeit registriert unser Körper, dass sich der persönliche Fitnesszustand tatsächlich lohnt. Danke, liebe Leistungsfähigkeit! Blieben wir hingegen immer unter unseren Möglichkeiten, ginge es schnell bergab mit uns: Bye bye, liebe Muskeln! Tschüs, starkes Herz! Fordern wir uns hingegen von Zeit zu Zeit und legen es sogar darauf an, unsere Grenzen zu verschieben, registriert der Körper, dass die vorhandenen Muskeln noch nicht ausreichen und das Herz besser pumpen soll. Und dann legt Kumpel Körper eine Schippe drauf – in der Erholungsphase nach der Anstrengung. Wir werden besser – dank komplexer biologischer Anpassungen. Vorausgesetzt natürlich, wir warten nicht zu lange mit dem nächsten Training an der Grenze. Sonst kommt die Extra-Schippe bald wieder runter ...

Wachstum im Grenzbereich – dank aktivem Handeln

Auch im täglichen Leben gilt dieses Gesetz und besonders die erfolgreichen Menschen machen es vor: Sie demonstrieren, dass Wachstum und persönliches Besserwerden im Grenzbereich der eigenen Leistungsfähigkeit stattfindet. Also gehen Erfolgreiche immer wieder an ihre Grenzen – und überwinden sie so hin und wieder. Klar, dass man dafür ein gewisses Maß an Konsequenz, Ausdauer und mitunter sogar Härte benötigt. Klar aber auch, dass sich manche Erfolge erst dann einstellen, wenn man alles für sie gibt. Keiner joggt schließlich beim Hundertmeterlauffinale nur gemütlich vor sich. Nein, da ist schon Gasgeben angesagt.

Nun ist ja allgemein bekannt, dass der Unterschied zwischen erfolgreichen und weniger erfolgreichen Menschen zum großen Teil im Handeln liegt. Ganz klar: Auch weniger Erfolgreiche haben gute Ideen. Sie realisieren sie nur nicht so oft wie die Erfolgreichen. Der Grund hierfür könnte genau in diesem Handeln an der Grenze der subjektiven Wohlfühlzone liegen: Manchmal ist es eben einfach unbequem, sich anzustrengen – mitunter sogar saumäßig unbequem. Und vor allem natürlich dann, wenn der Trainingszustand zu wünschen übrig lässt. Sollten es also gar die Angst vor Anstrengung und eine gehörige Portion Bequemlichkeit sein, die manche im drögen Mittelmaß versauern lässt? Denkbar. Nur: Ohne Anstrengung kein Wachstum. Ohne Wachstum keine Anpassung an höhere Leistungsanforderungen. Ohne höhere Leistungsfähigkeit weniger Erfolge.

Und schon verstreichen Chancen, die ein besser Trainierter genutzt hätte ...

Anders die »Erfolgreichen« (nagel Sie mich bitte nicht genau auf diesen Begriff fest, Sie wissen, was ich meine): Sie haben sich oft angewöhnt, in genau diesem Grenzbereich der eigenen Leistung zu handeln, und werden so mit der Zeit immer besser. Sie akzeptieren Grenzen nicht und verschieben sie dadurch ständig: »Na, geht noch ein bisschen mehr?« Und dann stellen sie oft fest, dass eben doch mehr geht, als sie (oder andere) bislang gedacht hätten. So erschaffen sie sich neue Spielfelder, ja mitunter auch ganz neue Spiele. Das Leben wird zur Unternehmung, zum Abenteuer. Spannend!

Sich Befriedigung
verdienen – dank
Ursache und Wirkung

Die Befriedigung solchen unternehmerischen Handelns liegt aber nicht nur im Erfolg – letztlich dem Erreichen der eigenen Ziele. Nein, die Befriedigung liegt im Erschaffen selbst! Denn das Gefühl, etwas erreichen zu können, wenn man etwas dafür tut, ist grandios. Und die Kausalität wird mit der Zeit Gewissheit. Andersherum offenbart sich die Erkenntnis, dass wir nichts erhalten, wenn wir nichts (mitunter Anstrengendes) dafür tun. Warten, dass Belohnungen vom Himmel fallen? Hoffen auf den Lottogewinn? Auf das zufällig passende Jobangebot? Auf soziale Gerechtigkeit? Lächerlich! Jeder Erfolgreiche weiß: Ohne Fleiß keinen Preis! Denn wir erhalten erst dann Resultate, wenn wir etwas dafür tun. So lautet das Gesetz von Ursache und Wirkung. Erst wenn wir säen und die Saat richtig pflegen, kann sie aufgehen. Und so wie wir heute erleben, was wir gestern geschaffen haben, werden wir morgen erleben, was wir heute schaffen. Denn: Das Leben funktioniert großenteils letztlich auch nur »ganz normal« unternehmerisch – als Interaktion zwischen guter Vorbereitung und dem konsequenten und eben auch mal anstrengenden Ergreifen von Chancen. Das Glück ist mit den Tüchtigen.

UNTERNEHMERISCH
LEBEN

Doch dass das Umsetzen eigener Ideen mitunter ganz schön fordernd ist, weiß jeder, der zum Beispiel einmal eine eigene Firma gegründet hat: die Marktrecherche, das Kündigen des alten Jobs, das Ausbauen der Geschäftsidee, das Überzeugen der Anschubfinanzierer, etliche Seiten umfassende Businesspläne mit komplexen Tabellen, die Entwicklung einer Webseite, deren Gestaltung, die Akquise einer dauerhaften Finanzierung, die Einstellung der richtigen Leute (und auch das Feuern der falschen) und und und. Ganz zu schweigen von den unzähligen Hindernissen, die sich unterwegs ergeben: die vielen kritischen Stimmen, ja mitunter sogar die destruktiven »Das-wird-nie-was«-Prognosen, das Finanzierungsrisiko, immer wieder neu auftauchende unerwartete Herausforderungen, sich widersprechende Rechtsberatungen, einfach nur ätzend unzuverlässige

Schnarchnasen bei (bald nicht mehr) begleitenden Dienstleistern und und und.

Dennoch: Trotz allen Ärgers gibt es kaum etwas, das mehr befriedigt und glücklicher macht als das Umsetzen einer eigenen komplexen (Geschäfts-)Idee. (Natürlich muss es nicht zwingend eine Business-Idee sein. Auch in anderen Bereichen gelten die gleichen Gesetze.) Der Drive dazu kommt von ganz tief drinnen – und es werden unerwartete Energien freigesetzt. Energien, die auch nötig sind: Denn manche Hürden sind offenbar nur dazu da, um den eigenen Erfolgswillen zu testen. Wo Gegenwind beginnt und der Bequeme stoppt, geht der Erfolgreiche weiter – mit guter Laune. Er weiß schließlich, wofür er kämpft. Und das führt dann

fast zwangsläufig zum Erfolg. Denn: Wer schon so weit gekommen ist, hat davon nichts geschenkt gekriegt – und wird auch in Zukunft nichts dem Glück, Zufall oder der süßen Bequemlichkeit überlassen. Es läuft schließlich ein Erfolgsprogramm im Kopf: Erfolg ist kein Zufall, er wird erarbeitet. Punkt.

Gas geben –
ohne im Hamsterrad
zu landen!

Natürlich ist dabei auch wichtig, die Anstrengung möglichst ökonomisch zu halten, sonst droht das berühmte Hamsterrad: viel Bewegung, null Vorankommen. Keine Frage: Ich kenne etliche weniger erfolgreiche Menschen, die sich in ihrer täglichen Routine geschäftig die Seele aus dem Leib rennen – nur leider ohne Hebel. Sie treten auf der Stelle. Und wozu führt das? Zu Misserfolg und Burn-out! Schade ... Nur: Was daraus lernen? Die Anstrengung zu vermeiden? Blödsinn! Denn sich nicht anzustrengen ist auch keine Lösung. Kennen Sie das Gegenteil vom

Burn-out, das sogenannte »Bore-out«? Dabei unterfordern Sie sich in Ihren Tätigkeiten so sehr, dass Sie wiederum nur schlechte Gefühle und ebenfalls keinen Erfolg ernten. Klar: Von nichts kommt eben nichts. Und: Ein bisschen müssen wir schon Gas geben, damit wir Spaß haben.

Nur, Gasgeben in die falsche Richtung bringt nichts. Wer in seiner Tätigkeit nicht den richtigen Hebel ansetzt, bleibt erfolglos. Egal, ob er nun zu viel arbeitet oder ständig seine Schonhaltung verstärkt. Was man nun braucht, ist die richtige Analyse, in welche Richtung man Gas geben soll! Und schon wieder sind wir bei einer Parallele zwischen Trainingslehre und Lebenserfolg: den richtigen Pausen! Denn entweder strengen sich weniger Erfolgreiche immer mehr ohne Hebel an und das Hamsterrad wird dadurch immer schneller. Oder sie hören ganz auf, zu trainieren, und werden immer träger. Erfolgsmenschen hingegen gönnen sich ganz bewusst ihre Ruhe- und Beurteilungspausen (wie beim Training): Sie wechseln mal das Thema, gönnen sich Wellnesstage, tauschen sich mit anderen aus – und lernen so dazu oder kriegen mitunter sogar echte Aha-Erlebnisse. Und dann konzentrieren sie wieder ihre (nun dank vorherigem Training stärker gewordenen) Kräfte. Aufs richtige Ziel gerichtet. Ökonomischer. Schlauer. Mit Hebel und Power auf den Punkt. Und was folgt dann wieder? Klar: der nächste Erfolg.

Unbegrenzte
ABENTEUER

Besonders spannend dabei: Wer für mehrere Tätigkeiten brennt, kann sie beständig abwechseln – und so auch in mehreren Gebieten dauerhaft hohe Leistungen bringen, ohne zu ermüden. Schließlich stimmt für jedes Gebiet die Mischung aus Anstrengung und Erholung. Sie machen erst Krafttraining, dann gehen Sie laufen, legen anschließend die Füße hoch – und fangen dann wieder bestens trainiert mit dem Krafttraining an. Und insofern hat wirklicher Erfolg ein weiteres Merkmal: Er findet nicht nur einmal statt – sondern ständig! Denn unterm Strich beruht er auf der richtigen Strategie und Taktik im Umgang mit den eigenen Grenzen. Und wer hier richtig handelt, dessen Energien reichen ewig. Erfolg ist somit auch nur eine Gewohnheit, die sich erlernen lässt. Wie regelmäßiger Sport. Oder das Zähneputzen.

Also: Wofür brennen Sie? Dann vergessen Sie mal, dass Sie Grenzen haben – wenn Sie in deren Nähe kommen, werden Sie das schon rechtzeitig spüren. Stattdessen: Lassen Sie es krachen! Gerne auch so sehr, dass Ihre Muskeln zu ziehen und Günter zu zicken beginnt. Denn eines muss Ihnen klar sein: Genau dadurch machen Sie die nächste Anstrengung einfacher. Und die übernächste. Und überübernächste. Erfolg wird bequem – dank der Anstrengung davor.

Let's get ready to rumble!

7. Keine ANGST!

Warum tut sich Günter eigentlich so schwer, wenn er mal aus seiner kleinen Welt herauskommen soll? Warum traut er sich nicht öfter aus der Deckung? Anders formuliert: Warum sagen wir nicht einfach: »Grenzen? Egal! Die gelten für uns nicht.« Also: Welches Gefühl hält uns eigentlich davon ab, einfach zu tun, was wir tun müssen? Sie ahnen es: Es ist Angst.

Na, kann es sein, dass Angst auch in Ihrem Leben eine große Bremse ist? Hand aufs Herz: Sind auch Sie schon mal an einer der folgenden Autosuggestionen gescheitert? »Viel zu anstrengend, das lohnt sich nicht!«, »Jetzt bloß keinen Fehler machen!« oder »Halte dich besser zurück, sonst mag man dich nicht mehr!« – und dann haben Sie etwas bleiben lassen, das Sie eigentlich hätten tun sollten? Wie etwa mit viel Aufwand einen besonders coolen Neukunden zu akquirieren? Oder mutige Klamotten anzuziehen, obwohl Sie

den Dresscode dabei sehr offensiv interpretieren? Oder einem nervigen Kollegen mal so richtig die Meinung zu geigen? Willkommen im Club! Denn: Die häufigsten Vermeidungsziele innerer Schweinehunde sind Anstrengung, Fehler oder zwischenmenschliche Zurückweisung. Warum? Weil wir gerade davor eine Riesenangst haben!

Im Griff der drei Urängste

Aber: Wieso haben wir überhaupt Angst? Gehen wir ein paar Tausend Jahre zurück in die Steinzeit: Damals hat uns Angst das Überleben gesichert. Vor allem drei Urängste wiesen uns den richtigen Weg.

Urangst Nummer eins: die Angst vor Überanstrengung. Nahrung war damals knapp oder zumindest nur unter hohem Energieaufwand zu beschaffen. Besser also: Überanstrengung vermeiden! Wann immer möglich: Kräfte schonen! Urangst Nummer zwei: die Angst vor Misserfolg. Stellen Sie sich vor, Sie hätten erfolglos mit einem Säbelzahntiger gekämpft. Eher schlecht für Sie ... Besser also: Alles richtig machen! Fehlermachen verboten!

Und Urangst Nummer drei: die Angst vor sozialer Zurückweisung. Sie haben es sich mit der Gruppe verscherzt und stehen nun ganz alleine da mit dem Säbelzahntiger. Suboptimal ... Also: Besser lieb sein zu den anderen und brav nach den Regeln spielen!

Tja, Überraschung: Auch heute noch scheinen uns dieselben Urängste im Griff zu haben! Wir scheuen so manchen Extraaufwand, auch wenn er vielversprechend scheint. Stattdessen geht es lieber pünktlich in den Feierabend – sonst riskieren wir noch das gefürchtete Burn-out-Syndrom ... Wir machen lieber alles nach Schema F, so wie es alle tun. Bloß keine Experimente! Besser also, etwas möglichst richtig zu machen, anstatt »nur« das Richtige zu tun – so brauchen wir für eventuelle Risiken keine Verantwortung zu übernehmen. Denn: Unternehmerisch denken sollen andere. Und schließlich: Bloß nicht auffallen durch unangepasste Ideen oder Handlungen, oder durch mutige zwischenmenschliche Experimente! Was würden dazu nur die anderen (Schafe) sagen? Immerhin wissen wir, was die Herde von uns erwartet: Schön brav sein. Und mähen wie der Durchschnitt.

Es scheint demnach so, als sei unser innerer Schweinehund Günter gar nicht faul, sondern vielmehr ängstlich! Leider aber sind unsere Urängste heute meist hinderlich: Denn kaum ein Charakterzug macht ähnlich erfolgreich wie Eigeninitiative und die Bereitschaft zur berühmten »Extrameile« – in allen Lebensbereichen. Und: Nichts tut eingefahrenen Systemen besser als der analytische Blick von außen und der Mut, Bestehendes konsequent zu hinterfragen und zu verbessern – trotz der Gefahr, dabei mal Fehler zu machen. Und dass Everybody's Darling auch meist Everybody's Depp ist, ist sowieso klar ...

Außerdem sind die meisten Urängste heute ziemlich unberechtigt: Ehe wir wirklich vor Erschöpfung zusammenbrechen, können wir einen starken Kaffee trinken, uns irgendwo hochkalorisches Fast

Food reinziehen oder erst mal in der kuscheligen Sicherheit unseres Schlafzimmers eine Runde pennen. Und ehe wir wegen einzelner Fehler unser Dach überm Kopf verlieren, greifen erst noch ein paar Sicherungssysteme: Wir können Fehler korrigieren, uns entschuldigen, alles in Ruhe besprechen, Neuanfänge starten, woanders kompensieren, vor Gericht ziehen, uns Arbeitsunfähigkeit oder sogar Unzurechnungsfähigkeit bescheinigen lassen – und zur Not gibt es ja noch »Hartz IV«. Auch die Zeiten, in denen man Menschen wegen sozialer Unangepasstheit am Pranger mit faulen Tomaten beworfen hat, sind schon eine Weile her. Allenfalls in manchen Online-Foren lassen sich noch Regressionen in frühere Entwicklungsstufen beobachten. Wovor zum Teufel haben wir also noch Angst?

Nun könnte man Angst als eine Art hirninternes Präventionsprogramm verstehen: Besser Vorsorge als Nachsorge. Ja, stimmt schon. Nur lässt das einen weiteren wichtigen Aspekt außer Acht: das tatsächliche Risiko! Anstatt Risiken nämlich möglichst objektiv zu betrachten, sich also zu fragen »Was riskiere ich wirklich?«, orientieren wir uns steinzeitmäßig an den vermeintlich sicheren Grenzen unserer Routinen. Nur so lässt sich erklären, dass wir zwar sehenden Auges in Pleiten hineinschlittern oder in vollstem Bewusstsein Lungenkrebs riskieren können, mutige Kaltakquise oder einen simplen Rauchstopp aber für unerhört riskant halten: »Was könnte uns da alles passieren? Besser bleiben lassen!« Dabei erweisen sich die meisten Befürchtungen ja im Nachhinein als unbegründet, wenn man mal seinen inneren Schweinehund überwunden hat und aktiv geworden ist. Ach, so schlimm war es damals gar nicht mit der Führerscheinprüfung, Ihrem letzten Vorstellungsgespräch oder dem Heiratsantrag an Ihre Liebste? Hätten Sie das mal vorher gewusst ...

ÜBUNG

Ängste
bewusst wahrnehmen

Erinnern Sie sich an die vergangenen Tage: Welche Projekte haben Sie da nicht begonnen, vorzeitig beendet oder gar erfolglos beendet, weil Sie im Kern vor irgendetwas Angst hatten?

Ordnen Sie Ihre Ängste einer der drei Gruppen zu: Angst vor Überanstrengung, Misserfolg oder Zurückweisung!

Welche Projekte stehen derzeit eigentlich an und Sie scheuen sich aus Angst, sie in Angriff zu nehmen?

Auch hier wieder: Ordnen Sie Ihre Ängste einer der drei Gruppen zu.

Meine Projekte:	Meine Schweinhundeängste:

Neurotische Ängste

Was übrigens daraus werden kann, wenn wir es mit unserem Steinzeitprogramm übertreiben, zeigen heute ganz »normale« Neurotiker. Wenn wir die lästigen Urängste nämlich besonders akribisch in die Jetzt-Zeit übertragen, werden daraus garantiert unerfüllbare Ansprüche. Und die machen einem selbst und der unmittelbaren Umgebung das Leben schwer.

Zum Beispiel: »Alles was ich tue, muss leicht und einfach gehen!« Kennen Sie Typen, die nach diesem Motto leben? Meist handelt es sich dabei ja um Prototypen echter Loser: »Wie? Sich für Erfolg anstrengen? Ich? Wieso? Das ist aber ungerecht!« Oder der Anspruch: »Ich muss immer Erfolg haben! Fehler sind was für Verlierer!« Ja, freilich. Und wenn es mal nicht gleich klappt mit dem Erfolg, geht dann alles den Bach runter? Ist man ein schlechter Mensch, wenn man erst eine Weile tüfteln muss? Einer zweiter Klasse? Ein Risiko für die restliche Menschheit? Ein Ausgestoßener? Also bleibt Günter immer brav im sicheren Bereich. Schwachsinn …

Auch sehr beliebt ist ja der Anspruch: »Alle Menschen müssen mich mögen!« Schließlich hat uns schon die Mama damals für sozial erwünschtes Verhalten belohnt (»Brav, Günter, brav!«) und für unerwünschtes bestraft (»Böse, Günter, böse!«). Was liegt da näher, als dieses Muster auch in die Erwachsenenzeit zu retten? »Mag mich mein Chef/Kunde/Team wirklich? Warum bin ich so lange nicht mehr gelobt worden? Was mache ich falsch?« Und während Günter sich heimlich nach Mama und Papa sehnt, spielt der erwachsene Vertriebsmitarbeiter vorauseilenden Gehorsam und kultiviert seine Hemmungen, wenn er sich vor dem Akquise-

ÜBUNG

Ängste realistisch einschätzen

Gehen Sie Ihre oben festgehaltenen Ängste einzeln durch: Welche schlimmstmögliche Konsequenzen ergeben sich aus dem, wovor Sie sich fürchten?

Nun mal optimistisch: Welche bestmöglichen Ergebnisse sind drin? Wie können Sie die selbst beeinflussen? Was müssten Sie dafür konkret tun?

Und ganz realistisch: Welche Konsequenzen sind am wahrscheinlichsten?

Ertappen Sie sich womöglich bei einem der neurotischen Ansprüche, Ihnen müsse alles leichtfallen, alles müsse problemlos funktionieren oder alle Menschen müssten Sie mögen? Was sagt das über Sie aus?

Welche langfristigen Konsequenzen drohen, wenn Sie sich weiterhin von Ihren Ängsten beeinflussen lassen?

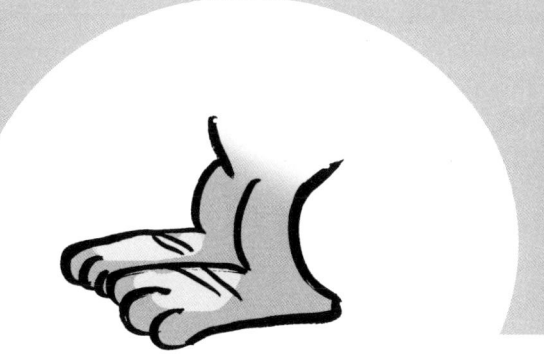

DIE MUTIGE HANDLUNG

Ein besonders schönes Beispiel für soziale Gehemmtheit hat Bestsellerautor Timothy Ferris in seinem Buch »Die 4-Stunde-Woche« beschrieben. Er gab einer 20-köpfigen Gruppe hochqualifizierter Studenten die Aufgabe, mindestens drei Prominente zu kontaktieren und sie dazu zu bringen, ihnen ein paar Fragen zu beantworten. Als Preis für den besten Promi-Akquisiteur stellte er eine attraktive Flugreise in Aussicht. Das Ergebnis: Von den 20 Studenten versuchte kein einziger, die Aufgabe zu lösen! Die Gründe: »Das klappt sowieso nicht!«, »Die anderen werden besser sein als ich – wozu sich also anstrengen?« und so weiter. Schweinehundesprüche eben.

Als er dieselbe Aufgaben ein Jahr später der nachfolgenden Studentengruppe stellte, diese aber vorher über das desaströse Ergebnis ihrer Vorgänger ins Bild setzte, gingen immerhin sechs Todesmutige das Risiko ein, sich einen Promi-Korb zu holen – und waren allesamt überrascht, wie leicht es unterm Strich war, ans Ziel zu kommen: Viele der vermeintlich unerreichbaren Prominenten waren gar nicht so unerreichbar! Im Gegenteil: Sie freuten sich über die Kontaktaufnahme und beantworteten gerne die Fragen.

telefonat drückt, um den Kunden nicht zu nerven. Er will doch nur nett sein, der arme Neurotiker ...

So gesehen: Wie viele typische Schweinehundesituationen sind in der täglichen Praxis denkbar, die Erfolg sabotieren? Verdammt viele! Und wenn wir es nicht selbst sind, die ein größeres Angstpaket mit sich herumschleppen, geht sicher trotzdem jemandem im Team die Düse! Zum Beispiel im Business: Vielleicht der Call-Center-Mitarbeiterin, die sich nicht traut, Vorgesetzte auf Systemfehler aufmerksam zu machen? Oder dem freien Handelsvertreter, dem die neue Vertriebssteuerungssoftware suspekt ist und er sie daraufhin boykottiert? Oder auch dem Social-Network-Meister, der Probleme hat, sich zu organisieren, weil er mehr Zeit online verbringt als beim Verkaufen – schließlich will er seine zahlreichen Kontakte nicht verprellen ... Willkommen im ängstlichen Mittelmaß der verschenkten Chancen!

Die persönliche Angst-Desensibilisierung starten

Also: Was können uns diese und etliche andere Beispiele aus Business und dem täglichen Leben lehren? Dass es meist erst nur darum geht, überhaupt mal aktiv zu werden, wenn man Ängste überwinden will! Darum, zu handeln, statt zu zaudern. Denn wenn keiner bereit ist, durch offene Türen in Richtung Erfolg zu gehen, braucht sich auch niemand zu wundern, wenn sich das breite Mittelfeld gegenseitig das Wasser abgräbt, während ein paar Mutige bequem auf Wolke sieben lümmeln. Wie aber kriegen wir unsere Ängste in den Griff? Indem wir sie behandeln wie lästige, unsinnige, überflüssige, nervtötende, abzustellende Phobien! Was tut man mit denen? In der Psychotherapie heißt die Therapie der Wahl »Desensibilisierung«, wie Sie wissen. Wer Höhenangst hat, steigt mit seinem Therapeuten auf Türme, die Platzangstler in

Aufzüge und die Autophobiker drehen ein paar Runden mit dem Golf. Und siehe da: So schlimm ist es gar nicht, sich zu überwinden!

Deshalb: Starten Sie Ihr eigenes Schweinehunde-Desensibilisierungsprogramm für mehr Erfolg! Zum Beispiel im Business. Gehen Sie dabei systematisch in jedem der drei Angstbereiche – also der Angst vor Überanstrengung, der Angst vor Misserfolg und der Angst vor sozialer Zurückweisung – an Ihre Grenzen und überwinden sie so!

Vollgas geben!

Für weniger Angst vor Überanstrengung geben Sie doch einfach mal Vollgas! Arbeiten Sie 16 Stunden am Tag! Beginnen Sie Ihre Arbeit schon morgens um halb fünf! Und gehen Sie erst spät in der Nacht nach Hause! Achten Sie nicht auf die Pausen Ihrer Kollegen! Und ignorieren Sie Stechuhr, Tageszeit, Urlaub oder Feiertage! Machen Sie Produktivität zu Ihrem Arbeitsziel Nummer eins und beenden Sie Ihr Tagwerk erst dann, wenn Sie so richtig müde sind! Und wenn Sie jemand irritiert fragt, was Sie da eigentlich tun, antworten Sie mit tiefster Zufriedenheit: »Ach weißt du, mein Job macht mir einfach Spaß!« Sie werden sehen: Ehe Ihnen tatsächlich die Energien ausgehen, warten zuvor erst mal eine Menge unerwarteter Belohnungen auf Sie wie volle Auftragsbücher, aufgeräumte Schreibtische oder zufriedene Kunden. Und natürlich auch eine fette Portion Extra-Umsatz. Sie sehen: Das Desensibilisierungs-Trainingslager hat sich gelohnt! Nun wird es Zeit, die besonders wirksamen Arbeitsschritte zu identifizieren und intensivieren, statt weiterhin wild alles Mögliche zu tun.

Doch Vorsicht, eine Warnung: Sollten Sie diesen Vollgas-Arbeitsstil ohnehin seit Langem praktizieren, könnte fortdauernde Erfolglosigkeit an Ihren falschen Prioritäten liegen. Suchen Sie dann lieber einen Weg, wie Sie in weniger Zeit mehr schaffen, anstatt

sich tatsächlich per Burn-out ins Nirwana zu schießen! Denn dann tun Sie nicht zu wenig, sondern möglicherweise zu viel. Zu viel vom Falschen eben. Insgesamt gilt: Üben Sie, ergebnisorientiert zu arbeiten, nicht zeitorientiert! Gute Ergebnisse rechtfertigen selbst hohe Anstrengungen. Schlechte nicht einmal geringe.

Bewusst Fehler machen! Für

weniger Angst vor Fehlern bauen Sie doch absichtlich mehr Fehler in Ihren Alltag ein! Ihr Desensibilisierungsziel ist die Einstellung: »Was macht es schon, wenn mal etwas schiefgeht?« Also: Versäumen Sie Lieferfristen, rufen Sie Kunden nicht zurück und lassen Sie E-Mails ungelesen im Postfach liegen! Streuen Sie Fehler also strategisch in Ihren Alltag ein und riskieren Sie gezielt Misserfolge! Probieren Sie bewusst Neues aus, produzieren Sie absichtlich Schreibfehler oder ignorieren Sie übliche Dienstwege! Legen Sie sich eine großzügige innere Haltung gegenüber Fehlern zu, und räumen Sie sie freizügig ein: »Sorry, da habe ich einen Bock geschossen!« Positiver Nebeneffekt: Sie lernen, um Verzeihung zu bitten statt um Erlaubnis ... Auch den Fehlern Ihrer Familie, Freunde und Kollegen gegenüber zeigen Sie sich natürlich großzügig: »Das kann doch jedem mal passieren!«

Kurz: Gewöhnen Sie sich an, Fehler zu lieben! Warum? Nun, Sie werden sehen, dass die Welt nicht untergeht, wenn Sie mal etwas falsch machen! Im Gegenteil: Oft geben Fehler wertvolles Feedback. Sie sind somit nichts anderes als Verbesserungsvorschläge Ihres persönlichen Universums. Und: Fehler so zu sehen, ist eine nicht zu unterschätzende Voraussetzung, um Chancen zu ergreifen, wenn sie sich bieten. Denn dann sind Sie nicht ständig damit beschäftigt, eingebildete Risiken abzuwägen – und letztlich doch wieder untätig zu bleiben ...

Zurückweisungen ertragen

Und schließlich: Für weniger Angst vor sozialer Zurückweisung üben Sie doch einfach, sozial zurückgewiesen zu werden! Verhalten Sie sich strategisch gegen den Strom, und sammeln Sie Erfahrungen mit den überraschten Reaktionen Ihrer Mitmenschen: Grüßen Sie nicht zurück, wenn man Sie grüßt! Oder grüßen Sie übertrieben laut und freundlich! Sprechen Sie täglich auf der Straße zehn Ihnen unbekannte Menschen an! Flirten Sie mit jeder dritten Frau, die Ihnen begegnet (auch wenn Sie selbst eine Frau sind)! Husten Sie beim Kundentelefonat erst mal eine halbe Minute in den Telefonhörer und legen Sie dann lachend auf! Fragen Sie nach dem Grund, wenn man Ihr Produkt nicht kaufen will! Und wenn Sie ihn dann erfahren haben, fragen Sie nach dem wahren Grund! Unterbrechen Sie Ihren Chef in jedem zweiten Satz und warten Sie erst mal zehn Sekunden, bevor Sie auf jede seiner Fragen ganz erstaunt mit »Warum?« antworten! Lachen Sie im Kino laut los, wo andere weinen – und andersherum! Schnuppern Sie im Fahrstuhl möglichst auffällig herum und schauen Sie dann vorwurfsvoll Ihren Nachbarn an!

Kurz: Kultivieren Sie eine Aura gesellschaftlicher Unzurechnungsfähigkeit! Denn: Ist der Ruf erst ruiniert, lebt sich's gänzlich ungeniert. Und Kleinigkeiten wie die Akquise zuvor scheinbar unerreichbarer Kunden kommen Ihnen jetzt wie Kinderkram vor. Wozu auch sich Sorgen machen? Es haut Ihnen schon keiner den Kopf ab. Und: Wenn nicht jetzt, dann klappt es eben beim nächsten Mal.

Außerdem: Wetten, dass die meisten Menschen Sie trotz Ihrer Fauxpas noch mögen und zu Ihnen halten werden? Denn im Grunde sind sie ziemlich nett und verständnisvoll, die Menschen und ihre inneren Schweinehunde. Nur auf eine Sache sollten Sie sich innerlich vorbereiten: Darauf, dass »die anderen« oft nicht einmal bemerken werden, dass Sie aus der Herde ausscheren – schließlich hat jedes Schaf am allermeisten mit sich selbst zu tun.

Angstfrei durchstarten

Also los, nur keine Angst! Lösen Sie die Bremse Nummer eins und beginnen Sie gleich heute noch an Ihrer allergrößten Angstbaustelle! Denn: Günter trainiert man am besten in der Praxis. Dort, wo er wirklich etwas Neues lernen kann. Und nicht von neun bis fünf laut Dienstplan. Mittelmaß und Umsatzprobleme gibt es dort schließlich genug.

Ach, und falls Ihnen die obigen Tipps zu albern waren, dann überlegen Sie sich wenigstens bei Ihrer nächsten Angstgrenze, ob das angebliche Hindernis nicht doch nur eine Steinzeit-Illusion zwischen Ihren Ohren ist …

Von

ängstlichen AFFEN und präparierten BANA- NEN

Joe Sherren, der ehemalige Präsident der Global Speakers Federation, erzählte mir von folgendem wissenschaftlichen Versuch: In einer Studie wollte ein Forscherteam mit einer Gruppe Affen einen Angstversuch machen. Daher haben sie zehn Affen genommen und in einen Käfig gesetzt. Dort hatten die Affen genügend zu fressen und zu saufen, es ging ihnen gut. Dann haben die Forscher durch ein Loch in der Decke ein Bündel Bananen hineingehalten. Sie können sich vorstellen, wie die Affen reagierten – gleich stürzte sich der erste Affe darauf: »Yippie, Bananen!«

Was der Affe aber nicht wusste: Die Bananen waren präpariert. Um die Bananen herum war ein Lichtdetektor gebastelt und der war mit einem Kaltluftgebläse verbunden. Was passiert in so einem Setting? Logisch: Sobald der Affe den Bananen zu nahe kommt, gerät er in den Lichtdetektor, das Kaltluftgebläse wird angeschaltet – und dem armen Affen bläst eiskalte Luft ins Gesicht! Wie reagiert er? Klar: Er schrickt laut schreiend zurück. Also will nun ein zweiter Affe zu den Bananen – und schrickt ebenfalls zurück. Genauso geht es da-

nach dem dritten. Na, was glauben Sie? Was macht wohl jetzt Affe Nummer vier? Logisch: Er geht gar nicht mehr hin. Schließlich scheinen die Bananen gefährlich zu sein. Ebenso Affe Nummer fünf, sechs, sieben, acht, neun und zehn. Die Affen sind ja nicht blöd, sie gehen auf Nummer sicher: »Da packen wir lieber nicht hin!« Und die Forscher reiben sich die Hände: »Prima, denen haben wir ordentlich Angst gemacht!«

Die Affen haben also gelernt, dass Bananen gefährlich sind. Und am nächsten Tag halten die Forscher natürlich wieder ein Bündel Bananen hinein. Na, was glauben Sie? Wie viele Affen gehen noch hin? Nur noch ein einziger Affe: der Vertriebsaffe sozusagen. (Sie erinnern sich: »Nein« heißt »Noch – ein – Impuls – notwendig«.) Natürlich kriegt auch der wieder eins auf die Mütze. Er schrickt quiekend zurück, was den anderen nun erst recht Angst macht: »Das muss ja schrecklich sein, wenn sogar der Vertriebsaffe kneift!« Wie viele Affen gehen also am dritten Tag zu den Bananen? Keiner. Am vierten Tag? Keiner. Am fünften? Keiner. Es ist das Ende der ersten Woche erreicht und kein Affe traut sich mehr zu den Bananen. Wegen vier negativer Impulse.

Angst OHNE Ursache

Sie ahnen vermutlich, wie der Versuch weitergeht. Was machen die Forscher jetzt? Natürlich basteln sie den Lichtdetektor und das Kaltluftgebläse weg und halten den Affen am nächsten Tag völlig harmlose Bananen hin. Und, was glauben Sie? Wie viele Affen gehen wohl hin zu den Bananen? Kein einziger! Alle wissen schließlich: »Bananen sind gefährlich! Auch wenn jetzt irgendetwas anders aussieht als vorher.« Die Affen ignorieren die Bananen. Am Tag acht, neun, zehn, elf, zwölf, dreizehn und vierzehn. Jetzt ist das Ende der zweiten Woche – und immer noch haben die Affen Angst. Nur mittlerweile völlig grundlos.

Wie geht die Angst wieder weg?

Jetzt sind die Forscher da, wo sie hinwollen: Sie haben den Affen einen stabilen Angstreflex anerzogen, den es nun wieder rückgängig zu machen gilt! Die Forscher wollen wissen: Wie kriegt man die ängstlichen Affen dazu, die Bananen wieder anzufassen? Na, was glauben Sie? Stellen Sie sich vor, Sie seien ein Teil dieses Forscherteams. Was könnten Sie tun, um die Affen dazu zu bringen, die Bananen wieder anzufassen? Möglichkeiten gibt es ja viele:

Sie könnten die Bananen tiefer hängen oder schälen. Motto: Man muss es den Affen besonders leicht machen und ihnen gut zureden – ohne besondere Eigeninitiative zu fordern. Im Job wäre das ein Äquivalent zum garantierten 13. Monatsgehalt. Oder zu einem bestimmten Bonus. So will man Menschen zu Selbstverständlichkeiten motivieren.

Oder Sie könnten die Bananen woanders hinhängen. Motto: Was an der einen Stelle nicht geklappt hat, funktioniert vielleicht woanders besser? Möglich. Aber auch nicht unbedingt der Knaller: Wird ein Schüchterner etwa mutig, wenn dieselbe Frau links an der Bar sitzt statt rechts?

Sie könnten einen neuen Affen in die Gruppe holen. Einen, der mit den Bananen noch keine schlechten Erfahrungen gemacht hat, also einen, der noch nicht weiß, wie es in der Gruppe läuft. Sprich: Sie könnten einen externen Berater engagieren. (Die Wirtschaftsprofessoren Kjell A. Nordström und Jonas Ridderstrale drücken es in ihrem Buch »Funky Business forever« besonders pfiffig aus: »Unternehmen stellen Berater ein, um eine Reduktion der Unsicherheit zu erkaufen. [...] Der Bericht einer Unternehmensberatung ist nichts weiter als ein Schnuller für die Firma. Wir kennen einen Unternehmensberater, der seinen Kunden drei Dinge zur Wahl anbietet: Möchten Sie Valium, ein Aufsichtsratsalibi oder Geschäftsergebnisse?«)

Sie könnten die Bananen aber auch in einer anderen Farbe anstreichen. Zum Beispiel rot, blau oder hellbraun. Motto: Einmal schlechte Erfahrungen mit Blondinen gemacht, heute sind die Brünetten dran! Oder Sie könnten die Bananen einfach durch Äpfel ersetzen. Das wäre dann die Kölner Variante: Einmal schlechte Erfahrungen mit Frauen gemacht, ab heute gibt es Männer!

Sie könnten es den Affen natürlich auch vormachen. Einfach rein in die Gruppe, eine Banane ergreifen und genüsslich futtern! So verstehen die anderen, dass sie keine Angst mehr zu haben brauchen. Andererseits: Wer geht denn schon freiwillig in einen Affenkäfig ...

Oder aber Sie machen es ganz rabiat und nehmen den Affen das restliche Futter weg. Natürlich nur, wenn Sie nicht im Betriebsrat sind. Oder in einer Gewerkschaft. Motto: Wer genügend Hunger hat, geht für sein Fressen auch wieder Risiken ein. (Kennen Sie übrigens schon folgenden Schwaben-Witz? Es klopft ein Obdachloser an die Türe eines Schwaben und sagt: »Ich habe seit drei Tagen nichts gegessen!« Was antwortet der Schwabe? »Ha, dann müsset Se sich halt zwinga!«)

Der NÜCHTERNE BLICK von außen

Sie sehen: Wenn man eine Weile drüber nachdenkt, fallen einem alle möglichen Motivationshilfen ein. Was aber haben die Forscher gemacht? Sie haben tatsächlich die Variante mit dem externen Berater gewählt. Die Forscher haben also aus der Affengruppe ein Tier herausgenommen, damit es nicht zu eng wird im Käfig. Und statt diesem haben sie einen neuen Affen in die Gruppe hineingesetzt, also einen, der noch keine negativen Erfahrungen mit Bananen gemacht hatte. Am nächsten Tag halten die Forscher wieder die harmlosen Bananen in den Käfig, und was passiert? Der neue Affe geht zu den Bananen, schnappt sich eine und die anderen merken, dass die Bananen wieder harmlos sind? Nein, genau das passiert nicht!

Was passiert stattdessen? Der neue Affe sieht die Bananen kommen und freut sich: »Super, gleich gibt es Bananen!« Und dann guckt er das Alpha-Männchen an, den Chef der Gruppe. Und der ignoriert die Bananen. Dann guckt er das Beta-Männchen an, den zweiten Chef. Und der ignoriert die Bananen auch. Dann er guckt die restliche Gruppe an, die ängstlich vor sich hin zittert: »Au weia! Da kommen wieder diese gefährlichen Bananen!« Was lernt also der Affe? »Schade, hier werden keine Bananen gegessen.«

Natürlich haben sich die Forscher gefragt: Was für ein Problem hat der Affe? Intelligenzdefizit? Miese Kindheit? Hirnschaden? Und dann tauschen sie einen zweiten Affen in der Gruppe aus – mit dem gleichen Ergebnis: Auch der Zweite fasst die Bananen nicht an. Sie tauschen einen dritten Affen aus – mit dem gleichen Ergebnis. Einen vierten, fünften, sechsten, siebten, achten, neunten und zehnten – sie tauschen also nacheinander die gesamte Gruppe aus. Am Ende sind nur Affen in der Gruppe, die die negative Erfahrung mit den Bananen kein einziges Mal am eigenen Leib gemacht oder bei anderen gesehen haben. Und trotzdem packt keiner die Bananen mehr an. Ist das nicht irre?

Ich habe diese Geschichte mal in Amerika in einem Seminar erzählt, da hat man mir gesagt: »Stefan, das müssen deutsche Affen gewesen sein.«

DIE vermeintliche LÖSUNG

Wollen Sie wissen, wie die Geschichte ausgegangen ist und welche Aktion die Affen dazu gebracht, die Bananen zu essen? Ich auch. Aber ich habe leider keine Ahnung, ob der Versuch tatsächlich genau so stattgefunden hat und was die richtige Lösung ist. Ich könnte mir vorstellen, dass es eine Story vom Hörensagen ist. Aber eine ziemlich plausible, wie ich finde.

Ich favorisiere folgende Möglichkeiten: Erstens glaube ich tatsächlich, dass intensiver Hunger die Affen dazu gebracht hätte, ihre Hypothese »Bananen sind gefährlich« zu überprüfen. Zweitens wäre es schlau gewesen, zunächst das Alpha-Männchen aus der Gruppe zu entfernen und durch ein anderes dominantes und mutiges Tier zu ersetzen. Wie heißt es so schön? »Der Fisch stinkt

vom Kopf.« Und drittens wäre vielleicht irgendwann ein besonders neugieriges und unruhiges Affenexemplar auf die richtige Idee gekommen. Vielleicht eines mit ADHS? Sofern man es nicht mit Ritalin gefüttert hätte ...

Angst kann sinnvoll sein

Wir können festhalten: Angst kriegt man ziemlich leicht. Und das ist auch gut so! Schließlich soll sie uns wirkungsvoll vor Gefahren warnen. Denken Sie mal zurück an die Steinzeit. Stellen Sie sich vor, Sie bemerken da, wie Ihr Höhlennachbar eine bislang unbekannte rote Beerensorte findet, eine davon isst – und tot umfällt. Nun probiert auch ein anderer Höhlennachbar so eine rote Beere – und fällt ebenfalls tot um.

Was tun Sie? Ebenfalls die Beere testen? Natürlich nicht! Stattdessen bekommen Sie Angst davor – und zwar zu Recht. Sie haben Ihren toten Nachbarn gegenüber demnach nämlich zwei wichtige Selektionsvorteile. Zum einen stecken Sie nicht gleich alles in den Mund, was Ihnen lecker erscheint, sondern nur das, von dem Sie wissen, dass es Ihnen guttut. (Übrigens auch heute noch ein echter Selektionsvorteil.) Und zum anderen sind Sie ständig auf der Suche nach Gefahren: Wo steckt der Säbelzahntiger? Was macht das Wetter? Wer hat meinen Hund gefressen? Sicherheit über alles. Also kommen Sie auch vergleichsweise schnell auf die Kausalität:

rote Beere und toter Nachbar – hängt irgendwie zusammen. Ihre Nerven bauen fix die richtigen Verknüpfungen auf.

Besteht so eine Verknüpfung aber einmal, ist sie ziemlich stabil. Und auch das mit gutem Grund. Es wäre schließlich dumm, nach zwei Wochen Ihre Hypothese erneut überprüfen zu wollen: »Ob die Beere wirklich so giftig ist?« Sie überleben, wenn Sie den Grund Ihrer Angst nicht ständig anzweifeln. Zudem wird Ihre Erkenntnis in der Gruppe ziemlich schnell die Runde machen: »Hast du schon gehört? Der Günter sagt, die roten Beeren sind gefährlich!« Und das hilft auch den anderen beim Überleben. Auf Experimente lässt sich jetzt keiner mehr ein.

Sogar zeitlich stabil sind solche Angstverknüpfungen. Über Generationen hinweg! Klar: Wenn Ihre Uroma gesehen hat, wie der Nachbar tot umfällt, erzählt sie es Ihrer Oma, die erzählt es Ihrer Mutter. Und die erzählt es schließlich Ihnen, so dass Sie Bescheid wissen: »Rote Beeren sind gefährlich.«

Gratulation also zu Ihren schlauen Vorfahren! Im Wesentlichen greifen bei uns heute immer noch die gleichen Mechanismen – egal wie sinnvoll sie sind oder auch nicht. Stehen die Grenzen in einer Gruppe einmal fest, traut sich keiner mehr drüber. Dann macht man alles »so wie immer« und weiß ganz genau, »was geht« und »was nicht geht« – selbst wenn es so wie immer eigentlich nicht mehr geht. Dann ist dem braven Deutschen klar, dass Wirtschaft verbrecherisch und Selbstständigkeit gefährlich ist – und man bettelt lieber um Hilfe vom Staat. Und an Weihnachten behandelt die ganze Familie den cholerischen Opi wie immer mit Samthandschuhen, weil er sonst Wutausbrüche kriegt – selbst wenn sich Opi seit Jahren stets friedlich zeigt. Klar, wie das Phänomen funktioniert: Hat eine Gruppe einmal eine Gefahr identifiziert, brennt sie sich ins kollektive Gedächtnis.

Heute bringt diese Denke natürlich zwei große Probleme mit sich: Zum einen bestehen die meisten Gefahren bei uns nicht mehr so real und direkt wie früher. Die Tiger laufen bei uns nicht frei herum, sondern sind im Zoo in der Regel sicher eingesperrt. Auch die meisten Krankheiten sind mittlerweile behandelbar – die Rechnung dafür zahlt sogar die Krankenkasse. Und an Naturgefahren droht uns maximal Glatteis. (Außer in Köln. Da kommt noch der Karneval hinzu.) Wovor also noch Angst haben? Dennoch gaukelt uns unser Steinzeitprogramm im Kopf auch heute noch extreme Gefahren vor: »Ob uns der Chef verprügelt, wenn wir anderer Meinung sind als er?« Blödsinn! Wir müssen noch nicht einmal verhungern, wenn wir unseren Job verlieren. Stattdessen können wir uns sofort einen neuen suchen. Nein, wir sterben auch nicht vor Erschöpfung, wenn wir ausnahmsweise mal zum Joggen gehen. Und selbst eine zwischenmenschliche Abfuhr bedeutet nicht, dass wir einsam ins Exil müssen. Stattdessen finden wir bei Facebook ganz schnell neue Freunde.

Eine Sache allerdings ist heute viel schwieriger geworden: die gefährlichen Kausalitäten wirklich zu erkennen! Denn oft liegt zwischen Auslöser und Ergebnis eine längere Zeit. Beispiel Rauchen: »Zigaretten – Lungenkrebs« gilt ja genauso wie »rote Beere – toter Nachbar«. Nur eben viel später. Oder »zu viel fernsehen – verdummen«. Oder »falsch essen – krank werden«. Zwar ahnen wir einige Zusammenhänge, nur richtig glauben wollen wir sie nicht. Mitunter dank ausgeklügelter Vernebelungstaktik der jeweiligen Anbieter. Damit wir die wahren Gefahren nicht erkennen, werden sie vom Hersteller mit besonderen Lustreizen verbunden: Rauchen soll cool sein, Fernsehen lustig und Cheeseburger ein Genuss für die ganze Familie. Kein Wunder, dass man in San Francisco neuerdings McDonald's das Happy Meal verboten hat. Das heißt: Es gibt zum Hamburger nun kein Spielzeug mehr gratis dazu! Wo dort jetzt die Außendienstler wohl zum Essen hingehen?

Tier verÄNGSTI-gung

Deutsch-deutsche

Vor Kurzem unterhielt ich mich nach einem Vortrag mit Frank Schirrmacher, dem Herausgeber der FAZ. Zu der Geschichte mit den Affen und den Bananen erzählte er, er habe unlängst einen Vortrag in einer Ortschaft an der ehemaligen deutsch-deutschen Grenze gehalten. Er habe erfahren, dass dort die wilden Tiere im Wald immer noch den ehemaligen deutsch-deutschen Grenzverlauf akzeptieren! Obwohl sie mittlerweile in der achten, neunten, zehnten Generation seit dem Ende der DDR leben, sei das Verhalten in den Populationen immer noch konstant – sie würden sich einfach nicht über die »Grenze« trauen. Faszinierend, oder?

Dennoch nicht verwunderlich: Schließlich wurde die Grenze nur ein paar Generationen vorher noch aufs Strengste überwacht. Mit hohen Zäunen, Mauern, Stacheldraht und Selbstschussanlagen. Das ist Angstkonditionierung pur! Und seien wir ehrlich: Selbst unter uns Menschen soll es vereinzelte Exemplare geben, die die deutsche Einheit mental noch nicht ganz vollzogen haben.

Die richtigen Fragen stellen

Was ist das Fazit von so viel Angst? Einerseits sicherlich, dass Angst ihre Berechtigung hat. Andererseits aber, dass sie oft eben keine hat. Es kommt darauf an. Aber worauf genau? Auf das eigentliche Ziel unseres Handelns! Denn der Automatismus in unserem Kopf suggeriert: »Geh den Weg, den du kennst!« Und wir laufen auf unserem alten Trampelpfad durch den Schnee. Die eigentliche Frage aber sollte stets lauten: »Wo gibt es etwas zu fressen?« Also: »Wo im Park steht die Fressbude jetzt?« Diese Frage ist viel wichtiger! Auch wenn die Antwort »Da, wo sie gestern war!« häufig stimmt, stimmt sie eben nur häufig – und nicht immer.

Eine gute Hilfe bei der Selbstreflexion sind folgende kritische Fragen:

»Was würdest du tun, wenn du keinerlei Angst hättest?« Kennen Sie diese Frage? Gemein, nicht wahr? Sie zwingt uns zur absoluten Ehrlichkeit. Wenden Sie die mal auf eine knifflige private oder berufliche Situation an! Sie werden viel schneller erkennen, was Sie eigentlich wollen. Und Sie kann Ihnen helfen, sich Dinge zu trauen, die Sie vorher noch nie gemacht haben.

Die nächste Frage ist auch sehr lustig: »Wenn ein fremder Affe von außen in deinen Käfig käme, was würde er erkennen? Wo sind bei dir die Bananen?« Kennen wir alle, oder? Die blinden Flecken innerhalb eines Systems sind oft erstaunlich groß. Sogar innerhalb unseres eigenen Systems. Bei anderen freilich sehen wir sofort, was sie besser machen könnten: Der Nachbar soll netter zu seinen Kindern sein. Die gute Freundin soll einen eigenen Laden aufmachen, weil sie ein tolles Produkt hat und Menschen sie mögen. Und der Kollege Müller-Meier-Schulze sollte nicht ganz so verbissen arbeiten. Was wohl die anderen bei uns erkennen?

Nächste schlaue Frage: »Was würdest du tun, wenn du wüsstest, dass du auf jeden Fall Erfolg hättest?« Ja, genau: Stellen Sie sich vor, es kommt ein Geist aus der Flasche und garantiert Ihnen, dass Ihre nächsten Projekte Erfolg haben werden. Einzige Voraussetzung: Sie selbst müssen die Projekte anfangen! Denn welche Projekte in unserem Leben haben Chancen auf Erfolg? Logisch: Die, die wir angefangen haben …

Oder aber: »Was würdest du tun, wenn es dir leichtfiele?« Die meisten denken ja: »Ich würde so vieles machen wollen – wenn es nur nicht so schwierig wäre!« Oder: »Wäre dieses und jenes leicht, dann würde ich es sofort tun.« Nur: Was ist schwierig? Das, was wir noch nicht können. Und was fällt uns allen leicht? Das, was wir ein paar Mal gemacht haben! Also das, was wir so oft eingeübt haben, dass wir lernen konnten, wie es geht – wie damals das Lesen, Schreiben, Rechnen, Autofahren … Im Prinzip ist ja fast alles eine Übungs- und Konditionierungssache. »Hilfe, ich mache keinen Sport!« Eben: Gerade weil Sie keinen Sport machen, machen Sie keinen! Oder: »Ich weiß nicht, wie man ein Schnitzel mit Salat statt Pommes essen soll!« Aber: Machen Sie es ein paar Mal, dann wissen Sie auch, wie es geht! Oder: »Wie soll ich denn Autofahren ohne Zigarette?« Ganz einfach: Steigen Sie ein, zünden Sie sich keine Zigarette an, drehen Sie den Schlüssel im Schloss – und Sie werden sehen: Das Auto fährt trotzdem!

Wichtige Frage auch: »Was könnte dir passieren, wenn du nicht tust, was du eigentlich tun solltest?« Also was, wenn wir vor einer wichtigen Veränderung langfristig kneifen? Welche negativen langfristigen Konsequenzen drohen uns dann? Gerade hier lohnt sich absolute Ehrlichkeit und Offenheit – auch wenn die

Aussichten nicht immer rosig sind. Eine Zigarette alleine ist nicht schlimm. Hunderttausende über viele Jahre hinweg aber bedeuten oft hässliches Siechtum. Also: Ist die nächste Zigarette schlimm? Und die übernächste? Und überübernächste? Klar! Und wie!

Und: »Wie würdest du dich fühlen, wenn du erreicht hast, was du erreichen willst?« Stolz? Fit? Glücklich? Ausgelassen? Stark?

Schön? Mutig? Erfolgreich? Warum also noch vor der Handlung Angst haben?

Sie sehen, worauf es hinausläuft: Wer seine wahren Ziele kennt, kann sich leichter von Angst und Routinen lösen. Und dann heißt es einfach nur: »Handeln!« Und: »Wiederholen, wiederholen, wiederholen!«

Vermutlich haben auch Sie sich nach einem Erfolg schon mal gefragt: »Warum habe ich das nicht viel früher gemacht?« Oder: »Wenn ich gewusst hätte, wie einfach es geht, hätte ich nicht so lange gezögert!« Wohl jeder dürfte dieses Phänomen kennen: Unser innerer Schweinehund Günter hält uns zurück – oft mit Begründungen, die scheinbar richtig klingen, aber es eben nicht sein müssen: »Das schaffst du nicht!«, »Viel zu anstrengend!«, »Wenn es so einfach ginge, würde es jeder machen!« Klare Sache: Faule Ausreden wirken wie mentale Bremsen, die uns vom Handeln abhalten. Denn handeln heißt manchmal Risiko. Und das hasst unser lieber Günter.

Fehlende Erlaubnis

Eine besonders perfide Ausrede ist die Erlaubnisbremse. Auf die drückt Günter nämlich immer dann, wenn wir etwas offensichtlich Richtiges tun sollten, aber dafür eine (oft eingebildete) gesellschaftliche Konvention beugen müssen: Einfach so das schöne Mädel ansprechen? »Doch nicht jetzt, wo sie mit ihren Freundinnen unterwegs ist!« Obwohl sie dauernd lächelnd herschaut ... Einfach so den Kunden anrufen? »Nein, du wirkst aufdringlich!« Obwohl das Produkt dem Kunden echten Nutzen brächte ... Einfach einem Teammitglied die Richtung vorgeben? »Nein, du musst dich erst im Meeting beim Chef absichern!« Obwohl eigentlich klar ist, dass der Chef der gleichen Meinung sein wird ... Und schon wird ein sinnvoller Handlungsimpuls ausgebremst – und die Handlung im Keim erstickt!

Das Gemeine dabei: Sich zuerst eine Erlaubnis zu holen, klingt scheinbar vernünftig. Immerhin sind wir seit Kindheit und Jugend vorwiegend externe Bewertungssysteme gewohnt: die von Eltern, Lehrern, Vorgesetzten. Selber denken und handeln? Nicht gestattet! Und seien wir ehrlich: Sooo lange sind wir in Deutschland noch nicht mal eine Demokratie! Nur ein bis vier Generationen in die Vergangenheit zurückgucken – und schon wird klar, warum so viele von uns erst eine Erlaubnis brauchen, um zu handeln: Obrigkeits- und Systemgehorsam sind tief verwoben in unser aller Geschichte und Selbstverständnis.

LÄHMUNG Die Erlaubnis-

Dabei scheint zunächst gar nicht so viel gegen Regelorientierung und gegenseitige Rückversicherung zu sprechen: Immerhin besteht menschliches Beisammensein häufig aus einem Gestrüpp feiner Regeln und Konventionen – ein wichtiger Feedbackmechanismus, der Ausreißer eindämmt und uns »dazugehören« lässt. Andererseits aber ist es genau die Gleichmacherei einer Gruppe, die manch notwendige Innovationen verhindert und pfiffige Individuen lähmt. Zum Beispiel, wenn sinnvolle Ideen auf Eis liegen, weil sich niemand traut, ohne Absegnung »von oben« Entscheidungen zu treffen. Oder wenn mal wieder der allgemeine Meeting- und Konsens-Wahn um sich greift und stundenlang zerredet wird, statt zu handeln. Paralyse durch Analyse. Oder wenn in organisatorischen Bürokratien Aufgaben mit wichtiger Miene hin- und hergeschoben werden, anstatt sie einfach zu erledigen. Ja, dann stecken wir voll in der Falle unserer kollektiven Erlaubnisbremse.

Doch nicht nur in großen Organisationen lähmt die scheinbar notwendige gegenseitige Überkontrolle. Auch in unserem eigenen kleinen Leben richtet der Wahn, für alles eine Erlaubnis zu brauchen, Schaden an: Da halten wir lieber unsere Klappe, anstatt unsere (für uns) berechtigte Meinung zu äußern – und schon gewinnen wieder die, die am lautesten schreien. Wie hätten wir auch ohne »Autoritäten« wissen sollen, ob unsere Meinung gerechtfertigt ist? Da essen wir im Restaurant lieber brav vom Brotkorb (»Wo ihn der Kellner doch schon mal gebracht hat!«), obwohl wir uns kohlehydratarm ernähren wollen, widersprechen dem Chef/den Lehrern/den Kollegen/dem Partner nicht, selbst wenn die mal wieder Blödsinn erzählen (»Die werden schon einen guten Grund haben für ihre Meinung!«), trinken wir mit unseren Freunden zu viel Alkohol (»Die würden das nicht verstehen, wenn wir mal Nein sagen! Alkohol gehört einfach dazu.«) – und rufen dann eben auch den wichtigen Kunden nicht an (»Mit welchem Grund auch?«), setzen unsere gute Geschäftsidee nicht um (»Was sollen denn die anderen sagen?«) oder verpennen den Flirt unseres Lebens (»Hier flirtet man nicht!«) – weil wir auf eine Erlaubnis warten, die wir gar nicht bräuchten! Und schon versagen wir da, wo es für uns alle wirklich wichtig wäre, erfolgreich zu sein: bei uns selbst nämlich. Aua.

Konjunktiv-UNTER-NEHMERTUM

Die Folge ist der gesellschaftlich allgemein akzeptierte Konjunktiv-Unternehmer: »Also ich würde ja dies oder jenes machen!« Oder: »Wenn ich etwas zu sagen hätte, dann ...« Und: »Da müsste man doch einfach ...« Doch warum machen wir nicht einfach, was wir tun würden, könnten, sollten, müssten? Weil wir uns dazu selbst keine Erlaubnis erteilen! Wir trauen uns oft nicht, selbstbewusst auf den Tisch zu hauen und zu sagen: »Egal, was die anderen meinen, ich mach es jetzt mal so, wie ich es für richtig halte! Wer, wenn nicht ich? Wann, wenn nicht jetzt? Wo, wenn nicht hier?« Nein, stattdessen reden wir lieber darüber, wie schön es wäre, unser eigener Chef zu sein – aber bitteschön nur mit »Erlaubnis«: vom derzeitigen Chef höchstselbst, von den Kollegen, vom angenommenen Arbeitsmarkt, von wirklich jedem Familienmitglied, von unserer offiziellen Qualifikation ... Und sobald irgendwoher Gegenwind oder eine andere Beurteilung kommt, können wir schnell wieder zurückhüpfen hinter die vermeintlich sicheren Grenzen unserer Komfortzone. Wir können uns erhobenen Hauptes hinter fehlenden Erlaubnissen verstecken – als Ausrede für unsere eigene Feigheit. (Oder Bequemlichkeit?)

Apropos »offizielle Qualifikationen«: Besonders seltsam finde ich ja, wenn Menschen zwar eine immense Latte an Aus- und Fortbildungen, Berufs- und Erfolgserfahrungen vorzuweisen haben, sich aber zum Beispiel trotz guter Geschäftsidee einen einfachen Schritt in die Selbstständigkeit nicht zutrauen. Oder wenn sie wie die Lemminge lieber in Systemen mitschwimmen, die sie selbst für offensichtlich falsch halten, anstatt einfach in ein neues Gewässer zu springen. Beleg hierfür ist dann oft der Wunsch nach weiteren Ausbildungen und Fortbildungen, Ausbildungen und Fortbildungen, Ausbildungen und Fortbildungen, um dann, irgendwann, also in einer wirklich suuuuuper aus- und fortgebildeten Zukunft vielleicht das zu tun, was jetzt schon längst ins Auge springt. Bis dahin heißt es dann leider »Ich bin noch nicht so weit!«, »Ich kann das doch nicht einfach tun!« oder

»Ich muss erst noch ...« – obwohl man längst so weit ist, einfach kann und gar nichts erst noch muss, anstatt einfach zu machen!

INITIATIVE
macht erfolgreich!

Denn welche Qualifikationen machen erfolgreich? Eine ganze Menge! Eine der allerwichtigsten aber ist die Fähigkeit, Initiative zu entwickeln. Nicht zu zögern, sondern zu tun. Und zwar das, was man für richtig hält. Auch wenn man sich dafür manchmal vom eingebildeten Gruppenkonsens verabschieden und sich in seiner Position diversifizieren muss, statt der ewigen Gleichmacherei zu huldigen. Wenn man sich dafür die Fragen nach dem »Was?« und »Warum?« stellen muss, statt nur nach dem »Wie?« oder »Was machen die anderen?«. Wenn man sein eigenes Leben also im Sinne eines Leaders führen statt wie ein Manager abwickeln sollte. Wenn man sich dabei an einem inneren Kompass orientieren muss statt an äußeren Regeln. Denn wer wagt, gewinnt zwar nicht immer — aber auf jeden Fall öfter, als wenn er nicht wagt. Und wer stets auf Erlaubnis wartet, kann meist lange warten – und schon ist die Initiative wieder tot. Nicht umsonst heißt es: Man bittet besser um Verzeihung als um Erlaubnis.

Also: Wie lösen wir unsere Erlaubnisbremse? Wie werden wir die Lähmung los? In sechs Schritten.

1. Machen Sie sich klar, WAS SIE WOLLEN — und was Sie nicht wollen!

Sobald Sie Ihre Richtung kennen, erübrigen sich für Sie viele Regeln, weil Sie sie nur hinsichtlich einer einzigen Frage zu checken brauchen: »Steht diese Regel zwischen mir und meinem Ziel?« Falls ja, schauen Sie genauer hin: Was können Sie trotzdem tun, um Ihrem Ziel näher zu kommen? Und falls nein, ist die Regel irrelevant — Sie brauchen sie nicht weiter zu beachten.

Klare Sache also: Erfolgreiche Menschen müssen nicht um Erlaubnis fragen, nur um sich zu gestatten, das zu tun, was sie für richtig halten. Sie tun es einfach. (Übrigens einer der Gründe, warum etliche Unternehmer öffentliche Subventionen, Ausschreibungen oder Behördenkontakte meiden wie der Teufel das Weihwasser: In der Zeit, in der man sich in all das Regelgedöns einarbeitet, bringt man ohne Regelfesseln längst Ergebnisse zustande. Umgekehrt können wir uns mal fragen, wie konkurrenzfähig manche »behördlich« geförderten Unternehmungen tatsächlich sind. Ob wir darin einen der großen Erstarrungsherde unserer Gesellschaft finden?)

2. Geben Sie sich selbst einen GRUND!

Jeder kennt das Phänomen, dass es sich mit einem konkreten Grund leichter handelt: Hat ein Kunde bereits auf der Messe Interesse gezeigt, ruft man ihn gerne an. Zwinkert einem das schöne Mädel aufmunternd zu, will man nicht als zu schüchtern dastehen. Winkt für ein gut geführtes Team eine konkrete Belohnung, spricht man Probleme leichter an. Die Herausforderung liegt nun also darin, für sich selbst triftige Gründe zu suchen! Was bedeutet es für Sie persönlich, wenn Sie Ihr Projekt umsetzen? Was können Sie gewinnen, wenn Sie handeln? Was würden Sie verlieren, wenn Sie nicht handeln? Los, nehmen Sie es möglichst persönlich – schließlich geht es um Ihr Leben! Und machen Sie sich dabei innerlich unabhängig von den Bewertungen Ihrer Kollegen, Ihrer Familie, Ihres Chefs – wenn deren Bewertung Ihrer eigenen entsprechen würde, täten sie vermutlich, was Sie tun wollen! Wie aber soll jeder Einzelne in einer Gruppe die gleichen Stärken und Schwächen haben wie Sie? Oder dieselben Chancen und Risiken sehen? Die gleichen Fragen stellen, zu den gleichen Schlüssen kommen und die gleichen Ideen haben? Nicht umsonst haben/hatten kommunistische und/oder diktatorische Systeme Innovationsprobleme, weil man so tut/tat, als könnte man Menschen alle über einen Kamm scheren ...

3. Seien Sie mutig! Tun Sie einfach, was Sie tun MÜSSEN!

Darf man »einfach so« für etwas Werbung machen, woran man glaubt? Darf man »einfach so« mit dem Rauchen aufhören, ungeliebten Menschen den Laufpass geben, seine Meinung kundtun, eine Geschäftsidee realisieren, mal faul die Beine hochlegen oder Überstunden machen, wenn man es für richtig hält? Klar darf man es! Nein, man darf es nicht nur, man muss es sogar ohne Erlaubnis tun – wer außer Ihnen sollte die denn für Selbstverständlichkeiten erteilen? Was sind Sie denn lieber, um Himmels willen: Mann oder Maus? Amazone oder Mäuschen?

Und wenn Sie Hemmungen haben, stellen Sie sich einfach eine Person vor, die Sie aufrichtig bewundern: Wie würde diese Person in Ihrer Situation wohl reagieren? Auch ängstlich passiv warten? Nein, wohl eher aktiv gestalten. Überhaupt: Glauben Sie unbedingt an sich selbst! Wie sind wohl »die da oben«

nach oben gekommen? Raufgepurzelt sind sie bestimmt nicht. Und immer brav auf Erlaubnis gewartet haben sie sicher auch nicht.

Ja, ich weiß: Es ist nicht immer so einfach. Denn wer tut, was er für richtig hält, schert oft aus einer Gruppe aus. Doch wenn man keiner Gruppe mehr angehört, steht man (anscheinend) erst mal alleine da. Ganz auf sich gestellt! Ungewohntes Gefühl. Und wer soll dann beurteilen, ob man alles richtig macht? Die Antwort: Sie natürlich! Sie sollen selbst beurteilen, was richtig und was falsch ist! So wie Sie sich (hoffentlich) Gedanken um Ihre Altersvorsorge machen, um die Erziehung Ihrer Kinder und um die BP-Ölpest im Golf von Mexiko! Himmel, Sie sind doch erwachsen, oder nicht? Vertrauen Sie mir: Da können Sie sich auch mal trauen, einfach so Ihr Ding zu machen! Wer weiß? Vielleicht wundern Sie sich ja hinterher, dass Sie für Ihren Erfolg gar keine Erlaubnis gebraucht haben: »Ich habe nicht gewusst, dass ich das gedurft hätte.«

4. Lernen Sie aus den RESULTATEN und KORRIGIEREN Sie gegebenenfalls!

Bei aller neuen Fokussierung auf das interne Bewertungssystem – im Kern geht es dabei nur um erfolgreiche Resultate! Und die als letztlich gültige Bewertung anzusehen, dürfte einleuchten. Also: Was erreichen Sie mit Ihrem eigenen Weg? Checken Sie immer wieder, wo Sie stehen, wo Sie hinwollen, was noch dazwischen liegt, ob Sie Ihren Weg korrigieren müssen – und dann korrigieren Sie, wenn Sie müssen! Und zwar flexibel, ausdauernd, mit Leidenschaft – und natürlich auf Ihr Ziel fokussiert! Sie werden sehen: Wenn Sie so vorgehen, sammeln Sie Erfolge. Ihre eigenen Erfolge. Und die wiederum geben Ihrem Ego das Feedback, das es für die nächsten eigenen Entscheidungen braucht. Sie stärken Ihr internes Bewertungssystem, weil Sie es nun objektivieren können und selbst zum Bindeglied zwischen Ursache und Wirkung werden.

5. Konditionieren Sie EIGEN-INITIATIVE!

Wie so vieles andere ist auch Eigeninitiative eine Gewohnheit, die Sie entweder haben oder nicht haben. Ganz wichtig also: Wenn Sie einmal dank Eigeninitiative Erfolge vorzuweisen haben, sollten Sie sich bald wieder in Eigeninitiative üben – und zwar so oft, bis Sie nicht anders können, als Ihren eigenen Weg zu gehen! Denn nun fällt es Ihren Nervenverknüpfungen im Gehirn (Ihrem Günter) immer leichter, das Richtige zu tun – und zwar das, was Sie selbst darunter verstehen. Einen externen Erlaubnisgeber brauchen Sie dafür nicht mehr.

6. Machen Sie auch anderen MUT, ihren eigenen Weg zu gehen!

Ich bin davon überzeugt: Unsere Gesellschaft schöpft erst dann ihr volles Potenzial aus, wenn jeder aus sich macht, was in ihm steckt. Und genau das ist die Chance freien Denkens, Arbeitens, Schaffens! Die Möglichkeit, dank unser aller Unterschiedlichkeit zu wachsen und besser zu werden – unabhängig von eingebildeten Konventionen, Ängsten und Barrieren. Es geht darum, das zu machen, was wir wollen, was wir können – und damit allen zu nützen. Eine extra Erlaubnis brauchen wir dafür nicht. Denn: Wir sind alle einzigartig – auch Sie! Also machen Sie unbedingt etwas daraus! Falls nicht, geht etwas verloren. Und zwar für uns alle.

ÜBUNG

Wichtige Fragen stellen und persönliche Ziele finden

Wenden Sie die beschriebenen Fragen ehrlich auf Ihr Leben oder für Sie typische Schweinehundesituationen an! Denken Sie dabei an häufig wiederkehrende private oder berufliche Dinge.

Was würden Sie tun, wenn Sie keinerlei Angst hätten?

Was würden Ihnen Außenstehende raten?

Was würden Sie tun, wenn Sie wüssten, dass Sie auf jeden Fall Erfolg hätten?

Was würden Sie tun, wenn es Ihnen leichtfiele?

Was könnte schlimmstenfalls passieren, wenn Sie nicht tun, was Sie sollten?

Wie würden Sie sich fühlen, wenn Sie erreichten, was Sie sich vorgenommen haben?

8. So justieren Sie
IHR LEBEN

Die sechs wichtigen Lebensbereiche

So langsam sind uns die Prinzipien klar, nach denen Günter tickt: Im Kern will er, dass wir gut durchs Leben kommen – einerseits in der Sicherheit unserer Routinen und Gleichgewichtszustände, andererseits indem wir Neues lernen und ständig vorankommen. Läuft das System aber zu automatisch, behindert Günter unsere Weiterentwicklung oft – wir mauern uns in unserer kleinen Welt ein. Dann brauchen wir extreme Lust- oder Schmerzreize, damit sich der innere Schweinehund bewegt. Oder wir begeben uns freiwillig auf eine Mission, die wir als äußerst spannend und sinnvoll ansehen – und überwinden so dank Kopf-Doping allerlei Widerstände, wobei wir wiederum lernen und neue Routinen schaffen.

Dann kann uns auch Angst nichts anhaben, unsere mentale Bremse Nummer eins. Günter hin oder her.

Klingt also, als könnte es losgehen mit der gezielten Schweinehundedressur.

Nur: Wozu genau sollen wir Günter eigentlich dressieren? Es gibt etliche Bereiche, in denen wir uns ständig verbessern und weiterentwickeln können! Schließlich kriegen Menschen mit Motivation und Übung die verrücktesten Dinge hin: Kandidat bei »Wetten, dass ..?« werden, geklonte Schafe züchten, das Seepferdchen erschwimmen. Was also genau wollen wir alles schaffen? Einfach blind Gas geben, egal was wir gerade tun?

Würde ich nicht empfehlen. Denn wer sich ohne Überblick vor allem auf Teilbereiche konzentriert, irrt oft orientierungslos durchs Leben. Kennen wir nicht etliche schräge Lebens- und Motivationskonstellationen? Einsame Schönlinge. Adipöse Genies. Nachwuchsmanager mit Burn-out. Depressive Kreative. Selbstgefällige Dummköpfe. Bettelarme Spitzensportler. Steinreiche Kranke. Unzufriedene Familienmenschen. In ein oder zwei Lebensbereichen spitze, die Gesamtkonstellation oft traurig. Ja, manches Leben wirkt sogar wie eine chaotische Großbaustelle: An der einen Stelle wird abgerissen, an der anderen wieder aufgebaut – und zwar immer, völlig durcheinander und stets ohne Richtung und Plan. Als wäre mitten im Leben eine Bombe eingeschlagen: die Anmutung irgendwo zwischen Kinderzimmer und Schlachtfeld. Zwar mögen Einzelbereiche super funktionieren, aber was nützt es, penibel ein bestimmtes Regal zu sortieren, wenn das restliche Zimmer vermüllt?

Bringen wir also etwas Ordnung ins Chaos! Und dafür müssen wir uns in die Vogelperspektive begeben – hoch über unseren Park mit den Spuren im Schnee. Denn: Wo sind die wirklich wichtigen Fressbuden, die es zu erreichen gilt?

FAMILIE
SOZIALES UMFELD
JOB
GELD
GESUNDHEIT
PERSÖNLICHE WERTE

Nach meiner Erfahrung sind erfolgreiche, motivierte und glückliche (ja, alle drei Attribute gleichzeitig!) Menschen gut darin, ihre wichtigsten Lebensbereiche auszubalancieren. Zwar können sie in Einzelbereichen durchaus hohe Leistungen bringen, unterm Strich aber ist es die harmonische Gesamtmischung, auf die es wirklich ankommt – und zwar in folgenden sechs wichtigen Lebensbereichen: Familie, soziales Umfeld, Job, Geld, Gesundheit

Ein makabres Gedanken-SPIEL

und innere Werte. Fällt einer dieser Teilbereich deutlich hinter den anderen zurück, strauchelt das Gesamtsystem – selbst trotz vereinzelter hoher Erfolge in anderen Lebensbereichen. (Die Einteilung in genau diese sechs Bereiche ist natürlich subjektiv gewichtet – bei Ihnen kommt vielleicht noch der eine oder andere Bereich hinzu oder fällt weg.)

Manche Gedankenspiele sind zwar makaber, aber äußerst hilfreich. So wie das folgende, das Ihnen sehr schnell einen Überblick darüber ermöglicht, was Ihnen im Leben wirklich wichtig ist: Sie sind tot. Vor acht Tagen, fünf Stunden und siebzehn Minuten sind Sie gestorben. 91-jährig an Altersschwäche im Kreise Ihrer Familie. Oder 62-jährig an Lungenkrebs im Krankenhaus. Oder mit 29 durch einen Autounfall auf der regennassen Landstraße. Nun beobachten Sie aus dem Jenseits Ihre Trauerfeier: Ihre engsten Verwandten und Vertrauten. Gedrückte Stimmung, Tränen, Tuscheln. Und dann: eine Rede. Ihre Grabrede! Nie hätten Sie erwartet, das jemals zu »erleben«. So viel hätten Sie noch tun wollen. Oh ja, Sie steckten voller Pläne und guter Absichten. Hätten Sie nur mehr Zeit gehabt ...

Dann hören Sie wieder zu: Ihre Grabrede ist schlecht. Lauter unpersönliche austauschbare Phrasen. Dann Orgelmusik. Sie ärgern sich: Wo bleibt Ihre Persönlichkeit? Wo Ihr innerstes Wesen? Wo Ihre Pläne und Ihre Lieblings-CD? Und dann konzentrieren Sie sich auf das Tuscheln: Besonders viel hätten Sie zu Lebzeiten nicht auf die Reihe gekriegt. Viel gearbeitet zwar, aber wenig erreicht. Oder viel gejammert und kaum gezielt angepackt. Immer das Wichtigste auf morgen verschoben. Oder wenig geredet, obwohl so viel in Ihnen steckte, was Sie hätten teilen können. Und Sie hätten zwar andauernd von guten Beziehungen geredet, aber sich trotzdem ständig gestritten oder sich nie getraut, auf andere Menschen zuzugehen. Unterm Strich hätten Sie ein Leben in angepasster Mittelmäßigkeit geführt. Viel geträumt zwar, aber

Ihre Träume nicht gelebt. Und langsam dämmert Ihnen, dass es jetzt zu spät dafür ist. Game over. Schade.

Der Wunschzettel ans Leben

Okay, nun ein etwas freundlicheres Gedankenspiel: Sie sind wieder fünf Jahre jung. Ihr ganzes Leben haben Sie noch vor sich. Gerade steht Weihnachten vor der Tür. Und weil Sie noch an den Weihnachtsmann glauben, diktieren Sie Ihrer Mutter eine Wunschliste. Sie schreibt alles auf, was Ihnen in den Sinn kommt — Sie wollen schließlich reich beschenkt werden: Unmengen von Spielzeug, Süßigkeiten, Mal-Utensilien, Zoobesuche, Kinderpartys, Vorleseabende mit der Oma, einen Hundewelpen, der niemals groß wird — und und und. Sie ahnen zwar, dass der Weihnachtsmann nicht alle Ihre Wünsche erfüllen wird, aber besser, er erfüllt ein paar, die Ihnen wirklich am Herzen liegen, als dass er Ihnen irgendetwas schenkt, das Sie sich überhaupt nicht wünschen! Schon mit fünf Jahren ist Ihnen klar: Ein gutes Briefing kann Wunder wirken — schließlich weiß der Weihnachtsmann nicht alles.

Auch ein paar Jahre später noch wenden Sie die gleiche Taktik an, nur erweitern Sie jetzt Ihre Perspektive: Jetzt wollen Sie Schauspieler werden, Sängerin, Profifußballer, Tierärztin, Astronaut, Bundeskanzlerin, Bauarbeiter oder Schuhverkäuferin. Natürlich sind Sie in all Ihren Träumen Chef(in). Wieso sollten Sie tun, was andere von Ihnen wollen? Schließlich sind Sie dann ja endlich groß ... (Na? Machen Sie auch heute noch Ihre Wunschliste, jetzt, wo Sie groß sind?)

Unser Leben ist das Resultat unserer Handlungen — und IHRER FOLGEN

Irgendwo dazwischen: Heute. Oder besser: Jetzt! Genau diese Sekunden, in denen Sie diese Worte lesen. Genau jetzt stehen Sie irgendwo auf einer Zeitlinie, die aus Ihrer Vergangenheit direkt in Ihre Zukunft führt. Wenn Sie zurückblicken, können Sie theoretisch jeden

Tag, jede Stunde, jedem Moment Ihres Lebens zurückverfolgen: Was haben Sie am xten xsten im Jahre xxxx um x Uhr xx Minuten und xx Sekunden getan? Was unmittelbar davor, was danach? Und wenn Sie genau hinsehen, können Sie erkennen, dass Ihre Handlungen Auswirkungen hatten. Was immer Sie taten oder nicht taten – es hatte Folgen: Sie haben vor 8, 23 oder 39 Jahren mal den Führerschein gemacht? Dann fahren Sie heute womöglich wie selbstverständlich zur Arbeit, in den Urlaub, zum Einkaufen und die Kinder in den Sportverein. Oder war Ihnen damals die Fahrprüfung zu schwer? Hatten Sie Angst davor? Haben Sie statt des Ferienjobs lieber das Fernsehprogramm durchgearbeitet und hatten somit kein Geld für die Fahrschule übrig? Oder haben Sie im Auto mal plötzlich Panik gekriegt – und sich seitdem nie wieder auf den Fahrersitz getraut? Dann fahren Sie heute vielleicht mit Bus und Bahn oder lassen sich vom Partner kutschieren. Ihre Freiheit ist womöglich eingeschränkt.

Wechselseitige Abhängigkeiten: SPIRALEN nach oben oder unten

Ja, manche Handlungen geschahen sogar in wechselseitiger Abhängigkeit: Eben weil Sie so mobil waren, konnten Sie den Job annehmen, der Sie weit herumkommen ließ. Womöglich haben Sie Ihren jetzigen Partner in einer ganz anderen Stadt kennengelernt und konnten sich – dank Auto – besonders leicht auf eine Fernbeziehung einlassen, die schließlich in Ihre heutige Partnerschaft mündete. Glückwunsch!

Die Folgen anderer Handlungen sahen Sie erst lange Zeit später: Weil Sie nichts gegen Ihre Panik unternahmen, leben Sie seit Jahren im selben Ort, mit (oder ohne) denselben Job – wie hätten Sie auch dorthin kommen sollen, wo Sie sich beruflich hätten weiterentwickeln können? Und weil Sie Ihr Kind nie zum Sport fahren konnten, entwickelte es sein Bewegungstalent nicht weiter, ist heute dicker als Gleichaltrige, sitzt ständig alleine vor dem Computer und hat Rückenschmerzen – während seine ehemals besten Freunde am Wochenende auf spannende Turniere fahren. Und wenn Sie ab und zu aus der Mittelmäßigkeit Ihres Lebens entfliehen wollen, holen Sie alte Liebesbriefe hervor und schwelgen in den Erinnerungen an einen romantischen Urlaub, der schon sehr lange her ist. Was hätte werden können, wenn ...? Ja, wenn der Traumpartner nicht verdammte 120 Kilometer entfernt gewohnt hätte!

Also, was hätte sich entwickeln können, wenn Sie sich durch den Ferienjob geboxt hätten? Was, wenn Sie trotz Prüfungsangst die Fahrprüfung bestanden hätten? Was, wenn Sie Ihre Panikattacken nicht verdrängt, sondern besiegt hätten? Dumm gelaufen ...

Für das Leben gerüstet sein

Spinnen wir die Geschichte noch weiter. Angenommen, das Leben breitet vor Ihnen seine typischen Schlaglöcher aus: Krankheiten, Schicksalsschläge, Enttäuschungen, Trennungen und so weiter. Mal angenommen, Sie müssen mit Altersdiabetes, Kündigungen oder Geschäftspleiten umgehen. Wer kommt damit wohl besser zurecht? Wer stellt leichter seine Ernährung um, sucht sich einen neuen Job oder stellt bald eine neue Firma auf die Beine? Ihr erstes Ich, das sich damals den Führerschein zutraute und daraufhin in eine Erfolgsspirale hineingeriet, sodass es immer mehr Selbstbewusstsein anhäufte und sich daran gewöhnte, sein Leben aktiv zu gestalten? Oder Ihr zweites Ich, das meist den vermeintlich bequemeren Weg gewählt hat und infolge dessen viel weniger Erfolge erlebt hat? Also, wer wird sich den Veränderungen des Lebens wohl erfolgreicher stellen? Wer besser darauf reagieren? Wer bestimmt sein Leben selbst? Und wer wird eher vom Leben gelebt?

Klar, diese Geschichten erscheinen schwarzweiß konstruiert. Aber haben Sie Ähnliches nicht alles schon gehört? Oder selbst erlebt? Ich schon. Gar nicht so selten übrigens. Meiner Meinung nach ist es deshalb sehr wichtig, was wir mit unserer Zeit anfangen. Denn eigentlich haben wir alle genug davon.

LEBENSBEREICH NUMMER EINS:

Die »liebe« Familie
Unser erster wichtiger Lebensbereich sind die Menschen in unserer unmittelbaren privaten Umgebung: unsere Familie. Damit meine ich nicht zwangsläufig die »klassische« Familiensituation mit Mutter, Vater, Kind, Ehe, Reihenhaus und Golden Retriever. Heute sind ja zum Glück etliche weitere Konstellationen denkbar und üblich. Die Patchworkfamilie zum Beispiel, in der der Freund der Mama zum Papa wird. Oder andersherum. Das unverheiratete Paar in Lebensabschnittspartnerschaft. Oder Ehe. Mit und ohne Kinder. Hetero, schwul oder lesbisch. In gemeinsamer Wohnung oder getrennt lebend. Vielleicht gar in einer Wochenendbeziehung. Single-Mamas oder -Papas. Überzeugte Dauersingles, die unter ihrer Familie vor allem die eigenen Eltern verstehen (müssen). Diese sind entweder noch zusammen oder längst getrennt. Oder sie sollten sich längst trennen. Nun kommen noch alle möglichen Konstellationen mit Brüdern und Schwestern, Omas und Opas, Onkel und Tanten, Schwägerinnen und Schwägern, Neffen und Nichten hinzu, die das Konstrukt Familie komplexer machen. Und natürlich hat jeder Einzelne seine Persönlichkeit, seinen Werdegang, sein Weltbild, was manchmal bereichern oder auch extrem nerven kann. Denn: Ja, auch in Familien sind oft schrullige Honks unterwegs ...

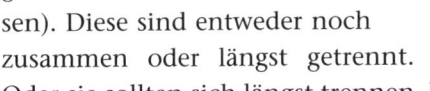

All dem sind wir in jungen Jahren ausgeliefert – zu unserem Wohl oder Schaden. Und auch noch im Erwachsenenleben beeinflusst uns unsere Prägung oft. Es dürfte also offensichtlich sein: Die Familie und ihr Gedankenumfeld spielt eine zentrale Rolle in unserem Leben. Wenn alles halbwegs stimmt, sind die Lieben um uns herum unser sicherer Hafen, unsere Kraftquelle, unser Glück. Stimmt es aber nicht, ja stört ein Aspekt sogar extrem, kann uns die liebe Familie ganz schön zu schaffen machen: Vielleicht säuft der Papa und hat Wutausbrüche? Oder die Mama ist so sehr mit sich selbst beschäftigt, dass die lieben Kleinen zu kurz kommen? Und wer im Leben nichts Größeres reißt, pflanzt seine niedrigen Erwartungen gerne dem Nachwuchs ein: »Was glaubst du, wer du bist?« Möglicherweise wird zu Hause auch ständig über die ungerechte Welt geschimpft? Oder nonstop der Rosenkranz gebetet, um vermeintliche Sünden zu büßen? Ungute Konstellationen, klar. Und schon schleppen wir eine fette Macke mit uns herum!

Vielleicht ist der geliebte Papa aber auch im internationalen Business tätig und lebt seinen Kindern Mehrsprachigkeit und Weltgewandtheit vor? Und die schicke Mama ist sehr sportlich und gesundheitsbewusst, was sie damit auf ihre Kinder überträgt? Beide Eltern achten auf ihre Kinder: Sie fördern und fordern sie liebevoll, das Beste aus ihren Anlagen zu machen. Klingt schon besser, nicht wahr? Auch hier sind zwar vereinzelte psychische Kratzer möglich, eine fette Macke aber erscheint unwahrscheinlicher.

Nun, seine erste Familie kann man sich nicht aussuchen. Danach aber hat man einen großen Handlungsspielraum: »Wer passt zu mir? In welcher Lebenskonstellation? Will ich Kinder oder keine? Wie viele, wann und von wem?« Wir haben enorme Möglichkeiten, unser Schicksal zu beeinflussen. Und das sollten wir auch unbedingt tun! Vor allem unseren Partner betreffend. Denn ist unsere Auswahl unglücklich oder geht eine Entwicklung in die falsche Richtung, macht das mitunter Ärger, der ins gesamte Leben diffundiert. Hat der Partner eine allzu fette Macke, schränkt das auch unser Leben ein! Oder will sich der eine ständig weiterentwickeln, während der andere dazu neigt, sich in seiner kleinen Welt einzuigeln, ist auch hier Ärger vorprogrammiert. In beiden Fällen sollte unbedingt geklärt werden, wie es weitergeht. Totschweigen gilt nicht. Passt die Partnerwahl aber gut, entwickeln sich beide ständig weiter und bereichern sich gegenseitig. So wird die eigene Familie zur unschätzbaren Glücks- und Kraftquelle in unserem Leben. Also: Augen auf bei der Partnerwahl!

Ach, oder interessiert Sie das Thema Familie womöglich nicht, weil Sie dieses Buch hier vor allem aus einer Businessperspektive lesen und sich Erfolg im Job wünschen? Dann wachen Sie besser auf! Was glauben Sie denn, wie es bei wirklich erfolgreichen Geschäftsleuten zu Hause aussieht? Der Göttergatte macht Big Business und sein schüchternes Hausweibchen vegetiert vor dem Fernseher der gemeinsamen Sozialwohnung dahin? Das dürfte eher die Ausnahme sein. Oder der übergewichtige Langzeitarbeitslose kümmert sich brav um die Katzen, während seine Frau steile Karriere macht? Auch keine wirklich tragbare Dauerlösung. Nein, wirklicher Erfolg ist so gut wie immer auch Resultat einer Kraft spendenden Familiensituation.

LIEBE, LEIDEN- SCHAFT ODER FREUND- SCHAFT?

Kaum zu glauben, aber wahr: Manche Paare leben schon jahre- oder jahrzehntelang zusammen und sind miteinander immer noch sehr glücklich. Und dabei strengen sie sich für ihr Glück nicht einmal besonders an! Bei solchen Paaren stimmen nämlich die beiden Hauptfaktoren für glückliche Liebesbeziehungen: Sie haben die richtige Mischung aus gemeinsamer Basis und Individualität.

Glückliche Partnerschaften kommen im Wesentlichen in dreierlei Formen vor: als Liebe, Leidenschaft und Freundschaft. Die Freundschaft ist von allen drei Formen die verlässlichste und oft stabilste, aber sie ist eben auch asexuell. Kuscheln vielleicht. Mehr nicht. Verlässlichkeit ja. Spannung nein. Im Unterschied dazu ist die Leidenschaft zwar von enormer Anziehung und sexueller Stimulation geprägt, leider aber fehlen ihr die Faktoren Beständigkeit und Sicherheit. Auch ein gewisses Grundverständnis für den Partner fehlt häufig, weshalb es oft Streit gibt oder Eifersucht. Die ideale Liebe hingegen erscheint als Königsweg: Hierbei ergänzen sich sexuell leidenschaftliche, partnerschaftliche,

zärtliche und freundschaftliche Verhaltensweisen. Die Mischung stimmt.

Kennen Sie den Satz »Gegensätze ziehen sich an?« Für sich alleine genommen ist er Unsinn, denn meist gilt »Gleich und gleich gesellt sich gern«. Stellen Sie sich einfach ein Pärchen vor, bei dem der eine eloquent und kontaktfreudig ist, während der andere still zu Hause sitzt. Klar, dass so eine Beziehung kaum lange gut geht. Aber in anderer Hinsicht ist die richtige Mischung aus Gegensätzen und Gleichheit sehr interessant: nämlich wenn sich beide Partner in wesentlichen Fragen gut verstehen und einander in ihren Eigenschaften ergänzen. So sind die Schwächen des einen die Stärken des anderen, und beide profitieren voneinander.

Nun stellen Sie sich vor, beide Partner ähneln einander in ihren inneren Werten und in ihren Zielen. Dann halten sie ähnliche Dinge für wichtig oder unwichtig und sind in die gleiche Richtung unterwegs. Sie passen zueinander. Großartig! Aber lieben sie sich deswegen auch leidenschaftlich? Noch lange nicht. Denn Leidenschaft hängt nicht von inneren Werten und Zielen ab! Wir können für alles Mögliche Leidenschaft empfinden – oft auch für Dinge, die unseren Werten und Zielen widersprechen. Warum? Weil sich Gegensätze eben doch ein wenig anziehen: Sie sorgen für Prickeln, Staunen und Neugier und werden so zum Motor unserer Leidenschaft.

Leidenschaft aber ohne gemeinsame Werte und Ziele schafft zwar spannende emotionale Kicks, aber sie wird nicht zur Liebe. Zu unterschiedlich sind die Voraussetzungen. Und wenn sie doch mal zur Liebe wird, führt diese langfristig leider oft zur Feindschaft. Also doch lieber die sichere Variante wählen: gleiche Werte, gleiche Richtung? Nur wenn auch genügend Leidenschaft mit dabei ist! Ohne sie schmeckt die Beziehung wie eine Suppe ohne Salz. Auf einer gemeinsamen Basis halten gerade die Unterschiede die Beziehung lebendig: verschiedene Ideen und gemeinsames Wachstum zugleich. Kurz: Jeder muss trotz Beziehung ein Individuum bleiben können. Optimalerweise eben ein Individuum, das den Partner ergänzt und bereichert und sich nicht einfach anpasst. All das sorgt nämlich für genau die Attraktivität, die wiederum Leidenschaft hervorbringt. Eine lebendige Liebe ist die Folge: wie bei Paaren, die auf einer gemeinsamen Basis seit Jahrzehnten ein glückliches Liebesleben führen.

Spielt Spannung durch Unterschiede aber keine Rolle mehr oder ist die Leidenschaft verschwunden, folgt Freundschaft. Paare bleiben aus Gewohnheit oder wegen ihrer Abhängigkeit voneinander zusammen. Sie haben ihre Individualität aufgegeben und sind füreinander unattraktiv geworden. Die Endstationen rein »freundschaftlicher« Beziehungen sind zunächst Langeweile und schließlich Gleichgültigkeit. Schnarch.

Basis finden und
UNTERSCHIEDE KULTIVIEREN

Was ergibt sich daraus? Ein paar ganz einfache Folgerungen: Klären Sie das Fundament Ihrer Partnerschaft! Worauf basiert Ihr Zusammensein? Passen Sie zueinander hinsichtlich Ihrer Werte? Haben Sie eine gemeinsame Richtung? Eine Vision für Ihre Zukunft? Wenn ja, Gratulation! Wenn nein, entwickeln Sie sie! Sonst könnte es sein, dass einer von Ihnen das Gefühl hat, in die falsche Richtung zu gehen. Das gibt Frust und Ärger.

Aber bleiben Sie trotz gemeinsamer Basis ein Individuum! Bewegen Sie sich selbstständig, ohne zu einer Klette oder dem Schatten Ihres Partners zu mutieren! Ein wenig Abstand muss sein, damit Sie die Attraktivität erhalten. Vielleicht wechseln Sie in Ihrer Nähe zueinander ja ein wenig ab? Einmal eng, dann wieder weniger eng. So hat jeder Platz für sich selbst, gewinnt bereichernde Eindrücke außerhalb der Beziehung, und man ist dennoch verbunden. In diesem Sinne: Sie müssen nicht alles gemeinsam unternehmen! Ihr Partner mag Horrorfilme, und Sie stehen auf Tier-Dokus? Dann machen Sie bloß keine Kompromisse, die letztlich beide nicht mögen. Statt doppeltem Frust trennen Sie sich lieber zeitweilig – und lassen im Kino jeden seinen eigenen Film sehen! Danach können Sie ja von Ihren Erfahrungen berichten.

Also, lassen Sie Spannung ruhig zu! Sie müssen nicht immer einer Meinung sein. Es darf sogar hin und wieder Streit geben – der muss Ihrer Liebe noch lange nicht schaden. Und: Selbst wenn Sie sich streiten, dürfen Sie trotzdem miteinander Sex haben! Welches Ventil eignet sich besser, um Spannungen abzubauen? Apropos Sex: Haben Sie Sex miteinander! Die intensiven schönen Gefühle graben sich dabei in Ihr Gehirn und festigen so Ihre Beziehung. Nur Kuscheln? Auf Dauer zu langweilig für echte Liebe.

Und: Nutzen Sie Ihre einander ergänzenden Fähigkeiten! Was kann der eine besser als der andere? Kochen? Prima: Dann dürfte klar sein, wer öfter in der Küche steht. Autofahren? Also los ans Steuer! So tut jeder, was er mag und kann. Kommen Sie besser nicht auf die Idee, diese Aufgaben »gerecht« zu verteilen. Hat der jeweils andere zwei linke Hände beim Kochen oder Angst vorm Autofahren, bringt die vermeintliche Gerechtigkeit nur Stress. Völlig unnötig!

Sie haben einen Partner, der ZU Ihnen passt

Na, stimmt Ihre Partnerschaft? Gratulation! Vielleicht haben Sie ein paar Anregungen dazugewonnen, wie Sie sie noch besser machen können.

Ach, Sie haben keine Partnerschaft oder sind in Ihrer Partnerschaft unglücklich? Dann ist Ihnen jetzt klar, auf welchen Prinzipien glückliche Liebesbeziehungen basieren. Also, suchen Sie sich den richtigen Partner und verbinden Sie sich mit ihm! Erst überlegen: Welche Werte, Ziele, Wünsche sind wichtig? Wie soll sie/er sein? Wie aussehen? Und dann begeben Sie sich auf die Suche! Wen hätten Sie gerne? Wenn Sie fündig geworden sind, sollten Sie Ihrem Traumpartner näher kommen. Los geht's!

Klar also: Eine unglückliche Familien- und Partnerschaftskonstellation kann einem das Leben erschweren – enorm. Eine glückliche Familie hingegen kann das Leben erleichtern – und zwar genauso enorm. Wir können die Beziehung zu unseren Liebsten daher gar nicht genug wertschätzen! Sie muss ein wichtiger Teil in unserem Leben sein. Unabhängig davon, wen oder was Sie unter Ihrer Familie genau verstehen: Partner, Kinder, Eltern, Hund oder Katze, gute Freunde und Kollegen – egal, irgendwie kann alles als Familie gelten.

Übrigens: Selbst was Ihre Ursprungsfamilie angeht, haben Sie im Erwachsenenalter ja einen gewissen Handlungsspielraum. Kein Mensch zwingt Sie etwa zu weihnachtlichen Zusammenkünften, wenn Sie nicht hinwollen. Sie brauchen auch Tante Hannah nicht mehr zu besuchen, nur weil das Ihre Mama will. Und Sie können den Kontakt mit Ihrem unsympathischen Bruder abbrechen – ohne sich dafür rechtfertigen zu müssen. Denn Sie müssen sich für Ihre Familie nicht verantwortlich fühlen, wenn Sie sich mit ihr nicht mehr verbunden fühlen. Üben Sie hier so oft wie möglich, »Nein!« zu sagen.

Dem Teil Ihrer Familie aber, den Sie lieben, der Sie liebt und mit dem Sie (für immer) zusammenbleiben wollen, schenken Sie ganz bewusst stets einen fetten Batzen Ihrer Lebenszeit! Ohne Wenn und Aber. Hier ist Ihr Herz, Ihr Fels in der Brandung, Ihre Oase, Ihre Kraftquelle, Ihre Burg, Ihr Hafen, Ihre Heimat, Ihre Seele. Seien Sie für Ihre Familie da! Für Ihre Kinder, Ihren Partner, Ihre Eltern, Geschwister – wer auch immer in Ihren »engeren Kreis« hineingehört. Neben Ihnen selbst sind das nämlich die wichtigsten Menschen in Ihrem Leben. Und sie sollten es auch bleiben.

Die OPTIMAL GEFÜLLTE Vase

Manche Menschen bedauern sehr, nicht mehr Zeit für ihre Familie zu haben. Dabei steckt dahinter oft eine unklare innere Ausrichtung. Denn Zeit haben wir eigentlich alle genug. Nur was wir mit ihr anstellen, ist unterschiedlich. Um unsere Zeit also gut einzusetzen, müssen wir zunächst wissen, was wir im Leben wollen – und dann unsere Handlungen danach ausrichten. Denn wer seine Prioritäten scharf gestellt hat, weiß, was zu tun ist. Und er tut es klar und bestimmt. Wer seine Prioritäten aber nicht kennt, irrt leicht umher und handelt oft halbherzig und richtungslos, was Zeit kostet und Potenziale verschenkt. Wie aber soll man alle wichtigen Lebensbereiche in unserem ohnehin vollen Leben unterbringen? Wie soll da genügend Platz sein?

Eine sehr schöne Metapher ist folgende: Stellen Sie sich vor, Sie sollten einen Haufen Pflastersteine, Kieselsteine und Sand in einer Blumenvase unterbringen – und zwar so, dass von allem möglichst viel hineinpasst. Wie machen Sie das? Manche füllen zuerst den Sand hinein, darauf dann die Kieselsteine und versuchen schließlich noch die Pflastersteine unterzubringen, was jetzt aber kaum mehr geht – die Vase scheint voll zu sein. Andere legen zuerst die Pflastersteine in die Vase, füllen die Lücken zwischen ihnen mit den Kieselsteinen aus und die Lücken zwischen den Kieselsteinen schließlich mit dem Sand. Nun passt alles hinein, der Platz ist optimal genutzt. Dank der richtigen Reihenfolge. Ja, jetzt passt sogar noch eine Menge Wasser in die Vase – in die vielen Räume zwischen den Sandkörnern.

Klar, was damit gemeint ist: Die Vase steht für die Zeit in unserem Leben, und die Pflastersteine sind unsere wichtigsten Lebensbereiche. Wir müssen sie vor allem anderen in unser Leben einfügen – der Rest findet schon irgendwie Platz dazwischen. Geben wir unwichtigeren Aspekten und lästigem Gedöns aber zu viel Raum und Zeit, bekommen wir die wichtigen Dinge nicht mehr alle unter. Unsere Balance stimmt nicht mehr.

Der innere KOMPASS ersetzt DEN KALENDER

Heißt das, man muss sich immer unter strenger Kontrolle haben und seine Zeit stets so einteilen, dass kein Raum mehr bleibt für entspanntes Nichtstun, Reflektieren oder Zerstreuung? Keineswegs! Wie gesagt: Auch Kieselsteine und Sand gehören in die Vase hinein. Und Opfer unseres engen Terminkalenders sollten wir natürlich auch nicht werden. Der amerikanische Persönlichkeitstrainer und internationale Bestsellerautor Stephen R. Covey sagt, wir sollten keine Prioritäten für unsere Termine machen, sondern Termine für unsere Prioritäten. Er hat außerdem eine geniale Metapher für den Umgang mit Zeit geprägt. Die meisten Menschen messen Zeit ja

mit einer Uhr oder einem Kalender: Was muss wann getan werden? So sind wir häufig gestresst, wenn etwas Unvorhergesehenes passiert, was mit einem Termin oder einer bestimmten Pflicht kollidiert. Viel schlauer und weniger zwanghaft ist es laut Covey, einen Kompass zu nehmen! Die Frage lautet nun nämlich: »Kennst du deine Richtung und bewegst du dich in sie?« Wer das tut, bleibt im Alltag flexibel und erzielt trotzdem die gewünschten Ergebnisse. Denn wer seinen inneren Kompass kennt und sein Leben danach ausrichtet, weicht zwar ebenfalls manchmal vom Weg ab, unterm Strich aber wird er sich viel häufiger und klarer für den richtigen Weg entscheiden und sich weniger ablenken lassen, was ihn schneller ankommen lässt. Sogar ohne Terminkalender.

ÜBUNG

Räumen Sie
Ihre Familie auf!

Machen Sie den Energietest: Gehen Sie in Gedanken
jedes einzelne Ihrer Familienmitglieder durch.
Welcher Kontakt tut Ihnen gut und welcher nicht?
Das merken Sie, wenn Sie Ihre Energien vor dem
Kontakt mit nachher vergleichen: Welcher Kontakt gibt
Ihnen Energie? Und welcher raubt sie Ihnen?

*Bei Energiegebern: Was können Sie für Ihre Lieben tun?
Wie können Sie mehr Zeit miteinander verbringen? Wie
können Sie zukünftig noch mehr füreinander da sein?*

*Energieräuber: Gehen Sie den Ursachen auf den Grund und
ziehen Sie Konsequenzen! Welcher Konflikt lässt sich lösen?
Welcher (jetzt) nicht? Was sollte das für Sie bedeuten?
Ist es möglich, dass es Ihnen wichtiger ist, im Recht zu sein,
als eine liebevolle Beziehung zu haben? Falls ja: Können
Sie über Ihren Schatten springen? Falls nein: Wie können
Sie den Kontakt zu den Energieräubern einschränken oder
beenden?*

LEBENSBEREICH NUMMER ZWEI:

Unser soziales Umfeld

Auch der Lebensbereich Nummer zwei hat es in sich: das soziale Umfeld. Denn wie bereits gesagt, bestimmt unser Umfeld zu einem großen Teil, welche Programme in unserem Gehirn laufen. Beziehungsweise welche Antworten Günter auf die Fragen des Lebens kennt. Und je besser diese Antworten passen, desto glücklicher und erfolgreicher verläuft unser Leben dann. Andersherum natürlich gilt: Je schlechter die Antworten, desto wahrscheinlicher werden wir im Leben Schwierigkeiten bekommen.

Also: Welche Antworten bietet Ihnen Ihr persönliches Umfeld an? Das heißt zum Beispiel ganz konkret: Wo wohnen Sie? In welchem Stadtteil oder Ort? Welche Menschen wohnen da noch? Was zeichnet diese Menschen aus? Wie setzen sie sich zusammen bezüglich Bildung, Beruf, Vermögen, Interessen, Ansichten? Seien Sie sicher, dass das auf Ihr Leben abfärbt! Genauso natürlich Ihr Job: Mit welchen Menschen umgeben Sie sich da tagtäglich? Welche Geschichten erzählen Sie einander? Ja, ich nenne es wirklich »Geschichten«, denn diese treiben uns an oder bremsen uns ab (Motivationsprinzip »Abenteuer«). Eine Insolvenz etwa kann im einen Umfeld als Chance auf einen Neuanfang gesehen werden, im anderen hingegen als lebenslanger Schandfleck. Wo geht es wohl konstruktiver zu? Oder: Natürlich erzählen sich Scheidungsanwälte andere Geschichten als Partnerschaftsvermittler. Wer von beiden wird wohl bessere Tipps geben, um Mister oder Misses Right zu finden?

Oder: Gilt es in Ihrem Freundeskreis als normal, sich gut zu ernähren und fit zu bleiben? Super, dann dürften auch Sie diese Gedanken mit der Zeit verinnerlichen. Oder gilt eher das Gegenteil? Au weh. Und ist Ihre Arbeit eher routine- und ablauforientiert oder eher kreativ und unternehmerisch? Wo bekommen Sie dann wohl die besseren Infos, wenn Sie eine Geschäftsidee umsetzen wollen? Ja, so wichtig ist unsere soziale Umgebung! Je besser das Umfeld, desto besser die Antworten.

Auch Ihr Freundeskreis ist natürlich ein riesiges Reservoir an Antworten! Ich persönlich habe einen sehr bunten Freundes- und Bekanntenkreis – quer durch verschiedene Altersstufen, Berufs- und Einkommensgruppen und mit unterschiedlichsten Interessen. Und das empfinde ich als extrem bereichernd. Egal, ob Business, Kunst, Sport, Kinder, Medizin, Medien – meine fachkundigen Ratgeber sind stets nur einen Telefonanruf entfernt. Und so wie sie mir mit ihrem Wissen oft gezielt helfen, will ich ihnen natürlich auch mit meinem helfen. Und wissen Sie was? Es ist ein richtig gutes Gefühl, solch unterschiedliche Freunde und Bekannte zu haben! Wer sich hingegen nur mit einem einzigen Menschen- und Thementyp umgibt, verarmt mental schneller und greift im Leben auf weniger Ressourcen zurück.

Einen Menschentypen hingegen habe ich rigoros aus meinem Leben entfernt: den Typus des passiven jammernden Energie-Vampirs. Sie kennen das sicher: Manche Menschen laden in ihrer Umgebung ständig ihre (eigentlich lösbaren) Probleme ab – oft in der Erwartung, man möge sie bemitleiden oder ein wenig von der eigenen Motivation auf sie übertragen, damit ihnen alles nicht so schwerfällt. Doch geteiltes Leid ist oft doppeltes Leid (vor allem wenn das Jammern vorwiegend der Ablenkung vom Handeln dient). Und wer sich nur durch andere motivieren lässt, raubt diesen wertvolle Energie, die sie aber für sich und ihr eigenes Leben brauchen! (Insofern können eigene Motivationsschwierigkeiten

durchaus von anderen
kommen.) Der Energie-
Vampir benimmt sich
also wie ein fauler Pa-
rasit mit dem ständigen
Anspruch, man möge
ihn rücksichtsvoll behan-
deln, weil er so schwach ist.

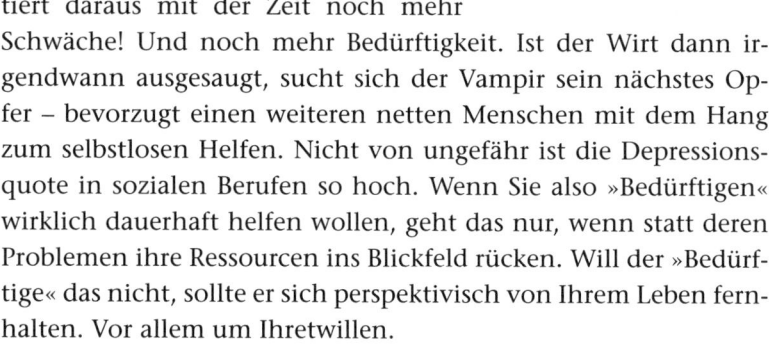

Tut man aber genau das, resul-
tiert daraus mit der Zeit noch mehr
Schwäche! Und noch mehr Bedürftigkeit. Ist der Wirt dann irgendwann ausgesaugt, sucht sich der Vampir sein nächstes Opfer – bevorzugt einen weiteren netten Menschen mit dem Hang
zum selbstlosen Helfen. Nicht von ungefähr ist die Depressions-
quote in sozialen Berufen so hoch. Wenn Sie also »Bedürftigen«
wirklich dauerhaft helfen wollen, geht das nur, wenn statt deren
Problemen ihre Ressourcen ins Blickfeld rücken. Will der »Bedürf-
tige« das nicht, sollte er sich perspektivisch von Ihrem Leben fernhalten. Vor allem um Ihretwillen.

Übrigens ist ein bisschen Flügel hängen lassen und einfühlsam
bemitleidet werden natürlich völlig okay. In einem gesunden Maß
tut ein freundschaftliches Umfeld gut, in dem wir auch Schwäche
zeigen und ein wenig ausleben dürfen. Denn unter Freunden darf
man das! Also unter Menschen, mit denen wir bedingungslos offen sein können – und die uns trotzdem noch mögen. Zwei, drei,
vier richtig gute Freunde sollte man daher unbedingt haben. (Und
zwar unabhängig vom eigenen Partner. Ist nur der eigene Partner ein wirklich guter Freund, überfrachtet man seine Beziehung
leicht.) Viele unglückliche und weniger erfolgreiche Menschen
haben kaum gute Freunde. Traurig.

168

Seien Sie
MAGNETISCH!

Im Prinzip wissen wir alle, wie wichtig die soziale Umgebung ist. Wir sollten uns also mit den richtigen Menschen umgeben – in einem top Netzwerk. Dennoch tun wir uns manchmal schwer damit. Warum? Weil wir auf andere nicht immer anziehend wirken, sondern oft vor lauter eigenen Ansprüchen die Bedürfnisse anderer Menschen aus den Augen verlieren.

Nehmen wir zum Beispiel die Kontaktanfragen, die oft in Social Networks reintrudeln: »Hallo Herr Frädrich, interessantes Profil haben Sie! Wollen wir uns vernetzen?« Klar wollen wir. Gerne doch. Und dann kommt es hin und wieder zu einem netten Schwätzchen oder Hinweis auf eine Veranstaltung. Danke. Alles gut so weit. Passt. Mein Bedürfnis, einen großen Bekanntenkreis zu haben, mit anderen leicht in Kontakt zu treten und businesssozial halbwegs auf dem Laufenden zu sein, ist vollstens befriedigt. Super Technik!

Seien Sie kein
Honk!

Tja, und dann gibt es Typen, die ticken völlig anders. Da folgen dann auf eine Kontaktanfrage ungefragt tonnenweise Werbung oder – genauso lästig – personalisierte, individuell erscheinende Fragen, die aber gar nicht individuell gemeint sind. So bekam ich vor Kurzem etwa eine Anfrage, ob ich nicht bei einem bestimmten Fortbildungsprogramm als Experte mitmachen wolle. Ich sagte begründet und nett ab. Dann kam eine neue Mail mit dem Hinweis, ich hätte Interesse signalisiert, als Experte mit dabei zu sein. Man warte nur noch auf meine feste Zusage. Ich schrieb meine Absage nun deutlicher – und bekam nach ein paar Tagen die exakt wortgleiche Antwort: Ich hätte Interesse signalisiert, als Experte mit dabei zu sein. Man warte nur noch auf meine feste Zusage. Und ich dachte: Toll, da hat jemand einen Kurs im Social-Network-Marketing belegt! Er filtert nun brav die Datenbänke nach Referenten, macht wahllos Kontaktanfragen und spamt dann alle so lange mit seinen 08/15-Briefen zu, bis ein paar Deppen im Netz hängenbleiben. Super Taktik ... Wie wohl die Qualität des Fortbildungsprogramms am Ende aussehen wird? Und wie sehr man sich an den Bedürfnissen der Kunden orientiert?

Natürlich sollte ich noch erwähnen, dass das Profil des anfragenden Herren megaseriös daherkam: toller Titel, Anzug, Krawatte, wichtiger Blick – und ein Firmenname vom Allerfeinsten. Ich wette ja, am Ende gibt es für das angepriesene Programm auch irgendein schickes Zertifikat: »Seht her, ich habe mir einen weiteren Fortbildungsorden verdient! Das muss doch den Personalchef freuen!« Muss ich noch extra erwähnen, dass ich den Kontakt letztlich aktiv beendete?

Schade, dass hierbei völlig unter den Tisch fällt, worum es im Kern eigentlich geht: Um den Nutzen, den man anderen bringt. Gerade und vor allem im Business. Um Bedürfnisse, die man befriedigt. Und ganz tief drinnen um zwischenmenschliche Anziehungskräfte! Unsere inneren Schweinehunde ticken da nämlich ziemlich archaisch. Im Prinzip wollen sie vom Gegenüber nur wissen: Ist der andere nett? Kann ich ihn gut riechen? Kann ich ihm vertrauen? Bringt es mir etwas, mich mit ihm abzugeben? Und falls ja, entsteht eine Art Magnetismus zwischen den Beteiligten: Sie ziehen einander an – und arbeiten dann auch beruflich gerne zusammen. Aber sollten unsere inneren Schweinehunde diese Fragen mit Nein beantworten, kann selbst das tollste Social-Network-Marketing in die Tonne gekloppt werden! Denn warum soll man sich mit Leuten abgeben, die man nicht mag? Sicher nicht, weil jemand eine gold-diamantene High-Class-Super-Premium-Mitgliedschaft und die ganze Wand voller Orden hat. Wer weiß, wo man sich die alle kaufen kann? Hm, klingt bislang nicht nach Befriedigung von Bedürfnissen. Eher nach Egozentrik und sozialer Legasthenie ...

SOZIALE MAGNETEN:

einfach »gute Typen«

Andererseits aber gibt es Menschen, die auf andere Menschen (und sogar auf Kunden!) sehr anziehend, ja geradezu magnetisch wirken. Wie das geht? Lustigerweise auch ohne Social Networks, angeberisches Blabla oder sonstiges Hexenwerk, sondern eher dank Verhaltensweisen, die uns allen ganz gut zu Gesicht stehen: Solche Erfolgsmenschen sind meist freundlich, fleißig, offen, ehrlich, sensibel, organisiert, fair, zuvorkommend, verlässlich, verständlich, lösungsfokussiert, verständnisvoll,

angemessen oder kompetent. Sie veranstalten kein wirres Gedöns, sondern haben einen Plan. Sie machen keinen Wind, sondern Wärme. Sie verkomplizieren nichts, sondern klären. Sie überzeugen nicht durch Druck oder Masse, sondern durch Anziehung. Kurz: Sie verhalten sich so, dass man sie gerne um sich hat! Alles andere haben sie nicht nötig. Sie sind gewissermaßen soziale Magnete: Man mag sie einfach und fühlt sich von ihnen angezogen. Nicht, weil sie beweisen müssten, was sie alles draufhaben. Sondern weil sie sind, wie sie sind: einfach gute Typen!

Sie ahnen, worauf ich hinauswill: Auf Sie natürlich! Denn: Wie sieht es eigentlich mit Ihnen aus? Sind auch Sie so ein sozialer Magnet? Ein »guter Typ«? Ziehen Sie andere Menschen an, oder laufen die eher vor Ihnen weg? Sind Sie beliebt oder höchstens toleriert? Öffnen sich andere Menschen, sobald Sie auf der Bildfläche erscheinen, oder verschließen sie sich? Erhellen Sie einen Raum, wenn Sie ihn betreten oder wenn Sie ihn verlassen? Sabotieren Sie Ihre Bemühungen um Erfolg womöglich dadurch, dass Sie am Wichtigsten vorbeizielen – an Ihrem guten Verhältnis zu anderen Menschen? Dann dürfte es Zeit werden für ein paar grundsätzliche kritische Fragen.

VORSICHT,
Abstoßung!

Wie ist denn Ihr Modus, wenn Sie etwas von anderen Menschen wollen: Arbeiten Sie mit Druck oder mit Sog? Sie wissen, was ich meine. Druck üben Sie aus, wenn Sie Ihrem Gegenüber die Freiheiten beschneiden, damit es tut, was Sie wollen: Zum Beispiel wenn Sie anderen Ihre starren Vertragsbedingungen aufdrücken, Ihr Preisangebot nur noch x Tage gültig ist oder Sie anderen ein schlechtes Gewissen machen, falls sie sich gegen Sie entscheiden. Oder wenn die liebe Oma für den Besuch der Enkelin drei Kuchen gebacken hat und diese nun unbedingt von jeder Sorte probieren »muss«, weil Omi sonst »enttäuscht« ist. (Obwohl Omi den Kuchen vor allem für ihr eigenes Ego gebacken hat: Sie will sich als grandiose Gastgeberin sehen, obwohl sie womöglich weiß, dass so viel Kuchen der Enkelin jedes Mal zu viel ist.) Funktionieren tut das schon. Allerdings meist nur kurzfristig. Bald kauft der Kunde woanders, und die liebe Oma wird immer seltener besucht.

Ein Sog hingegen funktioniert genau andersherum: Dabei lassen Sie anderen die Freiheit, Ihr Angebot freiwillig zu wählen. Und Ihr Werben besteht eher aus dem Herausstellen des Nutzens für Ihr Gegenüber, wobei Sie im Einzelfall aber flexibel bleiben, Sie dem anderen genügend Zeit lassen zur Entscheidung und auch garantiert nicht sauer oder enttäuscht sind, wenn man sich gegen Sie entscheidet. Schließlich sind alle Menschen frei. Na, mit welchem Verkäufertyp besprechen Sie wohl lieber Ihre nächste wichtige Investition? Und die übernächste? Und die überübernächste? Klaro: mit Nummer zwei! Aber verhalten Sie sich selbst auch wie Nummer zwei? Warum ruft die Omi nicht einfach vorher bei der Enkelin an und bittet um ein klares Feedback: Darf es Kuchen sein? Falls ja, welcher? Und wie viel davon?

Sind Sie ein GEBER oder Nehmer?

Oder wie sieht es denn mit der Bilanz aus Geben und Nehmen aus? Sind Sie eher ein Geber, der Spaß daran hat, anderen Menschen Wünsche zu erfüllen? Dann dürften Sie ziemlich magnetisch wirken. Oder sind Sie eher ein Nehmer, der lieber die Hand aufhält und den ganzen Arm nimmt, wenn er den kleinen Finger angeboten bekommt? Dann dürften Sie auf andere eher abstoßend wirken. So erinnere ich mich zum Beispiel an einen ziemlich dreisten Kerl, der letztens einen Kongress organisiert hat, bei dem ich als Redner auftrat. Wie ein roter Faden hatte sich das Bitten um Extrakonditionen durch unsere Gespräche gezogen – überall sollte ich Zugeständnisse machen. Und als ich dann meinen Stand aufgebaut hatte und mich der Betreffende um eines meiner Bücher bat, bot ich ihm an, sich eines auszusuchen. Ich wandte mich kurz ab und unterhielt mich mit einem Interessenten. Und als ich mich wieder dem Organisator widmete, hielt der gleich fünf (!) Bücher in den Händen! Was soll ich sagen? Der ganze Kongress war ein Reinfall. Viel weniger Besucher als geplant. Und ziemlich genussvoll sagte ich seine Anfrage für ein erneutes Engagement im Folgejahr ab. Der sieht mich nicht wieder, so viel ist sicher.

Und wie sieht es mit der Energiebilanz aus, wenn Ihnen andere Menschen begegnen? Geben Sie anderen Menschen Energie oder rauben Sie welche? Energiegeber sind meist einfach zu identifizieren: In ihrer Gegenwart blühen andere Menschen auf. Sie fühlen sich stark, kompetent und mutig. Alles fühlt sich leicht an und unkompliziert. Energieräuber hingegen bewirken das Gegenteil: In ihrer Gegenwart welken Menschen dahin. Sie wirken kraftlos, so als hätte man ihnen den Strom abgestellt. Sie machen ständig Fehler und werden immer ängstlicher. Außerdem fühlt sich alles furchtbar schwer, kompliziert und anstrengend an. Pfui bah!

Na? Schon Verbesserungsmöglichkeiten entdeckt? Dann gibt es womöglich Handlungsbedarf! Vielleicht sogar bei Ihnen? Meist haben die Nehmer-statt-Geber, die Energie-Vampire und

Druck-Arbeiter ja im Kern ein Problem mit sich selbst. Irgendetwas stimmt da nicht. Oft steckt dahinter zum Beispiel das Gefühl, vom Leben benachteiligt worden zu sein. Oder es besteht ein unangemessener Anspruch auf Sonderbehandlung – man will selbst mehr wert sein als alle anderen. Auch heimliche Minderwertigkeitskomplexe können zu sozialen Abstoßungsreaktionen führen. Denn auch wenn der Selbstbild-Loser hinter lautem Getöse das Loserhafte zu verstecken versucht, wird er nicht automatisch sicher, harmonisch und anziehend. Er sollte lieber sein Problem lösen und die Umwelt nicht mit den Ausdünstungen seiner Psycho-Knoten belästigen!

Geschenke raus! Denn wenn Sie nett sind zu anderen Menschen, sind die es auch zu Ihnen! Sie werden zum sozialen Magneten. Machen Sie aber einen auf Stinkstiefel, brauchen Sie sich nicht zu wundern, wenn Sie dauernd lüften müssen!

So werden Sie
magnetisch

Also, seien Sie kein Honk! Sie behindern sonst nicht nur andere, sondern vor allem auch sich selbst! Denn die zugrundeliegende Mechanik ist simpel: Wie du mir, so ich dir. Also legen Sie die Daumenschrauben weg, hören Sie auf zu nerven und holen Sie Ihre

Klären Sie deshalb Sie Ihre eigenen Probleme und Bedürfnisse! Sonst haben Sie ein Problem. Zähmen Sie Ihr Ego! Denn im Kontakt mit anderen Menschen geht es nicht um Sie und Ihr Bedürfnis nach kompensatorischer Großartigkeit, sondern erst mal um die Bedürfnisse Ihres Gegenübers. Darum hängen Sie den Spiegel von der Wand und stellen Sie

Ihr Gegenüber in den Mittelpunkt Ihrer Wahrnehmung! Wie können Sie helfen? Was können Sie für den anderen tun? Und Abrakadabra: Schon werden Sie anziehend! Sie schenken anderen Ihre wertvolle Aufmerksamkeit, denn der Mensch, der Ihnen jetzt im Moment gegenübersteht, ist (neben Ihnen) der derzeit wichtigste in Ihrem Leben. So kann jede Begegnung für Sie zur Bereicherung werden. Können Sie sich vorstellen, wie viele davon Sie Ihr Leben lang finden können, wenn Sie Ihren Wahrnehmungsfilter entsprechend einstellen? Und was gibt es Charmanteres als ein Gegenüber, das uns seine ungeteilte Aufmerksamkeit schenkt? Das ist Magnetismus pur!

SEIEN SIE CHARMANT!

Apropos Charme: Seien Sie charmant zu anderen Menschen und streicheln Sie hin und wieder deren Ego! Bestätigung tut gut – erst recht, weil wir im Alltag oft zu wenig davon bekommen. Doch Ihnen ist sicher auch schon aufgefallen, dass die charmantesten Menschen Bestätigung am wenigsten nötig haben. Kein Wunder: Sie geben anderen so viel, dass sie selbst eine Unmenge davon zurückbekommen! Sie sorgen sozusagen für die doppelte Ration emotionaler Nahrung: erst für die anderen – und damit dann auch für sich selbst. Denn Charmeure sagen niemals: »Na, bin ich gut?« Sie sagen: »Du bist gut!« Und die Antwort lautet stets: »Danke, du aber auch!« So verschenken sie gute Gefühle, lassen den anderen erstrahlen – und strahlen dadurch selbst.

Ein schönes Beispiel hierfür ist für mich Johannes B. Kerner. Ich weiß noch, als ich das erste Mal Gast in seiner Sendung war: Ich war tierisch aufgeregt! Würde alles glattgehen? Immerhin sehen da ein paar Hunderttausend Zuschauer zu ... Dann machte Herr Kerner seine Vorstellungsrunde im Aufenthaltsraum des Studios und wechselte mit jedem ein paar Worte. Als ich dran war, sagte ich: »Hallo Herr Kerner, ich bin Stefan Frädrich.« Seine Reaktion: ein gespielt empörtes »Aber ich weiß doch, wer Sie sind!« Wow, war das charmant!? Und meine Aufregung war plötzlich verflogen ... Sicherlich fallen Ihnen einige charmante Menschen ein, denen sich wie von Zauberhand Türen öffnen, die für andere verschlossen bleiben und in deren Gegenwart Menschen aufblühen. Soziale Magnete eben.

Weiter geht es: Machen Sie anderen Menschen kleine Komplimente, Zugeständnisse oder übersehen Sie gezielt Schwächen! Urteilen Sie auch nicht unnötig, sondern zeigen Sie stets Respekt! Und wenn es nicht anders geht und Sie auf Missstände hinweisen müssen, dann trennen Sie die falschen Handlungen von den handelnden Personen! Sagen Sie also nicht: »Du bist doof!« Sondern: »Das was du tust, ist doof!« Und lassen Sie andere so sein, wie sie sind! Besserwisserische Persönlichkeitschirurgen wirken nicht unbedingt anziehend ...

Eine nette Geschichte ist mir da vor Kurzem passiert: Mitten im Winter ist uns ein Heizkörper in der Diele ausgefallen. Materialfehler, eine Ersatzheizung musste her. Leider aber konnte uns der zuständige Heizungsmonteur lange Zeit keine liefern. Auch letzte Woche noch sah es schlecht aus: Plötzlich stand er in meinem Büro. Er sei zufällig in der Gegend gewesen und wollte mir nur Bescheid geben, dass die Lieferung immer noch nicht möglich sei. Weil ich aber mitten in einem wichtigen Kundentelefonat war, schickte ich den perplexen Handwerker wild gestikulierend wieder raus auf die Straße. Die eindeutige Message: »Du störst, und zwar so richtig!« Hinterher hatte ich ein schlechtes Gewissen und rief ihn an: Ich entschuldigte mich für den abrupten Rauswurf und erklärte meine Gründe. Und dann bedankte ich mich dafür, dass er an mich gedacht hatte. Tja, und am nächsten Tag stand er plötzlich mit der neuen Heizung vor der Tür. Er habe meinen Anruf bei ihm so nett gefunden, dass er zum Großhändler gefahren sei und sich persönlich darum bemüht habe, die Heizung per Express von einem anderen Großhändler anliefern zu lassen. Mit einem Augenzwinkern beim Einbauen sagte er: »Müssen wir nicht alle ab und zu gestreichelt werden?« Es lebe der soziale Magnetismus!

176

Keine emotionale ERPRESSUNG!

Ganz wichtig ist außerdem: Verschonen Sie andere Menschen mit emotionaler Erpressung! Sie kennen sicher das Motto: »Wenn du mir nicht gibst, was ich brauche, geht es mir schlecht – und das kannst du doch nicht wollen, oder?« Igitt, ist das eklig! Auch die Variante »schlechtes Gewissen« wirkt abstoßend: Als ich vor Kurzem eine E-Mail bekam, in der man um mein soziales Engagement bat, sagte ich mit Hinweis auf Zeitprobleme ab. Doch die Antwort war kein »Dankeschön, alles klar!« sondern ein ermahnendes »Haben wir nicht alle Zeitprobleme? Trotzdem engagieren wir uns. Also sollte Ihnen das auch möglich sein.« Ich muss wohl nicht erläutern, warum ich auf diese Mail nicht mehr geantwortet habe ...

Worum es wirklich geht

Es ist also die magnetische Anziehung zwischen Menschen, die unsere Welt (und unsere Geschäfte) am Laufen hält. Und dieser Magnetismus ist eine höchst emotionale Angelegenheit. Entweder wir mögen unser Gegenüber, oder nicht. Und dann entscheiden wir vielleicht nicht immer reflektiert, meistens aber höchst freiwillig, mit wem wir unsere Zeit (und Projekte) verbringen wollen. Alles andere ist Murks und hohle Egozentrik. Deshalb: Besinnen wir uns, worum es wirklich geht! Geben wir anderen Schweinehunden die Chance, unseren inneren Günter zu beschnuppern und für saumäßig nett zu befinden! Kurz: Verhalten wir uns magnetisch! Dann klappt's auch mit der Anziehung.

ÜBUNG

Checken Sie
Ihr soziales Umfeld!

Gehen Sie absolut ehrlich die folgenden Fragen durch.
Und dann tun Sie, was Sie tun müssen.

*Mit welchen Menschen verbringen Sie viel Zeit? Welches
Gedankenumfeld herrscht vor?*

*Welche Menschen geben Ihnen Energie, welche nehmen
sie Ihnen? Wie können Sie zu den Energiegebern mehr
Kontakt haben und den Kontakt mit den Energienehmern
einschränken?*

*Haben Sie derzeit eine ganz spezielle Nuss zu knacken?
In welchem Umfeld bekommen Sie dafür die richtigen
Gedanken?*

*Beachten Sie selbst eigentlich die Bedürfnisse anderer Men-
schen? Wie können Sie anderen Menschen besser dienen?*

*Gibt es Bereiche, in denen Sie eher mit Druck arbeiten statt
mit Sog? Wie können Sie einen Sog entstehen lassen, dem
Menschen freiwillig folgen?*

Wo und wie können Sie zukünftig charmanter sein?

*Verwenden Sie manchmal emotionale Erpressung, um Ihren
Willen durchzusetzen? Wie schalten Sie das ab?*

*Wo finden Sie ein positives, unterstützendes Gedanken-
umfeld? Was müssen Sie konkret tun, um in den Einfluss-
bereich dieses Umfeldes zu kommen?*

LEBENSBEREICH NUMMER DREI:

Unser Job

Stellen Sie sich vor, Sie machten einen richtig fetten Lottogewinn. Von einem Tag auf den anderen hätten Sie finanziell ausgesorgt – die Anzahl der Euros auf Ihrem Konto hat so viele Stellen vor dem Komma, dass Sie die Zahl nicht einmal stolperfrei aussprechen können! Was würden Sie dann tun? Womöglich würden Sie erst einmal Ihren Job kündigen. Und in den Urlaub fliegen. Vielleicht auf Weltreise. In schicken Fünf-Sterne-Tempeln logieren. Und sich auf den Malediven unter Palmen verbotene exquisite Drinks servieren lassen. Schöne Vorstellung, nicht wahr? Irgendwann aber, wette ich, würde sich in Ihnen eine leise Stimme rühren: »Palmen, andauernd Palmen. Und ich weiß auch langsam, wie blaues Meer aussieht.« Und die Stimme würde immer lauter werden mit der Zeit. Sprich: Sie würden beginnen, sich zu langweilen.

Die spannende Frage ist nun: Was würden Sie dann machen? Womit würden Sie Ihr Leben verbringen wollen, nachdem Ihnen selbst der schönste Strand langweilig geworden ist? Trara: Wahrscheinlich würden Sie etwas Produktives tun wollen! Sprich: Sie würden arbeiten wollen! Nur würden Sie Ihre Arbeit nun anders nennen. »Aufgabe« vielleicht, »Projekt« oder sich Ihren »Lebenstraum erfüllen«. Denn Sie würden nun irgendetwas tun wollen, das Ihnen zutiefst am Herzen liegt – ohne den finanziellen Druck, nur wegen des Geldes arbeiten zu müssen. Vielleicht ein Hotel eröffnen. Oder eine Steuerberaterkanzlei. Oder in Ihrer jetzigen Firma genau das machen, was Sie ohnehin bereits tun – einfach so, weil es Ihr Ding ist und Ihnen Spaß macht.

Wissen Sie, was das eine oder andere bedeutet? Entweder, dass Sie momentan etwas anderes tun als das, was Sie eigentlich tun wollen. Oder dass Sie längst tun, was Sie tun wollen, es aber vor lauter Fokussierung auf Ihre finanziellen Pflichten nicht wahrnehmen. Oder aber Sie tun beinahe schon, was Sie tun wollen – nur ein paar Kleinigkeiten stimmen noch nicht. Im ersten Fall sollten Sie sich ernsthaft fragen, wie viel Lebenszeit Sie noch verschwenden möchten, bis Sie endlich Ihre Pläne umsetzen! Worauf warten Sie eigentlich? Auf Ihr nächstes Leben? Im zweiten und dritten Fall: Glückwunsch! Lassen Sie es gut sein mit der ewigen Suche nach dem Traumjob – Sie haben Ihren doch längst gefunden! Im Fall drei allerdings lohnt es sich, hier und da ein paar Stellschrauben zu drehen, damit Sie Ihre Traumtätigkeit auch als solche wahrnehmen können: Vielleicht modifizieren Sie ein wenig Ihre Arbeitszeiten? Oder Ihre Schwerpunkte? Oder die Aufgabenaufteilung in der Kollegenschaft? Und schon sind auch Sie mitten drin in Ihrem Traumjob! Wow!

Na, überrascht? Die meisten Menschen glauben leider, sie arbeiteten nur, um Geld zu verdienen, damit sie leben können. Zumindest nehmen sie es häufig so wahr. Dabei übersehen sie aber, dass sie leben, während sie arbeiten! Und innerlich wird eine traurige Opferhaltung eingenommen: Von neun bis fünf wird gelitten, danach gelebt. Der Urlaub freilich wird generalstabsmäßig geplant. Und im Job viel vom Urlaub geträumt. Doch: Wer während der Arbeit vom Urlaub träumt, ist weder bei der Arbeit noch im Urlaub. Er träumt einfach nur. Schnarch … Stattdessen aber können wir oft bereits unseren jetzigen Job als Traumjob genießen! Und zwar bewusst und dankbar.

Arbeiten Sie im
FLOW-ZUSTAND!

Erinnern Sie sich an den Flow-Zustand? Das ist das angenehme Gefühl, wenn wir voll und ganz in einer Aufgabe aufgehen. Wenn wir Zeit und Ort vergessen und einfach handeln – anscheinend mühelos und dennoch konzentriert, ganz im Einklang mit unserer Umgebung. Währenddessen fühlen wir uns wohl, und jede Störung ärgert uns. Flow ist eine Art Trance.

Dieses sogenannte Flow-Erleben beschrieb Mihály Csikszentmihályi, der weiter oben genannte Chicagoer Psychologe, bereits 1975. Neben anderen Faktoren basiert es auf der richtigen Mischung von Anforderungen und Fähigkeiten. Übersteigen die Anforderungen unsere Fähigkeiten, fühlen wir uns überfordert – und sosehr wir uns auch anstrengen, Spaß haben wir keinen. Übersteigen unsere Fähigkeiten die Anforderungen, fühlen wir uns un-terfordert. Und auch das macht uns auf Dauer keinen Spaß: Wir werden kraftlos. Optimal ist es, wenn Fähigkeiten und Anforderungen einander die Waage halten. Wir müssen unserer Aufgabe gewachsen sein – und die Aufgabe muss uns entsprechen.

KONZENTRATION
auf eine Aufgabe

Wie sieht das denn bei Menschen am Arbeitsplatz aus? Beispielsweise kann sich jemand, der konzentriert am Schreibtisch sitzt, von Unterbrechungen massiv gestört fühlen – selbst wenn die Störungen nicht böse gemeint sind. Warum? Weil wir uns für ein Flow-Erleben auf unsere Aufgabe konzentrieren können müssen. Ständige Ablenkung? Ätzend! Das ist übrigens der Hauptgrund, warum manche Assistenzjobs als so anstrengend empfunden werden. Eine echte Herausforderung an die eigene Arbeitsstruktur in Zeiten ständiger Erreichbarkeit!

Klare ZIELE, unmittelbare RÜCKMELDUNG, KONTROLLE

Eine Flow-Aktivität sollte außerdem klare Ziele verfolgen und eine möglichst unmittelbare Rückmeldung über Erfolg oder Misserfolg geben. Sinnloses Hamsterrad? Nein, danke! Außerdem brauchen wir das Gefühl, unsere Aktivität selbst kontrollieren zu können. Auch Fremdbestimmung stört uns. Sie reißt uns ebenfalls aus dem Flow-Zustand.

Wie Sie Flow erreichen

Möglicherweise fallen Ihrem Günter nun ein paar Aber-Einwände ein: »Aber was, wenn mein Job nicht zu diesen Prinzipien passt?« Dann überlegen Sie doch einmal, ob Sie etwas daran ändern können. »Aber das ist doch purer Idealismus!« Na und? Ihr persönliches »Ideal« zu erreichen ist doch ein wundervolles Ziel. »Aber hat nicht jede Arbeit ungeliebte Seiten?« Natürlich, wenn Sie sich in Ihrer Wahrnehmung auf die negativen Dinge konzentrieren – möglicherweise überlegen Sie noch einmal, wie Sie das Schöne fokussieren, um es zu erreichen. Denn auch Sie können eine berufliche Situation erreichen, in der Sie im Flow arbeiten können.

Setzen Sie Ihre STÄRKEN ein!

Fragen Sie sich doch einfach einmal, ob Sie bei Ihrer Arbeit wirklich genau Ihre Stärken einsetzen. Immerhin könnten Sie so eine verantwortungsvolle Position bekleiden, in der man Sie Ihre Arbeit machen lässt, und Sie hätten die Möglichkeit, wunderbare Effekte zu erwirken – lauter Flow-Kriterien also. Seien Sie deshalb ehrlich zu sich selbst! Fragen Sie sich: »Was kann ich besonders gut?«, »Wobei habe ich mühelose Erfolge, während andere sich für das gleiche Ergebnis viel mehr anstrengen müssten?« Und: »Tue ich wirklich genau das, was ich am besten kann?«

Wie bereits gedanklich durchgespielt, nähern Sie sich Ihrer Traumtätigkeit am besten mit der Frage: »Was würde ich tun wollen, wenn ich finanziell ausgesorgt hätte?« Und: »Was könnte ich von morgens bis abends tun, ohne müde zu werden?« Wenn Ihnen nun eine Tätigkeit einfällt, dann Gratulation! Wahrscheinlich haben Sie Ihre Flow-Quelle gefunden.

SPIELEN Sie
Ihren Job!

Stellen Sie sich mal vor, nie wieder arbeiten zu müssen! Wäre das nicht herrlich? Sie könnten tun und lassen, was Sie wollen – wie in einem ewig währenden Urlaub. Besonders interessant dabei aber wäre, dass Sie trotzdem jeden Tag etwas tun wollten, obwohl Sie es nicht müssten. So wie etliche Menschen, die in ihrer Freizeit die anstrengendsten Dinge tun, ohne dafür Geld zu bekommen: den Garten umgestalten, ein Ehrenamt bekleiden, Mountainbike-Touren unternehmen – alles freiwillig! Anscheinend macht es also Spaß, in der Freizeit zu arbeiten. Motivationsprinzip »Abenteuer«. Kopf-Doping. Günter auf Droge. Genau so, wie es sein sollte. Das Leben ist ein Wunschkonzert!

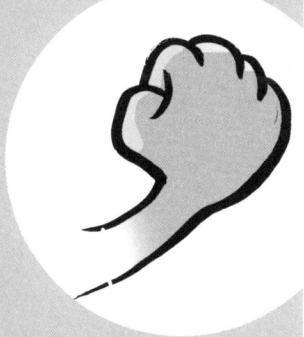

ÜBUNG
Checken Sie
Ihr Berufsleben!

Gehen Sie absolut ehrlich die folgenden Fragen durch.
Und dann tun Sie, was Sie tun müssen.

Was würden Sie tun, wenn Sie finanziell ausgesorgt hätten?

Was können Sie besser als andere?

*Was könnten Sie von morgens bis abends spielen, ohne
dass Ihnen die Energie ausginge?*

*Haben Sie bereits Ihren Traumjob? Warum nehmen Sie ihn
nicht als solchen wahr?*

*Was können Sie konkret tun, um Ihren Job befriedigender
zu machen? Woher bekommen Sie nötige Hilfe, Unterstützung und Informationen? Wann beginnen Sie mit den
Veränderungen?*

*Was können Sie tun, um Ihren Traumjob Wirklichkeit
werden zu lassen? Woher bekommen Sie nötige Hilfe,
Unterstützung und Informationen? Wann beginnen Sie
mit den Veränderungen?*

*Woran genau werden Sie merken, dass Sie Ihren Traumjob
haben?*

Wie können Sie Ihre Arbeit bewusster genießen?

LEBENSBEREICH VIER:

Unsere Finanzen

Weiter geht es mit unserem Lebens-Screening aus der Vogelperspektive: Schauen wir nun mal Ihre Finanzen an! Na, wie schaut es aus mit dem lieben Geld? Fluchen Sie (innerlich), wenn Sie mal wieder Ihre Gehaltsabrechnung sehen? Haben Sie das Gefühl, berufsmäßig auf das falsche Pferd gesetzt zu haben? Ist es gar so schlimm, dass Sie Ihre jahrelangen Konsumschulden nicht mehr tilgen können, obwohl Sie von morgens bis abends schuften? Oder sind Sie vielleicht Millionär – möglicherweise ohne studiert zu haben, weil man eigentlich nur »gesunden Menschenverstand« für das liebe Geld braucht? Und ein paar schlaue Überzeugungen und Grundsätze natürlich: Womöglich haben Sie in den Jahren Ihrer Selbstständigkeit immer wieder klug gehandelt, also umsichtig investiert, Ihre Ausgaben kontrolliert und konsequent einen zahlungskräftigen Kundenstamm aufgebaut. Und die ganze Zeit stimmte es mit den Finanzen. Nur woher hatte Ihr Günter diesen »gesunden Menschenverstand«? Wer hat ihm den beigebracht?

Kaum ein Thema beeinflusst uns so unmittelbar wie unsere Finanzen. Warum? Wo Geld doch nicht glücklich machen soll. Oder irrt sich der Volksmund hier? Die Glücksforschung sagt dazu etwas ganz Einfaches: Geld macht zwar nicht umso glücklicher, je mehr man davon hat. Wohl aber ist man unglücklich, wenn man zu wenig hat. Deshalb macht es zunächst glücklich, welches anzusammeln. Und hat man genug davon, beseitigt es immer noch wirkungsvoll eine Menge Sorgen, Nöte und Sachzwänge – ohne jetzt unbedingt glücklich zu machen. Aber so ist das Dach überm Kopf sicher finanziert. Man muss sich keine Sorgen machen, wenn Rechnungen kommen. Man kann abends auch mal lecker essen gehen. Erstrebenswerte Ziele! Ich kenne etliche, für die das keine Selbstverständlichkeiten sind.

Es spricht also gar nichts gegen einen soliden Batzen Kapital. Warum also nicht einfach einen Geldberg aufhäufen? Und schon wird es in tendenziellen Neidgesellschaften wie der unsrigen schwierig: Darf man das Geldverdienen so isoliert betrachten? Darf man

»Komm zu mir, liebe Kohle!«

über Geld reden und schreiben? Ist das nicht unethisch? Dennoch werden ganze Doku-Soaps darüber gedreht, was schiefgehen kann mit den Finanzen. Und die halbe Nation hängt dann teils hämisch und teils neugierig vor dem Fernseher – ob man etwas lernen kann? Dass es unterm Strich immer wieder auf zwei grundsätzliche Stellschrauben hinausläuft, überrascht nicht: mehr Geld verdienen, weniger ausgeben. So einfach ist das. Und eigentlich weiß man das sogar in Griechenland.

Was fällt Ihnen ein beim Thema Geld? Stinkt es? Ist es ungerecht verteilt? Oder verdirbt es den Charakter? Denken Sie so? Wahrscheinlich haben Sie dann nicht besonders viel davon. Oder denken Sie: Geld macht unabhängig? Es löst Probleme? Geld bringt Genuss und Befriedigung? Dann dürfte es in Ihrem Portemonnaie schon etwas gedrängter zugehen. Warum die Frage nach Ihren Gedanken? Weil beim Geld die innere Einstellung das A und O ist. Der berühmte Money-Coach Bodo Schäfer konstruiert ein Gedankenspiel: Was wäre, wenn alle Menschen auf der Welt von einem Tag auf den anderen plötzlich gleich viel Geld hätten? Stellen Sie sich das mal vor! Jeder hätte 5000 Euro in bar. Es gäbe keine Schulden mehr und keine Vermögen. Was würde passieren? Wahrscheinlich wäre bald wieder alles beim Alten: Wer vorher mehr Geld hatte, hätte nun auch wieder mehr, und wer zuvor weniger Geld oder gar Schulden hatte, hätte auch jetzt bald weniger Geld oder Schulden. Wieso? Weil es unsere Einstellungen, Kenntnisse und Verhaltensweisen sind, die uns das Geld entweder zuströmen oder es von uns wegfließen lassen.

Eigentlich ist es ziemlich einfach: Um Geld anzuhäufen, müssen wir nur mehr verdienen, als wir ausgeben. Welche Möglichkeiten haben wir also, um unsere Finanz-Dominosteine richtig zu legen? Genau zwei: mehr Geld einnehmen. Und: weniger ausgeben. Klingt machbar, oder? Ist es auch.

MEHR verdienen, weniger ausgeben!

Beginnen wir wieder im Kopf: Was wir über Geld denken und wissen, wie wir es wahrnehmen und was wir daraus machen, bestimmt einen großen Teil unseres finanziellen Erfolgs. Möglicherweise denken Sie nun: »Blödsinn! Es gibt doch überall Geldsorgen.« Überall? Mitnichten: Ziemlich offensichtlich herrscht auch »überall« großer Reichtum! Eine Frage der Perspektive. Nur: Wer eine negative Einstellung zum Thema Geld hat, wird natürlich lauter Gründe finden, warum Geld schlecht und flüchtig ist.

Ganz wichtig also: Lernen Sie, Geld bewusst wahrzunehmen und wertzuschätzen! Nur so werden Sie in den Genuss kommen können, es in Ihre Taschen fließen zu lassen – und auch zu behalten.

Geld ist gut

Welchen Nutzen bringt Geld? Was kann es Gutes tun? Wem hilft Geld? Mit ein wenig Fantasie dürften selbst einge-fleischte Linke-Wähler Antworten finden: Es stillt unsere Bedürfnisse, lässt die Wirtschaft laufen, bringt uns Sicherheit im Alter, kann Armut lindern. Und so weiter. Nicht schlecht, oder? Sogar der »böse« Oberkapitalist Bill Gates lässt in seiner Stiftung mit ein paar Milliarden Dollar Gutes tun: Entwicklungshilfe leisten, AIDS-Medikamente finanzieren, gegen Kinderlähmung impfen. Was werden Sie alles tun können, wenn Sie reich sind?

KOSTEN runter!

Punkt eins also: Kontrollieren Sie Ihre Ausgaben! Das ist oft leichter gesagt als getan. Schließlich gibt es so viele Bedürfnisse: nach dem neuesten Handy, Computer, Fernseher oder einer neuen Einbauküche. Auch das Auto muss standesgemäß sein – bloß keine Billigkarre. Das Eigenheim? Man gönnt sich ja sonst nichts. Der Urlaub? Klotzen, nicht kleckern. Und außerdem: Ein bisschen Kredit können wir schließlich immer aufnehmen ... Stopp!

Zahlreiche überschuldete Haushalte sind in genau diese Falle gelaufen: unsinnige und gefährliche Konsumschulden. Das Problem dabei: Geliehenes Geld wird verzinst, sonst würde kaum jemand Geld verleihen. Also muss mehr Geld zurückgezahlt werden als verliehen wurde. Und je mehr Kredite und je höher die Schulden, desto schwieriger die Rückzahlung. Bald bleibt am Ende des Geldes immer mehr Monat übrig.

Abhilfe schafft hier zum Beispiel das gute alte Haushaltbuch: Schreiben Sie alle Ihre Ausgaben auf! Die täglichen, wöchentlichen, monatlichen. Die regelmäßigen und unregelmäßigen. So kontrollieren Sie, ob Sie sich Ihren Lebensstandard leisten können. Zu viel ausgegeben? Dann im nächsten Monat weniger! Und wenn es ein neuer Fernseher sein muss, dann sparen Sie ihn vor dem Kauf zusammen und nicht danach. Meiden Sie Konsumschulden, wann immer es geht! Nur für Haus oder Eigentumswohnung nehmen Sie einen Kredit auf. Fürs Auto vielleicht auch. Natürlich auch für gute Geschäftsinvestitionen. Für sonstigen Schnickschnack nicht.

EINNAHMEN rauf!

Punkt zwei: Erhöhen Sie Ihre Einnahmen! Am besten, indem Sie Ihr direktes Einkommen erhöhen und vielleicht sogar aus mehreren Quellen speisen.

Und: Tun Sie vorwiegend Dinge, die Einkommen produzieren! Und zwar auch außerhalb Ihrer eigentlichen »Arbeit«. Viele Menschen stecken zum Beispiel einen Großteil ihres Verdienstes in kostspielige Hobbys wie Motorradfahren, Gartenbau oder Schuhsammlungen. Das können Sie freilich tun. Finanziell schlauer aber stellen sich die an, die in ihrer Freizeit eine Firma gründen, im Internet Geschäfte machen oder sich für die Zukunft fortbilden. Sie investieren ihre Zeit und wandeln diese dabei früher oder später in Geld um.

Sinnvolle Investitionen!

Apropos Investition: Natürlich lohnt es sich, in gute Geschäftsideen zu investieren – zeitlich und finanziell. Streng genommen verliert man bei einer Investition ja erst einmal Geld oder Zeit. Man gibt etwas in der Hoffnung aus, dafür später mehr zurückzubekommen. Und wer es richtig macht und in gute Geschäfte investiert und seine Zeit gewinnbringend nutzt, kann dadurch viel Geld verdienen.

Doch was ist das, eine kluge Investition? Herzlich willkommen in der Welt der Wirtschaft! Im Buchhandel, am Kiosk, im Internet und in Spartensendern werden Sie mit ein wenig Neugier und Aufmerksamkeit ganz neue Verdienstformen entdecken. Suchen Sie sie! Auch wenn Sie einen festen Job mit einem fixen Gehalt haben. Denn ob Ihnen dieses angemessen erscheint, ist unerheblich – darüber entscheidet alleine Ihre persönliche Marktposition und -situation. Ist Ihr Markt standardisiert, wie etwa bei Beamten, steht Ihre Bezahlung fest. Haben Sie hingegen eine Sonderqualifikation und arbeiten in einem freien Markt, können Sie sich lukrative Vorteile verschaffen und das beste Angebot aussuchen. Wer weiß? Vielleicht können Sie Ihre besonderen Kenntnisse

und Fähigkeiten auch als Beamter in einem anderen Markt gewinnbringender einsetzen, wenn Sie sich trauen, Ihre staatliche »Sicherheit« an den Nagel zu hängen? Vielleicht in einer ganz anderen Branche? Wenn Sie sich eine Nische suchen.

Die Geschichte von der Gans, die **goldene Eier legte**

Die sicherste Möglichkeit, Ihre Einnahmen zu erhöhen, ist das richtige Sparen. »Sparen?«, denken Sie nun womöglich. »Dabei lege ich doch Geld beiseite, das mir dann nicht mehr zur Verfügung steht. Wie soll ich dabei Einnahmen erhöhen?«

Kennen Sie die Geschichte mit der Geldgans? Ein Bauer hatte eine Gans, die goldene Eier legte. Jeden Morgen, wenn er in den Stall kam, holte er aus dem Nest der Gans ein weiteres goldenes Ei heraus. Glücklich mehrte er so seinen Reichtum. Eines Tages aber überkam den Bauern die Neugier: Wie macht die Gans das nur? Und so schlachtete er die Gans und fand in ihr zwar noch ein halbfertiges goldenes Ei, ansonsten aber nichts. Ende der Geschichte? Klar: Die Gans war tot, und der Bauer bekam keine goldenen Eier mehr. Armer Bauer? Dummer Bauer.

Wie schaffen Sie sich mit Ihrem Ersparten eine Geldgans? Indem Sie so viel Erspartes aufhäufen, dass Ihnen die Zinsen schöne Einkünfte bescheren! Und das heißt: Legen Sie immer, immer, immer einen bestimmten Prozentsatz Ihres Einkommens pro Monat zur Seite – ganz egal, wie hoch Ihr Einkommen gerade ist. Und dieses Geld rühren Sie nicht an. Stattdessen stecken Sie es

in die richtige Geldanlage. Am besten setzen Sie sich mit einem Finanzberater Ihres Vertrauens zusammen und erstellen für Ihr Leben einen Finanzplan.

Ein Beispiel: Nehmen wir an, Sie investieren 10 000 Euro ein Jahr lang in einen Aktienfonds und erhalten dafür acht Prozent Wertsteigerung. Dann haben Sie nach einem Jahr 800 Euro dazugewonnen! Lassen Sie das Geld (Ihre Gans) nun aber ungestört weiter im Fonds (am Leben), geht bei gleicher mittlerer Wertsteigerung die Post ab: Nach fünf Jahren hätten Sie ungefähr 14 700 Euro, nach zehn Jahren 21 600 Euro, nach 20 Jahren 46 600 Euro, nach 30 Jahren 100 600 Euro und nach 50 Jahren 469 000 Euro. Das ist der Zinseszins-Effekt. Mit weiterhin acht Prozent Gewinn könnten Sie jedes Jahr in aller Ruhe goldene Eier im Wert von 37 500 Euro ernten, ohne die Gans anzurühren. Nicht schlecht, oder?

Falls Sie sich nun fragen, wo Sie 10 000 Euro herbekommen sollen, besteht Ihr erstes Ziel eben zunächst darin, diese 10 000 Euro zu verdienen oder anzusparen. Legen Sie beispielsweise

200 Euro monatlich zur Seite, brauchen Sie dafür 50 Monate, also knapp über vier Jahre. Also: Welcher (Neben-)Verdienst könnte diese 200 Euro produzieren? Oder welche konkrete Verhaltensveränderung die 200 Euro einsparen? Das Rauchen aufhören? Sich in eine bessere Stellung »verkaufen«? Egal: Wenn Ihnen das Geld wichtig genug ist und der erstrebte Betrag als Ziel klar vor Augen steht, werden Sie sicher auch Wege finden.

So können Sie zum Beispiel jeden Euro, den Sie nicht ausgeben, in Ihre Geldgans oder eine andere Investition stecken. Deshalb: Sparen Sie jeden Monat — selbst wenn Ihnen nur wenig Geld zur Verfügung steht. Bezahlen Sie zuerst sich selbst, bevor Sie andere bezahlen. So bekommen Sie noch früher noch mehr Eier. Guten Appetit!

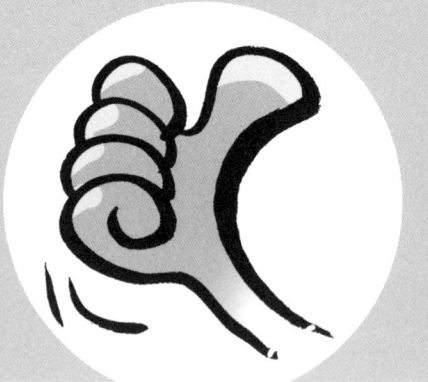

ÜBUNG
Checken Sie
Ihre Finanzen!

Gehen Sie absolut ehrlich die folgenden Fragen durch.
Und dann tun Sie, was Sie tun müssen.

Haben Sie eigentlich einen genauen Überblick über Ihre monatlichen Einnahmen und Ausgaben? Listen Sie Ihre monatlichen Einnahmen und Ausgaben auf! Was sagt Ihnen die Bilanz?

Wo können Sie Geld sparen? Wie können Sie bereits jetzt mehr Geld verdienen?

Haben Sie finanzielle Ziele? Welche? Haben Sie einen Plan, Ihre Ziele zu erreichen? Setzen Sie diesen auch um?

Gibt es deutliche finanzielle Schieflagen, die zu korrigieren sind? Welche? Und wie können und werden Sie sie korrigieren? Woher bekommen Sie dafür Hilfe?

Haben Sie Ihr Vermögen eigentlich immer im Blick? Wie viel besitzen Sie insgesamt?

Haben Sie einen kompetenten Finanzberater? Woher bekommen Sie einen?

Wie können Sie im Beruf mehr Geld verdienen?

Arbeiten Sie in dem Beruf, den Sie als Ihre Berufung ansehen?

LEBENSBEREICH NUMMER FÜNF:

Unsere Gesundheit

Keine Sorge: Ich will nicht klingen wie eine Krankenkasse. Trotzdem ist die Gesundheit unser nächster wichtiger Lebensbereich. Jeder, der schon einmal krank war (oder ist), weiß, wie wichtig es ist, dass der Körper gut funktioniert. Auch eine mittelmäßige Intelligenz reicht aus, das zu reflektieren. Dennoch ist erstaunlich, für wie selbstverständlich viele sogar überdurchschnittlich Intelligente es halten, ihren Körper zu vernachlässigen, ja ihm oft sogar gezielt zu schaden. Stattdessen wird über Sportler gelästert, das Nichtraucherschutzgesetz für Fanatismus gehalten und täglich eine Flasche Wein geschlürft – man gönnt sich ja sonst nichts. Und irgendwann soll dann gefälligst der Onkel Doktor richten, was an Schaden entstanden ist – natürlich sofort und zum Nulltarif. Meint jedenfalls unser guter Günter. Und dann wundert sich der innere Schweinehund empört, wenn der Doktor mit dem eigenen Leiden angesichts voller Wartezimmer und immer älter werdender Bevölkerung nicht wirklich empathisch mitfühlt. Er hat schlicht keine Zeit dazu. Außerdem: Oft provozieren wir unser Leiden immerhin selbst. Muss man dann mit uns Mitleid haben?

Einige körperliche Bedürfnisse sind ja Voraussetzungen fürs Leben: Wir müssen essen, trinken, schlafen und brauchen eine bestimmte Temperatur, damit unser Körper funktioniert. Darüber hinaus steht uns noch eine ganze Reihe Zusatzoptionen zur Auswahl: Wie bewegen wir uns? Was genau essen wir? Wie erholen wir uns? Und welche Gesundheitsrisiken meiden wir? Während die erstgenannten Bedürfnisse unsere Pflicht sind, sind die Zusatzoptionen Kür. Nur wenn wir sie

VIER FAKTOREN
für ein langes Leben

Wie wichtig die richtige Lebensweise fürs Gesundbleiben ist, hat sehr eindrucksvoll die Universität Cambridge bewiesen: In der »EPIC-Norfolk Prospective Population Study« untersuchten Forscher den Zusammenhang zwischen Lebensweise und Sterblichkeit in einer Gruppe von 20 000 Menschen von 45 bis 79 Jahren. Die Versuchsteilnehmer waren zu Beginn der Studie weder herzkrank noch hatten sie Krebs. Dann verteilten die Forscher für vier bestimmte Verhaltensweisen je einen Punkt: fürs Nichtrauchen, für körperliche Bewegung, für nur geringen Alkoholkonsum und einen passablen Vitamin-C-Spiegel im Blut, der auf gute Ernährung mit Obst und Gemüse hinwies. Die Forscher vermuteten: Wer vier Punkte hatte, lebte gesünder und länger als jemand mit drei, zwei, einem oder gar null Punkten.

Elf Jahre später zählte man, wie viele der Teilnehmer inzwischen gestorben waren. Das Ergebnis war überraschend eindeutig: Die Todeszahlen waren umso höher, je weniger Gesundheitspunkte die Menschen hatten. Jeder vierte (also 25 Prozent) der »Ungesunden« mit null Punkten war inzwischen tot, von den »Gesunden« mit vier Punkten hingegen nur jeder 20. (also fünf Prozent)! Und: Menschen mit vier Gesundheitspunkten starben nach der Statistik erst 14 Jahre nach den Menschen ohne Gesundheitspunkte, also nach den körperlich inaktiven Rauchern, die sich ungesund ernährten und zu viel Alkohol tranken. Vier Punkte also, die uns länger leben lassen!

engagiert angehen, haben wir die Möglichkeit, gesünder, länger und besser zu leben.

»Quatsch!«, denken nun vermutlich einige. »Wie lange man lebt und wie gesund man dabei bleibt, hängt einzig von den Genen ab.« Häufige Ansicht, nur leider nicht ganz richtig! Unsere Gene sind zwar ein Faktor beim Krankwerden, aber eben nur einer unter vielen. Mindestens genauso wichtig ist unsere Lebensweise.

DU SOLLST NICHT RAUCHEN!

Die vier wichtigsten Verhaltensfaktoren für ein langes und gesundes Leben lauten: Nicht rauchen, ein wenig Sport machen, sich gesund ernähren und nicht zu viel saufen – sollte machbar sein, oder? In der Praxis allerdings sabotieren hier meist erstaunlich fette innere Schweinehunde den Erfolg. Dabei geht es »eigentlich« ganz einfach. Beispiel Rauchen: Unterm Strich ist das Rauchen einfach nur eine Mischung aus biologischen und psychologischen Faktoren.

Biologisch haben sich die Rauchernerven so sehr ans Nikotin, das starke Gift der Tabakpflanze, gewöhnt, dass ihre abgestumpften Nerven alle Dreiviertelstunde Nikotinnachschub brauchen. Warum? Weil der Körper das Gift nach jeder Zigarette gleich wieder rausschafft – und der Raucher somit ganz leichte Entzugserscheinungen bekommt, die er mit der nächsten Zigarette wieder für kurze Zeit beseitigt. So entsteht eine Kettenreaktion: Nikotin rein, Nikotin raus, Nikotin wieder rein. Erst wenn diese Kettenreaktion unterbrochen ist, wenn also kein Nachschub mehr kommt, können sich die Nerven wieder an die normalen Überträgerstoffe gewöhnen und brauchen fortan kein Nikotin mehr. Logisch: weil ihnen ohne nichts mehr fehlt. Eine Umgewöhnung übrigens, die in ein paar Tagen schon fast vollständig erledigt ist!

Psychologisch betrachtet, »belohnt« sich der Raucher jedes Mal, wenn er seinen Entzug lindert. Es ist, als kratze er einen lästigen Juckreiz weg, was ihm vermeintlich guttut. Und diese Belohnung verknüpfen Raucher nun mit allerlei Alltagssituationen und üben diese Verknüpfung ein: Man raucht zum Kaffee, auf dem Klo, an der Bushaltestelle und zum Nachdenken – einfach weil da immer Gelegenheit ist, den Juckreiz wegzukratzen. Bald aber dreht Günter Henne und Ei um: Nun wird nicht mehr wegen des Juckreizes gekratzt, sondern wegen der Situationen. Kaffee – Kippe. Klo – Zigarette. Bushaltestelle – qualmen. Nachdenken – Fluppe. Psychologisch geht es beim Aufhören also einfach darum, die »typischen« Zigarettensituationen wieder ohne Rachenschwärzer einzuüben – und schon war es das mit der Nikotinsucht! Auch diese Umgewöhnung ist innerhalb weniger Tage erledigt.

Übrigens kann jeder Raucher von einem Tag auf den anderen aufhören. Egal, wie viel und wie lange er schon raucht. Und jeder Raucher kann dieses Aufhören genießen, statt einen eingebildeten Verlust zu erleiden – mit der Motivation »Abenteuer«: Was gibt es schon Cooleres als eine Krankheit loszuwerden, die allein in Deutschland jährlich 140 000 Todesopfer fordert?

DU SOLLST DICH BEWEGEN!

Keine Sorge, falls Sie Sport für Mord halten: Wie bereits angedeutet, ist es im Wesentlichen eine reine Gewohnheitssache, ob Sie Sport machen oder keinen. Das, was Sie Ihren Nervenzellen als »normal« beibringen, werden diese als »normal« abspielen. Also: Wer sich viel bewegt, will sich nach einer Weile auch viel bewegen. Und wer sich wenig bewegt, nur wenig.

Wichtig bei Ihrer Belastung allerdings sind zwei Faktoren: Gehen Sie erstens immer wieder an die Grenze Ihrer Leistungsfähigkeit – nur dann bekommt Ihr System einen ausreichenden Trainingsimpuls und will sich anpassen, also fitter werden. Und machen Sie zweitens nach der Belastung eine kurze Erholungspause, damit Ihr Körper sich anpassen kann. Für Herz-Kreislauf-Training gilt: etwa alle zwei Tage trainieren. Für Kraft-Training: alle drei Tage. Bei Sportamateuren natürlich – Profis brauchen schon eine Schippe mehr auf dem Feuer.

Nach der »EPIC-Norfolk-Prospective-Population-Study« übrigens muss es nicht einmal »richtiger« Sport sein, um länger zu leben. Zweimal wöchentlich eine halbe Stunde ins Schwitzen kommen, reicht für den Überlebenseffekt aus. Wenngleich sich für mehr Fitness und Leistungsfähigkeit natürlich »richtiger« Sport lohnt. Leben ist schließlich mehr als nur überleben. Und Sport daher so normal wie dreimal täglich Zähneputzen.

SAUF NICHT ZU VIEL!

Dass das Leben als Profi-Schnapsnase kein besonders angenehmes ist, dürfte ebenfalls bekannt sein. Nur dass – je nach Statistik und Definition – in Deutschland zwischen vier und zehn Millionen Alkoholkranke leben, ist nicht so bekannt. Warum nicht? Weil der »typische« Alkoholiker eben nicht der müffelnde Griesgram an der Supermarktkasse ist, der seinen Fusel mit zitternden Händen aufs Band legt. Weitaus typischer ist da schon die unscheinbare unglückliche Mutti zuhause, die ihren täglichen Frust mit ordentlich Umdrehungen bekämpft. Oder der nette Kneipier, der im Laufe der Zeit selbst sein bester Gast geworden ist. Oder der feierwütige Zwanziger, der sich auf jeder Party besinnungslos säuft.

Wie der Raucher gewöhnt sich auch der Alkoholiker körperlich an seine Droge – er kann mit der Zeit immer mehr Alkohol ertragen.

Und er fühlt sich unwohl ohne. Und genau wie der Raucher entstehen lauter psychische Verknüpfungen: Frust – saufen. Stress – saufen. Feierabend – saufen. Frisch verliebt – saufen. Kompliziert wird es, wenn das Alkoholtrinken in manchen Situationen sozial akzeptiert ist: auf vielen Festen zum Beispiel. Oder wenn zum Fisch Weißwein serviert wird. Oder beim gemeinsamen Anstoßen. Und irgendwann wird das Leben schwierig – so ganz ohne Alkohol …

Und ab wann sind wir alkoholkrank? Laut Medizin müssen dafür von folgenden sechs Kriterien mindestens drei erfüllt sein: 1. starker Wunsch oder Zwang, Alkohol zu trinken, 2. Kontrollverlust in Bezug auf die Menge, den Beginn oder das Ende des Konsums, 3. körperliche Entzugserscheinungen bei Konsumstopp oder Konsumreduktion, 4. Toleranzentwicklung – man braucht mehr Alkohol, um etwas zu spüren, 5. Vernachlässigung anderer Tätigkeiten, um stattdessen Alkohol zu konsumieren, zu beschaffen oder sich vom Alkohol zu erholen und 6. trotz körperlicher Spätfolgen weiterer Alkoholkonsum.

Etwas gröber können wir unsere Alkoholgefährdung mithilfe folgender vier Fragen einschätzen: »Haben Sie schon einmal (erfolglos) versucht, Ihren Alkoholkonsum einzuschränken?«, »Haben andere Personen Ihr Trinkverhalten kritisiert und Sie damit verärgert?«, »Hatten Sie schon Schuldgefühle wegen Ihres Alkoholkonsums?« und »Haben Sie jemals schon gleich nach dem Aufstehen getrunken, um in die Gänge zu kommen oder sich zu beruhigen?« Mindestens zwei Ja-Antworten weisen auf eine Alkoholabhängigkeit hin.

Also, zu viel Alkohol macht krank. Ein wenig Alkohol trinken ist aber okay – schließlich schaffen es die meisten, ihren Konsum zu kontrollieren. Passen Sie deshalb auf, dass Sie nicht in eine Abwärtsspirale geraten! Trinken Sie immer wieder bewusst nicht mit, wenn es andere tun! Üben Sie gezielt das Nein-Sagen! Trinken Sie immer wieder tage- und wochenlang keinen Alkohol! Üben Sie, sich auch ohne Drinks gesellig, mutig und gut zu fühlen! Und sollte Ihnen das schwerfallen, lesen Sie unbedingt weiterhin aufmerksam dieses Buch!

ISS GESUND!

Auch dass wir uns gesund ernähren sollten, ist eigentlich klar. Eigentlich. Was aber heißt »gesund« konkret? Kohlsuppendiät? Metabolische Diät? Oder lieber stets reichlich essen, wie es uns

Oma geraten hat? In der heutigen Zeit können wir grob folgende Tipps als allgemein gültig erklären: Ernähren Sie sich vielseitig und möglichst mit vielen frischen und unbehandelten Nahrungsmitteln! Sparen Sie mit dem Zucker! Wenngleich Sie natürlich ab und zu naschen dürfen. Dosieren Sie Kohlenhydrate (Nudeln, Reis, Brot, Kartoffeln, Süßes) insgesamt eher vorsichtig und seien Sie auch bei tierischen Fetten (Butter, Fett, Käse) zurückhaltend! Dennoch dürfen Sie davon essen, wenn Sie es mit der Menge nicht übertreiben. Die meisten pflanzlichen Fette hingegen sind okay. Essen Sie eher proteinreiche Nahrung, vor allem pflanzlicher Natur! Essen Sie viel Obst, Gemüse, Salate und Vollkornprodukte – wegen der vielen Mini-Nährstoffe und Vitamine, des hohem Ballaststoffgehalts und ihrem Sättigungseffekt. Trinken Sie viel Wasser und wenig gezuckerte Getränke oder Alkohol! Und natürlich: Bewegen Sie sich!

Na, essen Sie gerne? Hoffentlich! Essen ist schließlich nicht nur Nahrungs- oder Energieaufnahme, sondern auch Genuss. Aber was genießen wir? Meistens das, was wir gewohnt sind! Obwohl das nicht immer richtig sein muss. Bei Diäten aber versagen wir uns einen Teil unserer gewohnten Ernährung, wir empfinden also einen »Verzicht« – bis wir nach der Diät eben wieder »normal« essen. Das Problem dabei: Die meisten Kurzzeitdiäten führen so vielleicht zu Zwischenerfolgen, aber danach wieder schnell zum Ausgangsgewicht – weil man durch sie die gewohnte Ernäh-rungsweise eben nur kurzzeitig umstellt. Es geht also darum, dass wir uns dauerhaft sinnvoll ernähren. Und bevor wir wieder den Genen die Schuld geben, sollten wir einen genaueren Blick aufs Essen werfen. Denn hier lauert eine weit größere Gefahr: die große Zucker- und Fettschwemme!

VORSICHT:
Zucker und Fett!

Dass zu viel Zucker dick macht, weiß jedes Kind. Aber warum das so ist, wissen die wenigsten. Dabei ist es ganz einfach:

Zucker versorgt unseren Körper mit besonders leicht verfügbarer Energie. Sobald wir ein wenig Zucker gegessen haben, verbrennen wir ihn auch schon. Aber: Wenn wir mehr Zucker essen, als unser Körper wegen seines geringeren Energiebedarfs verbrennen kann, speichert unser Körper die Zuckerenergie in Form von Fett in den Speckpolstern. Wir essen mehr, als wir brauchen, und wir werden dick.

Was wir uns meist leider zu wenig bewusst machen, ist, worin Zucker überall enthalten ist. Denn wir finden ihn nicht nur in Gummibärchen, Bonbons und Streuselschnecken, sondern auch in fast allen industriell gefertigten Nahrungsmitteln wie Ketchup, Fertigsalatsaucen und Tütensuppen. Und nicht nur der reine Haushaltszucker wirkt so, sondern auch alles andere, was unser Körper beim Verdauen in Zucker verwandelt. Und das sind zum Beispiel auch Nudeln, Kartoffeln, Brot und Reis. Willkommen in der Welt der Kohlenhydrate! Sie sind weit weniger harmlos als ihr Ruf. Denn sie bestehen letztlich aus Zuckerketten, die wir ebenso in Fett umwandeln wie normalen Zucker,

wenn wir mehr davon essen, als wir brauchen. Das wohl derzeit größte Problem unserer Ernährung: Wir stopfen weit mehr Kohlenhydrate in uns hinein, als uns guttäte. Wir mästen uns mit Zucker.

Problem Nummer zwei ist das Fett in unserer Nahrung, und zwar das schlechte Fett: die sogenannten gesättigten Fettsäuren. Wir finden sie in fetter Wurst, Käse, Schokolade und unzähligen Fertigprodukten. Diese Fette sind nichts anderes als gespeicherte Energie. Im günstigsten Falle macht unser Körper diese Fette zu Zucker, um ihn zu verbrennen – doch in aller Regel haben wir schon genug Kohlenhydrate zum Verbrennen, und die Fette landen im Speckspeicher.

Kohlenhydrate verhindern FETTverbrennung

Besonders ärgerlich wird es, wenn wir Zucker und Fett gemeinsam essen – und uns dafür zu wenig bewegen. Denn nun verbrennen wir den Zucker so lange, bis unser Energiebedarf gestillt ist und sich der Zucker in Fett verwandelt, während wir das Nahrungsfett von Beginn an in unsere Fettzellen schaufeln. Der Körper braucht die Fette gar nicht – und wir werden immer dicker!

Und wo stecken Zucker und Fett überall drin? In Pommes, Pizza, Chips, Schokolade, Croissants, Schweinebraten mit Knödeln, Käse-Spätzle und so weiter. Kurz: in sehr vielen unserer lieben (also gewohnten) Nahrungsmittel.

Übrigens hat Zucker noch einen weiteren fiesen Effekt: Er führt dazu, dass unsere Bauchspeicheldrüse Insulin ausschüttet. Dieses Hormon schließt dem Zucker die Zellen auf, damit sie ihn verbrennen können. Leider aber schleust Insulin auch Fett in die Speckzellen ein und macht erneuten Hunger – auf Zucker. Problem also: Zu viel Insulin (durch Kohlenhydrate) macht fett.

DIE LÖSUNG:
schlauer essen!

Wie lautet die Lösung für unser Ernährungsproblem? Vorsicht vor Zucker und Fett! Vermeiden wir beide Nahrungsgruppen, wann immer es geht! Und das geht ziemlich oft: Zum Beispiel, indem wir den Brotkorb vor dem Essen im Restaurant ignorieren. Oder indem wir Beilagen wie Pommes frites, Reis oder Nudeln reduzieren. Auch indem wir statt gezuckerter Getränke oder Alkohol Wasser trinken. Und indem wir Süßigkeiten als genau das betrachten, was sie sind: als reinste Dickmacher.

Eine andere Möglichkeit ist, Fette und Kohlenhydrate zeitlich getrennt zu essen. Haben wir also gerade Zucker zu uns genommen, zum Beispiel Brot, Nudeln oder gezuckerten Kaffee, sollten wir ein paar Stunden hinterher kein Fett zu uns nehmen, also auf Salami, Butter und Schokocreme verzichten. Stattdessen essen wir lieber mageren Schinken, fettarmen Streichkäse oder Marmelade, die ja keinerlei Fett enthält. Und wenn wir viel Fett essen wollen, also zum Beispiel ein fettes Steak oder eine

Bratwurst, dann essen wir dazu lieber Gemüse und Salat statt Zuckerbeilagen wie Kartoffeln, Reis oder Pommes frites.

Um nicht ganz auf Nahrungsmittel zu verzichten, die aus der Kombination von Zucker und Fett bestehen, hier ein Trick: Essen Sie davor einfach einen kleinen Berg Salat oder Gemüse! Denn Salat und Gemüse enthalten viele sogenannte Ballaststoffe, also energieneutrale Nahrungselemente, die dafür sorgen, dass wir besser verdauen. Außerdem haben Ballaststoffe einen wichtigen Nebeneffekt: Sie bremsen die Aufnahme von Zuckern und Fetten! Das heißt: Wir können durchaus Zucker und Fette essen, solange wir damit genügend ballaststoffhaltige Nahrungsmittel kombinieren. Gemüsetheke, wir kommen!

Auch gut sind übrigens die sogenannten Proteine, also Eiweiße. Aus ihnen kann unser Körper bei Fett- und Zuckermangel nicht nur Energie gewinnen, sondern er holt sich daraus auch lauter Bausteine für Muskeln, Blutzellen, Hormone und Enzyme. Proteine finden sich vor allem in Fleisch, Fisch, Käse, Eiern und Milch. Und nicht nur für Vegetarier und Veganer: in Soja, Nüssen, Mandeln, Getreide und Hülsenfrüchten.

Ach ja: Auch gute Fette gibt es natürlich – die sogenannten ungesättigten Fettsäuren. Sie brauchen wir als Baustoff für unsere Körperzellen und für die Produktion wichtiger Hormone. Stockt der Fettnachschub, werden wir krank. Gute Fette finden wir in den meisten Ölen wie Oliven- und Rapsöl, fetten Fischsorten wie Hering, Makrele, Lachs, Forelle und Thunfisch sowie im Fleisch von Wildtieren.

»Und was ist mit Obst?«, fragen Sie sich nun sicherlich. Keine Sorge: Natürlich dürfen wir neben Salat und Gemüse auch ordentlich Obst essen. So eine pflanzliche Ernährung hat einen hohen Wasser- und Ballaststoffanteil und macht satt. Zudem bietet sie uns jede Menge Vitamine und sogenannte sekundäre Pflanzenstoffe und Antioxidantien. Und das sind genau die Bestandteile, die neben tausend anderen positiven Effekten vor zu rascher Zellalterung, Arterienverkalkung und Krebs schützen. Damit essen wir uns gesund!

Fettverbrenner Nummer eins:
MUSKELN

Falls Sie aber weniger Lust haben, für eine bessere Figur Ihre Ernährung umzustellen, können Sie auch an der »Sport-Schraube« drehen. Und zwar vor allem, indem Sie Ihre Muskeln aufbauen. »Muskeln?«, denken Sie sich nun womöglich. »Nimmt mein Fett nicht bei Ausdauersport ab?« Schon: Wer Ausdauersport macht, kann dabei Fett verbrennen. Doch wo wird Fett vor allem verbrannt? In unseren Muckis! Und wenn wir genügend davon haben, verbrennen wir Fett sogar im Ruhezustand (ja sogar im Schlaf!) – ohne dass wir extra joggen, schwimmen, Rad fahren oder Skilanglauf machen müssten. Leider aber verlieren die meisten Menschen ab dem 30. Lebensjahr an Muskelmasse und ersetzen sie durch Fett – dank Büroarbeit, Sportmangel, Gemütlichkeit und Überernährung. Wenn aber der Fettverbrennungsofen durch Fett ersetzt wird, brauchen wir uns nicht zu wundern, dass wir Jahr für Jahr ein bisschen dicker werden!

Die Lösung natürlich: Gehen Sie »ganz normal« mindestens zweimal pro Woche in einen Fitnessclub und machen Sie Krafttraining! (Natürlich dürfen Sie zusätzlich auch »ganz normal« Cardio-Training machen oder »ganz normal« zum Fußball, Volleyball, Tennis oder Reiten gehen.) Und keine Sorge: Ich meine keine Body-Building-Buden, in denen der Bizepsumfang gemessen wird und eingeölte Muskelberge vor dem Spiegel posieren. Ich meine »ganz normale« Fitnessclubs, wie es sie zum Glück mittlerweile überall gibt, in denen Ihnen »ganz normale« Trainer, Therapeuten oder Sportwissenschaftler zeigen, wie Sie »ganz normal« Ihren Muskelabbau stoppen, Muckis neu aufbauen und sich endlich wieder fit fühlen können.

Falls sich all das für Sie überhaupt nicht »ganz normal« anhört, fühlen Sie sich nun bitte von mir gerüffelt! Wie können Sie Ihrem Körper nur Sport vorenthalten? Mensch, Mensch ... (Oder besser: Günter, Günter ...) Wie wollen Sie sich denn da fit fühlen und gesund bleiben?

Das mentale
SCHLANK-Programm

Natürlich gehört zum Schank-und-gesund-Leben auch die passende psychische Einstellung. Richtige Gedanken, führen zu richtigen Ergebnissen. Hier ein paar Denkvorschläge:

Entlarven Sie demotivierende Ausreden wie »Ich bin, wie ich bin!«, »Was Hänschen nicht lernt, ...«, »Ich kann nichts dafür!«, »Abnehmen ist hart!« oder »Gesundes Essen schmeckt nicht!« als das, was sie sind: als Hintertürchen Ihres inneren Schweinehundes! Nur Sie bestimmen, wer Sie sind – und das können Sie Ihr ganzes Leben lang! Außerdem kann Abnehmen ein spannender Prozess Ihrer Persönlichkeitsentwicklung sein und gesundes Essen natürlich lecker schmecken!

Verwandeln Sie Frust über Ihr Gewicht in Motivation: Wie oft jeden Tag sind Sie wegen Ihrer Pfunde eigentlich frustriert? In welchen Situationen? Bei welchen Gelegenheiten? Seien Sie ehrlich zu sich selbst, drücken Sie negative Emotionen nicht weg! Also: Nehmen Sie Ihren Frust zum Anlass, zu handeln – Sie schaffen das!

Sollten Sie Ihrem Übergewicht aber eher gleichgültig gegenüberstehen, dann verwandeln Sie Ihre Gleichgültigkeit zunächst in Frust! Machen Sie sich klar: Sie sind das Gewicht auf der Waage! Sie sind der Klops auf dem Foto! Sie sind es, den andere als moppelig bezeichnen! Weil Sie zu dick sind! Womöglich dicker als Sie wahrhaben wollen.

Finden Sie einen Sinn im Schlanksein! Und damit meine ich jetzt nicht »nur« die Strandfigur. Warum hat das Wörtchen »schlank« so eine Anziehung auf uns? Weil wir damit lauter positive Bedeutungen verknüpfen: ein besseres Körpergefühl, mehr Selbstbewusstsein, Attraktivität, Dynamik, Gelassenheit, Energie und so weiter. Welche Bedeutung empfinden Sie als sinnvoll?

Planen Sie Ihr Projekt »Schlank leben«! Wie möchten Sie Ihr neues Leben konkret gestalten? Was essen Sie? Wie schaut Ihr Sportprogramm aus? Also was tun Sie, um Ihr Verhalten zu modifizieren und Ihren Zielen näherzukommen? Wie gehen Sie mit Frust um und wie gewöhnen Sie sich Ihre neuen Routinen dauerhaft an?

Machen Sie sich selbst Mut, indem Sie sich in Ihrem inneren Selbstgespräch unterstützen: »Das schaffst du schon!«, »Du hast schon so viel in deinem Leben erreicht!« Und suchen Sie sich Unterstützung in Ihrem Umfeld: Wer hat da bereits Erfahrung mit gesundem Schlank-Essen? Wer möchte auch seine Figur optimieren?

Bereichern Sie Ihr Leben! Vor allem wenn das Essen für Sie Ersatzfunktion hat, füllen Sie besser die Lücken, statt sie mit Naschkram zu stopfen: Streichen Sie Ihr Haus neu! Machen Sie den Motorradführerschein! Beginnen Sie einen Abendstudiengang! Starten Sie einen Samba-Tanzkurs! Sie werden staunen, wie sehr neue Aktivitäten Ihr Leben bereichern und das Essen in den Hintergrund drängen!

Sammeln Sie so viele Erfolge wie Sie können! Wieder mal eine Runde gejoggt? Super! Tapfer am Süßigkeitenregal im Supermarkt vorbeigelaufen, ohne Schoki einzukaufen? Gratulation! Schon wieder ein halbes Kilo weniger? Großartig! Aber auch auf anderen Gebieten sind Erfolge für Sie wichtig: Das gewagte berufliche Projekt geschafft? Super! Endlich das ewig hinausgezögerte Krisengespräch geführt? Gut gemacht! Eine tiefe Angst besiegt? Sie sind ein Held! Denn genau so geht es! So stärken Sie Ihr Selbstbewusstsein und werden sich selbst eine Riesenstütze auf dem Weg zum Ziel. Egal, worin Ihr Ziel besteht.

Machen Sie aus Spinnweben Drahtseile! Jedes neue Verhalten ist am Anfang ungewohnt. Mit der Zeit aber wird es immer vertrauter — und routinierter. Machen Sie sich klar: Ihr heutiges Leben ist das Resultat Ihrer gestrigen Gedanken, Taten und Gewohnheiten. Und wenn Sie morgen und übermorgen andere Ergebnisse haben wollen, müssen Sie heute und morgen etwas anders machen als zuvor. Kurz: Es geht darum, Ihr Leben an einigen Stellen langfristig zu verändern. Für immer!

ÜBUNG

Bringen Sie Ihre Gesundheit auf Vordermann!

Na, in welchen Gesundheitsbereichen haben Sie Verbesserungspotenzial entdeckt? Was heißt das für Sie ganz konkret?

Wann hören Sie mit dem Rauchen auf? Wer kann Ihnen dabei helfen?

Wie können Sie mehr Bewegung in Ihren Alltag integrieren? Haben Sie eine Mitgliedschaft im Fitnessclub? Gehen Sie regelmäßig hin? Wie können Sie sich Sport dauerhaft angewöhnen? Welche Sportart müsste es sein? Wer kann Sie unterstützen?

Haben Sie Ihren Alkoholkonsum im Griff? Falls nein: Wie gehen Sie dagegen vor? Schaffen Sie es, sich zu kontrollieren? Wer kann Sie dabei unterstützen?

Ernähren Sie sich bereits gesund? Welche konkreten Verbesserungen können Sie angehen?

LEBENSBEREICH NUMMER SECHS:

Unsere inneren Werte

Der sechste wichtige Lebensbereich umfasst unsere inneren Werte. Denn wenn wir mit ihnen im Einklang leben, fühlen wir uns meistens gut und stecken voller Energie. Leben wir hingegen an unseren inneren Werten vorbei, ja verleugnen wir sie gar, haben wir ein fettes Motivationsproblem. Dann schauen wir morgens in den Spiegel und können unseren eigenen Blick nicht ertragen – wir verbiegen uns und fühlen uns unwohl in unserer Haut.

Innere Werte übernehmen in unserem Leben die Funktion eines Kompasses. Er hilft uns, Übersicht und Richtung zu behalten. Folgen wir ihm, kommen wir meist an, wo wir hinwollen, und unterwegs geht es uns gut. Missachten wir ihn hingegen, verzetteln wir uns hin und wieder und laufen gerne in Sackgassen, an deren Ende wir uns dann wundern: »Wie konnte ich nur in eine solche Situation geraten? Ich hab doch die ganze Zeit gemerkt, dass etwas nicht stimmt!« Denn innere Werte sind gewissermaßen die eigentlichen Richtig-Falsch-Koordinaten unserer Psyche! Sie zeigen stabil an, was uns wichtig ist, ähnlich einer Kompassnadel – und zwar individuell, für jeden Menschen persönlich. Denn unsere Werte sind verschieden!

Innere Werte gibt es übrigens eine ganze Menge: Macht, Erfolg, Unabhängigkeit, Wettkampf, Anerkennung, Ordnung, Glück, Sparsamkeit, Genuss, Ehre, Zielorientierung, Gesundheit, Status, Beziehungen, Kraft, Mut, Sicherheit, Gruppenzusammengehörigkeit, Tradition, allgemeine Gültigkeit, Liebe, Freundschaft, Gerechtigkeit, Schönheit, Harmonie, Taktgefühl, Weisheit, Treue,

Vertrauenswürdigkeit, Geld, Eigentum, Glaube, Sinn, Altruismus, Neugier, Humor, Idealismus, Verantwortungsbewusstsein, Kreativität, soziale Intelligenz, Vorsicht, Dankbarkeit, Lust am Lernen, Selbstregulation, Spaß, Begeisterung, Spiritualität, Erotik, Hoffnung, Ästhetik, körperliche Aktivität, emotionale Ruhe, Essen, Trinken – und so weiter. Eigentlich kann alles Mögliche zum Wert werden, wenn man es für wichtig genug hält.

Wie kommen innere Werte zustande? Unterm Strich stellen sie das aktuell gültige Resultat unserer Erfahrungen, Erkenntnisse, Neigungen und Prägungen dar. Sie signalisieren: Die eine Richtung stimmt, die andere ist ein Holzweg. Kurz: Werte zeigen uns an, was wir im Laufe unseres Lebens als so wichtig kennengelernt haben, dass es uns gute Gefühle verschafft, wenn wir damit im Einklang handeln. Und sie erzeugen das Magengrummeln, wenn wir dagegen handeln.

Wenn Werte in unterschiedliche Richtungen weisen, kommt es häufig zu Konflikten. Zu inneren oder äußeren. Zum Beispiel wenn wir uns zu etwas nicht aufraffen können, was uns nicht wichtig genug erscheint. Wie etwa zum Erreichen von Zielen im Job, wenn uns Zielvorgaben eigentlich wurscht sind. Oder wenn man sich mit anderen arrangieren muss, deren Werte sich von den eigenen deutlich unterscheiden. Dann helfen keine Durchhalteparolen oder flammende Motivationsreden – es hilft nur noch der Blick nach innen: Was ist dem einen wichtig? Was dem anderen? Wo könnten Synergien sein? Wo nicht?

Dabei ist es gut, dass Menschen (und ihre Werte) so unterschiedlich sind! Immerhin hat uns das im Laufe der Evolution ziemlich genutzt: So bringt etwa Neugier Wissenschaftler hervor, Pragmatik Techniker und Erfolgsorientierung Unternehmer. Am Ende hilft jeder jedem, und alle können sich frei entfalten.

Problematisch wird es, wenn die Umwelt die Werte verwirrt oder gar verbietet: etwa durch Erziehung, Regeln, Politik, Medien, Religion oder sonstige Gruppeneinflüsse. Denn wenn man nun seinen Kompass ignoriert und entgegen der persönlichen Überzeugung handelt, folgt schnell ein mieses Gefühl. Und das hält meist so lange an, bis der Konflikt gelöst ist oder sich die eigenen Werte (unter Zwang) verändert haben. Kein Wunder also, dass sich manche Menschen im Spiegel nicht mehr in die Augen schauen können und übellaunig durchs Leben schlurfen.

Wie aber löst man solche Wertekonflikte? Indem man sich zunächst seine inneren Werte klarmacht. Was ist Ihnen wirklich wichtig im Leben? Und was eher unwichtig? Gehen Sie zum Beispiel die bereits genannten Werte einzeln durch und beleuchten Sie deren Wichtigkeit aus Ihrer Perspektive. Sicher haben Sie dabei einige Aha-Erlebnisse: »Jetzt weiß ich, warum ich dies und jenes tun musste, obwohl alle dagegen waren!« oder »Kein Wunder, dass es mir mies geht, solange ich das und das nicht mache!« Vergleichen Sie auch Ihre eigenen Werte mit denen von Menschen, mit denen Sie immer wieder aneinandergeraten. Na, fällt Ihnen etwas auf?

Das Reiss-Profil.

Die 16 wichtigsten LEBENS-MOTIVE

Der amerikanische Psychologie-Professor Steven Reiss hat in jahrelangen Untersuchungen mit Tausenden Versuchspersonen verschiedene innere Werte bestimmt. Er wollte wissen, was Menschen im Leben letztlich glücklich und zufrieden und damit dauerhaft leistungsfähig macht. Also: Was ist für jeden einzelnen Menschen wirklich wichtig?

Reiss hat dabei 16 grundlegende verschiedene Lebensmotive entdeckt, die Menschen situationsübergreifend und zeitüberdauernd innerlich antreiben – und sie individuell unterscheiden.

1. Macht

Menschen mit hohem Machtmotiv wollen Einfluss ausüben, streben Erfolg an, wollen Leistung bringen sowie möglichst viel Kontrolle haben. Sie übernehmen gerne Führungsverantwortung. Wem Macht allerdings egal ist, der lebt eher

»easy going«, scheut Führung und Verantwortung, orientiert sich gerne an anderen Menschen und schließt sich ihren Ideen an. Er kann anderen dienen und Fakten gut akzeptieren.

2. Unabhängigkeit

Wem Unabhängigkeit sehr wichtig ist, liebt die Freiheit, lebt oft selbstgenügsam und emotional selbstbestimmt. Wem Unabhängigkeit eher unwichtig ist, handelt gerne teamorientiert, geht emotionale Abhängigkeiten ein und sucht Gemeinschaft und Gemeinsamkeiten mit anderen.

3. Neugier

Neugierige Menschen sammeln gerne Wissen an, suchen nach Wahrheit und wollen den »Dingen auf den Grund gehen«. Sie verstehen sich als intellektuelle Visionäre, die gerne Strategien erstellen. Weniger Neugierige sind hingegen eher »praktisch veranlagt«. Sie denken anwendungs- und handlungsorientiert. Sie wollen die Dinge lieber »jetzt machen« anstatt Zeit zu vergeuden.

4. Anerkennung

Wem Anerkennung sehr wichtig ist, sucht viel soziale Akzeptanz. Er braucht die Zugehörigkeit zu einer Gruppe und definiert seinen Selbstwert stark durch andere. Negative Kritik vermeidet er gerne. Lob hingegen ist sein Treibstoff Nummer eins. Wem Anerkennung weniger wichtig ist, ist selbstbewusst und selbstsicher. Kritik kann er besser aushalten. Er lebt unabhängig vom Feedback anderer.

5. Ordnung

Ordnungsliebende bevorzugen Stabilität und Klarheit. Sie wollen detailgenau organisieren, definierte Prozesse einhalten und suchen sich Strukturen oder bauen welche auf. Konstanz zu wahren ist ihnen sehr wichtig. Weniger Ordnungsliebende schätzen eher Spontaneität und Flexibilität. Ordnung muss nicht immer sein, gerne sind sie auch offen für Abweichungen in Strukturen und lassen Freiräume zu.

6. Sparen / Sammeln

Wem das Sparen und/oder Sammeln wichtig ist, häuft gerne materielle Güter an. Er schafft sich Eigentum, bewahrt alle möglichen Dinge auf und hält an ihnen genauso fest wie an seinen Glaubenssätzen. Das Gegenteil davon ist die materielle Großzügigkeit. Diese Menschen haben kein Interesse am Sammeln oder Sparen, sie geben Dinge gerne weiter und können problemlos wegwerfen.

7. Ehre

Menschen, denen Ehre sehr wichtig ist, denken und handeln kodexorientiert, loyal und moralisch integer. Sie schätzen Tradition, öffentliche Integrität, Werte und Normen und wollen diese auch bewahren. Menschen ohne ausgeprägten Sinn für Ehre denken und handeln eher zweck- und zielorientiert. Loyalität als Selbstzweck ist ihnen fremd. Und Flexibilität ist ihnen viel wichtiger als Rollenerwartungen.

8. Idealismus

Idealisten sind soziale Gerechtigkeit und Fairness wichtig. Sie handeln zum Wohl anderer und ohne eigenen Nutzen. Sie sind altruistisch und oft politisch orientiert. Weniger Idealistische sind eher soziale Realisten. Ihnen ist die soziale Selbstverantwortung wichtig. Sie sind eher unpolitisch und sehen sich vorrangig sich selbst gegenüber in der Verantwortung.

9. Beziehungen

Beziehungsorientierte suchen und pflegen Freundschaften, lieben Freude, Humor und Geselligkeit. Sie gewinnen Energie durch den Kontakt mit anderen – sie leben extravertiert. Weniger Beziehungsorientierte lieben die Zurückgezogenheit und sind oft ernsthafter. Sie können gut alleine mit sich selbst sein, grenzen sich ab und suchen Freiräume. So gewinnen sie Energie, während sie Energie im Kontakt mit anderen verlieren – sie leben introvertiert.

10. Familie

Wem das Motiv Familie wichtig ist, der liebt das Familienleben ganz besonders, erzieht und sorgt gerne für seine Kinder, lässt enge Kontakte zu und kann intensive Zuwendung geben und nehmen. Weniger Familienorientierten ist intensive Fürsorglichkeit suspekt. Mit Kindern gehen sie eher partnerschaftlich um und scheuen die Abhängigkeit, die Kinder bedeuten. Sie sind weniger emotional und brauchen auch weniger körperliche Nähe.

11. Status

Wer ein hohes Statusmotiv hat, sucht und genießt Prestige, Reichtum, Titel, öffentliche Aufmerksamkeit und Ansehen. Er gibt sich gerne elitär und dominant. Menschen mit niedrig ausgeprägtem Statusmotiv leben hingegen gerne bescheiden, egalitär und haben kein Interesse daran, öffentlich wahrgenommen zu werden. Auch legen sie wenig Wert auf Titel und Besitz.

12. Rache/Kampf

Menschen mit hohem Rache-/Kampfmotiv lieben den Wettkampf. Sie suchen sich daher aktiv Konkurrenz, schaffen gerne Rangfolgen, scheuen sich nicht davor, Aggressionen auszutragen, suchen Vergeltung und wollen stets gewinnen. Menschen mit niedrig ausgeprägtem Rache-/Kampfmotiv hingegen suchen eher Harmonie und streben Ausgleich an. Sie vermeiden Konflikte und schlichten Streit.

13. Eros

Wer ein ausgeprägtes Erosmotiv hat, liebt Erotik und genießt Sexualität. Aber er führt auch insgesamt ein lustvolles Leben und hat Interesse an Schönheit, Design und Kunst. Der gering Eros-Orientierte lebt hingegen eher asketisch. Er liebt die Nüchternheit und den Purismus.

14. Essen

Für wen Essen wichtig ist, der liebt den Genuss und/oder die Menge, wenn es ums

Thema Nahrungsaufnahme geht. Er kocht gerne und lässt sich gerne gut und reichlich bekochen. Außerdem geht er gerne ins Restaurant. Für wen Essen hingegen ein gering ausgeprägtes Motiv ist, der sieht darin vorwiegend eine notwendige Nahrungsaufnahme.

15. Körperliche Aktivität

Freunde körperlicher Aktivität haben Freude an Bewegung und Fitness. Sie lassen körperliche Erfahrungen zu. Wem körperliche Aktivität nur wenig wichtig ist, scheut körperliche Belastungen, lebt oft eine »No-Sports!«-Einstellung, ja meidet sogar jegliche Körperlichkeit.

16. Emotionale Ruhe

Wem emotionale Ruhe wichtig ist, sucht emotionale Sicherheit und Entspannung. Angst vermeidet er genauso wie Stress. Emotional weniger Ruhebedürftige sind stressrobuster, nehmen auch Risiken in Kauf, bleiben eher »cool« und ruhen in sich.

Also: Wohin zeigt Ihr persönlicher Kompass? Welche inneren Werte sind Ihnen besonders wichtig? Und stimmen Ihr Berufs- und Privatleben damit überein? Falls ja, Gratulation! Dann haben Sie prima Voraussetzungen für anhaltend hohe Motivation und Glück. Knirscht es hingegen immer wieder zwischen Ihren Werten und Ihrem Leben, empfinden Sie Stress und Demotivation. Ihre Gefühle signalisieren: »Verändere etwas!« Wenn Sie das nicht tun, drohen Ihnen dauerhaft unangenehme Folgen: Dauerfrust, Aggressionen, Depression. Im besten Fall bleiben Sie in Ihrer Leistungsfähigkeit einfach nur weit unter Ihren Möglichkeiten. Schade.

ÜBUNG

Bestimmen Sie
Ihre inneren Werte!

Welche inneren Werte sind Ihre wichtigsten? Welche Ihre unwichtigsten?

Leben Sie in Beruf und Privatleben gemäß Ihrer Werte? Wo ja? Wo nein?

Wo kommt es immer wieder zu schmerzhaften Wertekonflikten? Wohin führen diese wohl dauerhaft?

Was können Sie konkret tun, damit Sie sich selbst besser gerecht werden? Wie können Sie bestehende Wertekonflikte lösen?

Wow! Ganz schön viele Tipps sind mittlerweile zusammengekommen über unsere sechs wichtigen Lebensbereiche. Hand aufs Herz: Haben auch Sie ein paar gefunden, über die Sie mal mit Günter reden sollten? Damit er Ihnen zukünftig keine Energie mehr raubt, sondern Sie brav unterstützt. Sie merken natürlich: Es geht immer wieder darum, wo Ihre persönliche »Fressbude« im Park steht und ob Sie in die richtige Richtung laufen. Los, räumen Sie Ihr Leben auf – und bahnen Sie sich die richtigen Wege!

ÜBUNG

Achten Sie auf Ihre Gedanken!

Welche großen Baustellen warten derzeit auf Sie in Ihren wichtigsten Lebensbereichen?

LEBENSBEREICH	BAUSTELLEN
Familie	
Soziales Umfeld	
Job	
Geld	
Gesundheit	
Werte	

Die vier Grundpersönlichkeiten

Nicht nur beim Thema Werte ist es bereits angeklungen: Wir Menschen sind einander oft erstaunlich unähnlich. Häufig sogar von kleinster Kindheit an! Denn neben den verschiedensten Lebens-Settings haben wir alle auch höchst individuelle Persönlichkeiten. Unter »Persönlichkeit« verstehen Psychologen übrigens die Summe unserer Verhaltens- und Denkmuster, die uns ganz persönlich auszeichnen. Diese Muster sind stabil – also auch über verschiedene Zeiten und Situationen hinweg. So wird etwa ein Mutiger bereits als Jugendlicher eher mutig gewesen sein und auch später eher beherzt (und manchmal leichtsinnig) handeln. Ein Ängstlicher hingegen zeigt durchgängig vorsichtige Denk- und Verhaltensmuster – über viele Lebensjahre und Situationen hinweg.

Die Stabilität von Persönlichkeitsmerkmalen bedeutet außerdem zweierlei: Erstens sollten wir – ähnlich wie mit unseren Werten – gemäß unserer Persönlichkeit leben, wenn wir glücklich, motiviert und erfolgreich sein wollen. Sich zu verbiegen, bringt auf Dauer nichts. Und zweitens sollten wir auch andere sein lassen, wie sie sind. Denn erst dann geht es ihnen gut genug, um sich wohlzufühlen und das Beste aus sich herauszuholen. Andere Menschen verbiegen zu wollen, geht nicht. Ja, oft ist es sogar einer der Hauptgründe dafür, dass Beziehungen scheitern: »Schatz, sei doch endlich nicht mehr wie du bist!« Wenn Menschen bereit sind, sich zu verändern, dann am ehesten freiwillig.

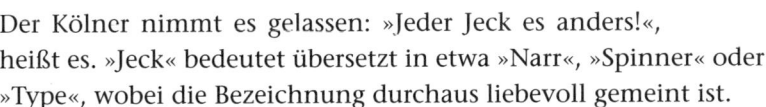

Der Kölner nimmt es gelassen: »Jeder Jeck es anders!«, heißt es. »Jeck« bedeutet übersetzt in etwa »Narr«, »Spinner« oder »Type«, wobei die Bezeichnung durchaus liebevoll gemeint ist.

Dass Menschen so unterschiedlich sind, ist kein wirkliches Novum. Die auch heute noch in vielen Persönlichkeitstests gebräuchliche Einteilung der Menschen in vier Grundpersönlichkeiten geht zum Beispiel auf den alten griechischen Arzt Hippokrates von Kos zurück. Und der lebte immerhin von 460 bis 370 – vor Christus.

Hippokrates teilte die Menschen in folgende vier Temperamente ein, wobei er jedem Typus unterstellte, von einer bestimmten Körperflüssigkeit dominiert zu werden: Melancholiker (schwarze Galle), Choleriker (gelbe Galle), Sanguiniker (Blut) und Phlegmatiker (Schleim). Das mit den Körperflüssigkeiten ist natürlich Quatsch. Die Einteilung allerdings hat auch heute noch ihren Charme. Übertragen wir sie einmal auf unseren inneren Schweinehund Günter! Und definieren wir vier verschiedene Günterrassen: den Routine-Günter, den Besserwisser-Günter, den Cholero-Günter und den Aktions-Günter.

Der Routine-Günter

Günterrasse Nummer eins ist sozusagen der Prototyp eines inneren Schweinehundes: der Routine-Günter. Im inneren Dialog tut er sich mit Sprüchen hervor wie: »Eines nach dem anderen!«, »Immer mit der Ruhe!«, »Das haben wir gestern schon so gemacht, das machen wir morgen auch so!«, »Sollen die anderen erst mal anfangen!« oder »Nur nicht den Mund verbrennen!« Sie merken schon: Routine-Günter haben besonders tiefe und breite Rillen im Tiefschnee. Ihre Routinen sind so unflexibel wie das Beuteschema von Silvio Berlusconi (Hauptsache U 20). Bei ihnen führen gewissermaßen keine Wege zur Fressbude, sondern Autobahnen. Und auf denen laufen Routine-Günter easy und sicher zum Ziel: automatisch, vollkaskoversichert und gerne harmonisch in ganzen Gruppen.

So weit, so gut. Routine-Günter haben aber auch ihre Vorteile: Sie sind folgsam, verlässlich und teamorientiert. Sie tun, was getan werden muss – solange es auf ihrer Strecke liegt. Festzulegen, was das ist, damit beschäftigen sie sich allerdings nicht so gerne. Nachdenken und bestimmen sollen andere für sie. Klingt angenehm unkompliziert, nicht wahr?

Richtig problematisch hingegen wird es, wenn Routine-Günter mal von ihrem Weg abweichen und etwas Neues machen sollen – etwa weil die Fressbude mittlerweile ganz woanders steht. Dann denkt man bei ihnen oft: »Verdammte Hacke, brauchst du eine Extra-Einladung, oder was? Schwätz nicht, mach endlich!« Denn: Bevor sich Routine-Günter freiwillig verändern, gründen sie erst mal eine Jammergruppe und gleich darauf eine Gewerkschaft! Weil jede Neuerung aufs Heftigste bekämpft wird. Das führt leider dazu, dass man Routine-Günter häufig nur mit Zuckerbrot und Peitsche in Bewegung bekommt. Zuckerbrot etwa im Sinne geduldigen und Mut machenden Zuredens: »Put, put, put, das schaffst du! Ja, super, das schaffst du schon! Ja, auch du kannst mal mit dem Kunden telefonieren, der Telefonhörer beißt wirklich nicht! Super, genau so! Ja, brav, das schaffst du!« Sie ahnen, dass so viel Zuwendung echt anstrengend werden kann. Die Variante Peitsche wirkt da schneller, wenngleich nicht ganz so harmonisch: »Wenn du nicht endlich deinen Arsch hochkriegst, verlierst du deinen Job!«

Interessant dabei: Weil Routine-Günter besonders das Lust-Schmerz-Prinzip verinnerlicht haben, bewegen sie sich dadurch bald tatsächlich in Richtung des neuen Ziels. Erst freilich motzend und fluchend, mit der Zeit aber immer zahmer und motivierter werdend – weil schließlich eine neue Routine entsteht, auf der sie es nun genauso leicht haben wie in der alten. Das heißt, Routine-Günter sind Meister der Veränderung – sie wissen es nur nicht.

Der Besserwisser-Günter

Günterrasse Nummer zwei ist ein bisschen komplexer: der sogenannte Besserwisser-Günter. Ihm geht es weniger um den richtigen Weg als vielmehr darum, ob der Weg auch richtig gegangen wird. Schließlich gibt es unterwegs etliche Möglichkeiten, Fehler zu machen. Daher klingt der innere Dialog mit einem Besserwisser-Günter in etwa so: »Träume sind Schäume!«, »Der Teufel ist ein Eichhörnchen!«, »Der Krug geht so lange zum Brunnen, bis er bricht!«, »Vertrauen ist gut, Kontrolle ist besser!«, »So einfach kann man das nicht sagen, da müssen wir erst noch ein paar Details klären!« oder »In den Statuten steht unter Paragraf 17 Punkt b im Absatz drei, dass …« Sie merken schon: Ein Besserwisser-Günter weiß immer ganz genau, wie es zur Fressbude geht – in jeglicher Hinsicht. Er kann Ihnen sagen, wie lang der Weg ist, exakt auf den Millimeter. Er kennt den besten Einfallswinkel in den Park, die beste Schrittgeschwindigkeit, die beste Tageszeit zum Durchlaufen, den besten Windwinkel. Allerdings ist ihm scheißegal, wenn die Bude ganz woanders steht. Denn: Besserwisser-Günter machen alles lieber möglichst richtig, auch wenn sie dadurch genau das Falsche tun. Sie verzetteln sich lieber engagiert in den komplexen Kapillaren des Systems, als sich mit völlig anspruchslosen Richtungsentscheidungen zu befassen.

Aber gut, dass es Besserwisser gibt! Sie kennen sich in ihren Spezialgebieten bestens aus und eignen sich darin allerlei Wissen an. Das heißt: Falls Sie eine Frage zum Spezialgebiet eines Besserwissers haben, berät Sie der aufs Kompetenteste! Haben Sie allerdings eine Frage zu einem ganz anderen Gebiet, sollten Sie sich auf keinen Fall vom Besserwisser beraten lassen – er neigt nämlich dazu, sich auch dann für kompetent zu halten, wenn er es gar nicht ist.

Weil Besserwisser-Günter in hohem Maße eigenmotiviert sind, gibt es eigentlich nur zwei Wege, sie auf die richtige Fährte zum neuen Fressbudenstandort zu locken: Erstens können Sie ihnen den Auftrag geben, die neue Fressbude selbst zu orten. Das spornt ihren Ehrgeiz an und sie begeben sich tatsächlich auf die Suche. Ja, oft wurschteln sie sich dann auch erfolgreich ans Ziel. (Genau hierzu werden für Besserwisser-Günter auch diese kreativitätsfördernden Managementbücher geschrieben, so nach dem Motto: »Think out of the box!« Die Idee dabei: »Los, tu doch auch mal etwas ganz Verrücktes! Ja?« Oder: »Lass einfach mal fünf gerade sein!« Keine einfache Sache für Besserwisser …) Möglichkeit Nummer zwei: Sie setzen den Besserwisser einfach vor vollendete Tatsachen. Hauen Sie ihn dafür einfach bewusstlos, schleppen Sie ihn den neuen Weg entlang und lassen Sie ihn erst dort wieder wach werden und sich orientieren: »Schau mal, wie schön es hier ist!« Sicher wird er sich erst mal wundern. Dann aber wird er genauso engagiert die Umgebung vermessen wie zuvor.

Der Cholero-Günter Völlig anders wiederum tickt die Schweinehunderasse Nummer drei: der sogenannte Cholero-Günter. Seine Ratschläge lauten: »Du oder er!«, »Jetzt oder nie!«, »Ganz oder gar nicht!«, »Schwarz oder weiß!« und »Der frühe Vogel fängt den Wurm!« Na? Kennen Sie solche Leute (äh, Schweinehunde)? Das sind diejenigen, die sozusagen in der Vogelperspektive über dem verschneiten Park leben. Sie sehen selbstverständlich immer, wo gerade die Fressbuden stehen und wie man zu ihnen kommt. Sie kennen die Richtung, Strategie und Taktik, um zum Ziel zu gelangen. Sie geben allen anderen Schweinehunden somit Orientierung und Führung. Danke, Cholero!

Das Problem bei Cholero-Güntern liegt ganz woanders: Sie laufen in der Regel nämlich nicht selbst zur Fressbude. Das können sie delegieren. Doch fürs Delegieren muss man kommunizieren. Und Kommunikation ist ihre Stärke nicht. Kommunikation ist für einen Cholero-Günter, wenn ihm jemand zuhört. Nur: Man hört ihm nicht so gerne zu! Cholero-Günter sind nämlich gerne mal ein wenig ruppiger, als es sein muss. Ständig treiben sie eine neue Sau durchs Dorf – stets mit viel Getöse und ausgefahrener Kanone. Dadurch richten sie in Gruppen natürlich öfter mal sozialen Flurschaden an. Na, kennen Sie so etwas? Möglicherweise haben Sie den Effekt bereits erlebt. Zum Beispiel wenn Sie in ein Großraumbüro reinkommen und spüren, dass die Stimmung allgemein geknickt ist – ist kurz vorher ein Cholero-Günter durchgelaufen. Auch im Privatleben kennen wir solche Typen. Das sind diejenigen, die sogar noch auf der Rolltreppe drängeln und schon als Kinder laut den Ton angeben.

Klar also auch, dass für Cholero-Günter immer diese Kommunikationsratgeber geschrieben werden – nach dem Motto: »Du musst den anderen abholen, wo er steht!«, »Versuch doch einmal, deinen Blickwinkel zu verändern!« oder »Halt die Klappe und hör deiner Sekretärin einfach mal zu!« Denn wenn Cholero-Günter verstehen, dass sie oft schneller vorankommen, wenn sie einen Gang zurückschalten, ist viel gewonnen. So können sie anderen nämlich besser erklären, wo das Ziel ist und wie man hinkommt, statt ständig zu motzen: »Wo bleibt ihr denn?!« Mit ein wenig mehr Geduld kann man so selbst den routiniertesten Routine-Güntern vermitteln, warum eine neue Richtung wichtig ist – und diese folgen dann freiwillig, ohne Gewerkschaft.

Falls Sie übrigens einmal den Spieß umdrehen und einen Cholero-Günter so richtig ärgern wollen, habe ich einen super Tipp für Sie: Na, wie bringen Sie einen Cholero innerhalb von fünf Minuten auf 180? Ganz einfach: Lassen Sie ihn mit Besserwissern zusammenarbeiten! Das ist ein Spaß! Denn beide egalisieren sich gegenseitig meist komplett. Das ist dann wie große Koalition im Betrieb. Ein Boot, zwei Ruderer, zwei Richtungen – und der Status quo bleibt erhalten, was vor allem die Routine-Günter freut.

Andersherum betrachtet ergänzen sich Cholero- und Besserwisser-Günter natürlich wunderbar in ihren Neigungen und Fähigkeiten. Sie sind gewissermaßen komplementär. Es wäre also durchaus schlau, das zu reflektieren und konstruktiv zusammenzuarbeiten.

Der Aktions-Günter

Was fehlt noch? Natürlich Schweine-hunderasse Nummer vier: der sogenannte Aktions-Günter. Auch der lebt in unserem Kopf und gibt uns die ganze Zeit Ratschläge. Nur seine klingen so: »Hey, Hauptsache Aktion!«, »Alle Menschen sind Freunde!«, »Probieren geht über Studieren, es kommt sowieso, wie es kommt!« und »Wenn es dich auf die Fresse haut, stehst du halt wieder auf!« Sie merken schon: Aktions-Günter sind sozusagen die Dopamin-Junkies unter den inneren Schweinehunden. Ihnen ist auch ziemlich egal, wo die Fressbude steht, sie haben Spaß am Tiefschnee.

Erst einmal ist so ein Hang zum Aktionismus natürlich super – wenn es etwas Neues und Spannendes zu tun gibt. Dann ist der innere Schweinehund nämlich mit Freuden dabei: beherzt anpacken, mutige Neukundenakquise, die modischsten Klamotten kaufen – all das haben Aktions-Günter drauf. Super!

Leider aber haben sie auch zwei große Schwächen. Erstens: Ihnen wird selbst Neues wieder schnell langweilig, sodass sie alles Mög-

liche zwar mit Freuden beginnen – aber nur in den seltensten Fällen auch beenden. Also: Falls Sie einen Aktions-Günter im Kopf oder in Ihrem Team haben, sollten Sie unbedingt darauf achten, dass die Viecher nicht nur in den Park hineinlaufen, sondern auch bis zur Fressbude durchlaufen! Üblicherweise laufen sie nämlich gerne nur ein paar Schritte in Richtung Fressen, ehe sie die Richtung wieder ändern. Aus lauter Neugier übrigens, was es im Park noch so alles zu entdecken gibt. Tja, und manchmal kennen dann solche Schweinehunde am Ende zwar den ganzen Park – aber sie verhungern. Also achten Sie unbedingt darauf, dass Aktions-Günter Neues nicht nur anfangen, sondern auch wirklich bis zur Belohnung durchhalten. Erst dann verstehen sie: »Cool, da drüben gibt es lecker Fressen!« Und dann erst können sie aus dem Weg eine Routine machen.

Schwäche Nummer zwei der Aktions-Günter: Sie produzieren oft so viele Ideen, dass sich unmöglich alle erfolgreich umsetzen lassen. Deshalb: Falls ein Aktions-Günter in Ihrem Kopf oder Umfeld eine Idee äußert, nehmen Sie diese zur Kenntnis, ja loben Sie ihn sogar dafür! (Kaum etwas motiviert diese Schweinehunde so sehr wie Bewunderung und Lob: »Super, Günter! Tolle Idee!« So fühlen sich Aktions-Günter auch langfristig bei Ihnen wohl und werden Sie mit Ihrem Aktionismus unterstützen, wenn es nötig ist.) Dann aber schlafen Sie besser eine Nacht darüber, ehe Sie aktiv werden. Denn am nächsten Tag ist die Idee meistens schon wieder weg und eine ganz neue entstanden. Ist die Ursprungsidee allerdings immer noch präsent, dann – schlafen Sie noch eine Nacht darüber! Und noch eine. Und noch eine. Erst wenn sich die

Idee auch mit der Zeit nicht verflüchtigt, sollten Sie ihr nachgehen – sie könnte wirklich gut sein. Ansonsten aber gilt: Lassen Sie Aktions-Günter keine strategischen Entscheidungen treffen! Die allermeisten Ideen behandeln Sie am besten als das, was sie sind: als Luftschlösser. Schön, aber flüchtig. Sie sind sozusagen kunstvolle Blähungen eines sehr lebendigen Gehirns.

Jedem sein ganz eigenes Leben

Na? Haben Sie sich und andere in den vier Schweinehunderassen irgendwo wiedererkannt? Prima. Aber doch hoffentlich nicht nur bei einer einzigen? Denn das nennt man »Persönlichkeitsstörung«. Also eine derart extreme Ausprägung in eine bestimmte Richtung, dass man sich dadurch immer wieder in Schwierigkeiten bringt und die persönliche Umgebung darunter leidet. Zwar »wachsen« sich Persönlichkeitsstörungen mit dem Alter ein wenig »aus«, dennoch sind sie ganz schön anstrengend.

Natürlich sind die vier Persönlichkeitsmodelle als Orientierungshilfe gedacht. Zum besseren Verständnis von uns selbst und anderen Menschen. Aber immer mit der Perspektive, dass es sich letztlich »nur« um Modelle handelt. Wie sagt es der deutsche Persönlichkeits- und Führungscoach Boris Grundl so schön: »Es ist eine Kunst, Schubladen zu benutzen und diese offen zu lassen.« Insofern betrachten wir uns Menschen am besten als Mischwesen aus all den unterschiedlichen Typen: Wir sind besserwisserische Routine-Fans, cholerische Aktionisten, routinierte Choleros – alle möglichen Kombinationen sind denkbar und sinnvoll. Denn jede Persönlichkeit ist ganz und gar individuell – mit ihren eigenen Stärken und natürlich auch ihren Schwächen: So diskutiert jeder auf seine höchst eigene Weise mit dem inneren Schweinehund. Der muss bei jedem ganz woanders »überwunden« werden.

Die
sieben
INTELLIGENZ-TYPEN

Lebenssituationen zu reagieren, als in diesen bestimmte Muster und Regeln zu erkennen? Mitnichten. Daher wandelt sich derzeit auch der allgemeine Intelligenzbegriff. Man versteht darunter nicht mehr vorwiegend die reine mathematisch-logische oder sprachliche Intelligenz, also das, was man in der Schule für besonders wichtig hält, sondern geht das Thema breiter an. Derzeit spricht man vor allem von folgenden sieben Intelligenztypen – wobei deren Einteilung eher praktisch orientiert und sicherlich nicht der Weisheit letzter Schluss ist.

Auch hinsichtlich ihrer Intelligenz unterscheiden sich Menschen enorm. Was aber ist Intelligenz? Böse Zungen sagen, Intelligenz sei nur das, was der Intelligenztest misst – und das ist häufig das bereits beschriebene Erkennen von Zusammenhängen. Konvergentes Denken, Sie erinnern sich? Wie aber sieht es mit den Divergenz-Denkern aus, wenn deren Fähigkeiten nicht gemessen oder wertgeschätzt werden? Ist es etwa weniger intelligent, pfiffig auf alle möglichen

1. Mathematisch-logische Intelligenz

Der mathematisch-logisch Intelligente analysiert und berechnet gerne und viel. In der Schule ist er besonders gut in Mathe und anderen Naturwissenschaften. Er liebt klare berechenbare Umgebungen, die er verstehen und beherrschen kann. Er ist ein guter Betriebswirt, Ingenieur oder Wissenschaftler.

2. Sprachliche Intelligenz

Sprachlich Intelligente reden, schreiben oder lesen gut und viel. Sie können gut und spontan formulieren, Fremdsprachen fliegen ihnen zu. Sie sind gute Texter, Moderatoren oder Übersetzer. Mathematik und Logik liegen ihnen nicht immer.

3. Räumliche Intelligenz

Der räumlich Intelligente hat den dreidimensionalen Durchblick. Daher fällt es ihm leicht, zu konstruieren, zu zeichnen und zu bauen. Er arbeitet gerne als Grafiker, Kameramann oder Radiologe, richtet gerne Wohnungen ein, schneidet Haare und Hecken oder fotografiert mit gutem Auge.

4. Musikalische Intelligenz

Musikalisch intelligente Menschen haben Klänge und Rhythmus gewissermaßen im Blut. Sie lieben und leben Musik: Sie spielen Instrumente, tanzen gerne und kennen mehr Lieder auswendig als Apotheker Tablettennamen. Sie sind infolgedessen gerne und gute Musiker, Toningenieure, Sprecher oder Sänger.

5. Körperliche Intelligenz

Auch für körperlich Intelligente steckt die Welt voller Verlockungen, dank derer sie ihre Stärke ausleben können – nämlich sich zu bewegen und etwas mit dem eigenen Körper anzufangen: etwa als Sportler, Chirurgen oder Handwerker.

6. Zwischenmenschliche Intelligenz

Zwischenmenschlich Intelligente haben ein besonderes Gespür für das soziale Miteinander. Sie können sich gut in andere und deren Bedürfnisse hineinfühlen und -denken und kommen dadurch im Leben leicht voran. Beruflich sind sie gute Verkäufer, Berater, Trainer und Therapeuten. Oder Führungskräfte, wenn sie im komplexen menschlichen Miteinander die Übersicht bewahren.

7. Eigen- oder Selbstintelligenz

Und Menschen mit hoher Eigen- oder Selbstintelligenz haben ein besonders feines Händchen für die eigenen Bedürfnisse. Sie ruhen in sich selbst, sind ausgeglichen und wissen genau, was ihnen guttut und was nicht. Sie nutzen ihre Energien gezielt und ökonomisch und schonen so ihre Ressourcen. Alles Eigenschaften also, die fast überall ins Leben passen.

Also, wie war das noch gleich? Um mit unserem Leben (und Günter) gut klarzukommen, muss die Mischung stimmen – aus Familie, Umfeld, Job, Geld, Gesundheit und inneren Werten. Und wir sollten ein Leben führen, das unserer Persönlichkeit und unseren Neigungen entspricht und uns unsere Stärken nutzen lässt. Denn dann sind vereinzelte Schwächen egal. So soll der Profifußballer Tore schießen und keine Interviews geben. Hat er auch Interviews einigermaßen stolperfrei drauf – Respekt! Zwingende Bedingung für sein Seelenheil und das der Fans aber ist es nicht. Wenn einzelne Bereiche oder Intelligenzen hingegen deutlich unterentwickelt sind, muss man hin und wieder Löcher stopfen, um Schmerzen zu mindern. Zum Beispiel bei zu geringer Selbstintelligenz: »Ich bin so müde!« – »Was solltest du also tun?« – »Kaffee trinken!« – »Nein, schlafen!« Hier müssen dann einzelne Schwächen gezielt reflektiert und verbessert werden, damit nicht das Gesamtsystem in Schieflage gerät.

Ist das System einigermaßen ausbalanciert und lässt man die Vielfalt an Typen und Interessen zu, kann jeder sein ganz eigenes Leben führen – und seine ganz eigenen Erfolge feiern. Schränkt man Individualität hingegen zu sehr ein oder versucht man, allen ein einzig gültiges System überzustülpen, tötet man Leistung und Motivation. Das Schlimmste, was man machen kann, ist demnach, alle Menschen (oder Mitarbeiter, Team- und Familienmitglieder) über einen Kamm scheren und gleich behandeln zu wollen. Schon ganze Staaten haben geglaubt, man müsse Menschen gleich behandeln. Das Einzige, was von solchen Staaten übrig bleibt, ist der Solidaritätszuschlag.

Sich VER- KAUFEN können

Sie sind, wer Sie sind. Und das dürfen und sollen Sie auch sein. Schön und gut. Doch wie erfahren andere davon? Dafür sollten Sie sich gut verkaufen können.

Sagen Sie, wer Sie SIND und was Sie können!

»Ich soll mich gut verkaufen? Nein, danke!«, denken Sie nun womöglich. »Verkaufen ist nichts für mich.« Und in Gedanken gehen Sie alle schlechten Eigenschaften durch, die Verkäufer dem Klischee nach haben: Sie sind aufdringlich, unsensibel, kauen uns das Ohr ab und wollen uns manipulieren. Vielleicht denken Sie aber auch, Sie seien es gar nicht wert, sich gut zu verkaufen? Andere hätten schließlich viel mehr drauf? Und mit diesem Knoten im Kopf stehen Sie dann wieder vor einer Bewerbung, einem Kunden oder einem Beurteilungsgespräch mit Ihrem Vorgesetzten – unsicher wie eh und je und als Bittsteller: »Bitte gib mir einen Job!«, »Bitte gib mir einen Auftrag!«, »Bitte beurteile mich positiv!« (Natürlich können Sie solche Gedankenspiele auch für Ihr Privatleben anstellen: »Bitte, schöne Frau, geh mit mir einen Kaffee trinken!«, »Bitte, Kinder, geht doch ins Bett!«) Bitte, bitte, bitte? So läuft das leider nicht.

Es ist unumgänglich: Sie müssen sich anderen Menschen gut »verkaufen«. Doch das heißt erst mal nur, den Menschen zu sagen, mit wem sie es eigentlich zu tun haben. Denn Menschen sind in erster Linie soziale Wesen und keine Funktionsroboter. Also: Wer sind Sie? Was machen Sie? Wofür stehen Sie? Und erst wenn diese Fragen beantwortet sind, geht es um den Inhalt. Anders formuliert: Wer nicht begreift, wie wichtig persönlicher Kontakt, Überzeugungsfähigkeit, die Vermittlung eines Nutzens und die eigene Positionierung sind, kann so gut sein, wie er will. Weit bringt er es nicht.

Schlimmer noch: Wer sich nicht gut verkaufen kann, entwickelt kaum Bewusstsein für seine Stärken. Solche Menschen sind unsicher und den Beurteilungen anderer ausgeliefert. Ständig haben sie Angst vor Misserfolgen und Absagen. Doch warum sollte man jemanden einstellen, befördern oder mit ihm einen Kaufvertrag schließen, wenn er unsicher ist? (Oder einen Kaffee trinken beziehungsweise freiwillig schlafen gehen.) Ob es einen Grund gibt für die Unsicherheit? Und schon geht die Spirale nach unten! Der Einkäufer denkt: »Soll ich nicht doch besser den selbstbewussten Konkurrenten nehmen?« Und der Unsichere denkt: »Ich hab doch gewusst, dass ich nicht gut genug bin!«, was wiederum nur seine Bittsteller-Position untermauert. Ach ja: Und dann bildet er sich fort, strengt sich doppelt und dreifach an, sammelt vielleicht Abschlüsse und Qualifikationen ohne Ende – und unterliegt beim nächsten Mal trotzdem wieder dem Mitbewerber mit der besseren Selbstinszenierung. Tja, solange Sie das nicht in den Griff bekommen, sieht es düster aus mit der Karriere. (Oder mit dem Flirten und der Autorität als Mama oder Papa.)

Machen Sie Marketing
FÜR SICH SELBST!

Im Kern beginnt unser persönlicher Erfolg wirklich mit dem Selbstbewusstsein. Viele haben davon so wenig, dass sie sich eine höhere Position oder mehr Erfolg gar nicht erst zutrauen. Schade! Denn ihre tatsächlichen Fähigkeiten bleiben dadurch oft unerkannt und unwirksam. Wichtig ist deshalb, dass wir uns immer Tätigkeiten suchen, die uns fordern und Verantwortung von uns verlangen! Trauen wir uns dabei immer ein wenig mehr zu als vorher! Geben wir uns nicht zu schnell mit dem Erreichten zufrieden, sondern seien wir sogar gezielt unzufrieden! Was hat das Leben uns noch zu bieten? So lernen wir, ständig zu wachsen, und sind bestens auf größere Karriereschritte vorbereitet. Stellen Sie sich etwa zwei Biochemiestudentinnen vor: Die eine jobbt nebenbei als Putzfrau und in einer Studentenkneipe. Die andere als persönliche Assistentin eines erfolgreichen Geschäftsmannes und als Labormitarbeiterin. Wer erwischt wohl einen besseren Start ins Berufsleben?

Nun betrachten Sie Ihre berufliche Situation bitte einmal aus Marketingsicht: Warum sollte man gerade Sie »kaufen« wollen? Was können Sie, was bieten Sie an? Welchen Nutzen bringen Sie? Und warum sind gerade Sie es, die oder der den Zuschlag erhalten sollte, wo es doch so viele Mitbewerber gibt? (Natürlich auch im Privatleben: Warum sollte sich der gut aussehende Mann gerade zu Ihnen hingezogen fühlen? Was macht Sie attraktiv? Oder warum sollten Ihre Kinder Ihnen folgen? Was macht Sie zum Vorbild, zur Autorität?)

Am besten verdrängen Sie erst mal den Gedanken, dass Sie immerhin gut können, was Sie anbieten. Das interessiert momentan niemanden – zumal das alle von sich behaupten. Die Frage lautet vielmehr: Warum sollten Sie besser sein als andere? Und hierauf gibt es genau zwei mögliche Antworten.

BESSERSEIN

Möglichkeit eins: Sie sind wirklich besser als andere. Und zwar nicht nur ein bisschen besser, sondern Sie sind in dem, was Sie tun, wirklich ausgezeichnet. Sie sind exzellent. Gratulation, dann werden Ihnen Ihre Fähigkeiten bald vorauseilen, und Kunden, Jobangebote oder Projekte kommen zu Ihnen statt andersherum. (Oder eben es laufen Ihnen potenzielle Paarungspartner nach. Und Ihre Kinder üben sich in vorauseilendem Gehorsam.) Bitte seien Sie aber ehrlich: Sind Sie tatsächlich so gut? Oder waren Sie es vielleicht früher einmal, während die Konkurrenz aus unerfindlichen Gründen immer besser zu werden scheint und in letzter Zeit Ihre Kundschaft ausbleibt? Also: Hängen Sie sich (wieder) richtig rein! Qualitätsstandards entwickeln sich weiter. Ständig. Werden Sie zur Nummer eins. Oder seien Sie zumindest nahe dran.

ANDERSSEIN

Möglichkeit zwei: Sie sind anders als andere. Sie bieten etwas an, was andere nicht haben. Sie sind vielleicht besonders schnell, witzig, günstig, hochwertig oder billig – kurz: Sie besetzen eine Nische! Und: Je früher Sie eine Nische besetzen, desto besser. Dann werden

Sie nämlich in Ihrer Nische die Nummer eins. Sind Sie das nicht mehr, dann suchen Sie sich eine neue Kategorie Ihrer Nische: Seien Sie der Schnellste aller Hochwertigen, der Günstigste im Billigsegment, die erste Buchhaltungsspezialistin aller pfiffigen Praktikanten! (Oder eben der charmanteste Schönling auf der Party. Oder die Mama oder der Papa mit den besten Gutenachtgeschichten im gesamten Freundeskreis Ihrer Kinder.)

Ihr persönliches
ALLEINSTELLUNGSMERKMAL

Kurz: Es geht darum, etwas aufzubauen, das man im Marketing-Jargon eine »USP« nennt, eine »Unique Selling Proposition«. Auf Deutsch ein Alleinstellungsmerkmal. Etwas, das genau Sie einzigartig macht. Wodurch wir Möglichkeit Nummer zwei mit Nummer eins verbinden können: Wenn Sie eine Nische gefunden haben, ist es logisch, dass Sie darin auch die beste Leistung bringen. Und es muss eine Nische sein, in der Sie bieten, was andere wirklich brauchen! Denn eigentlich ist genau

das Ihre Aufgabe im Job (und oft auch im Privatleben): etwas Sinnvolles zu tun, womit Sie anderen einen Nutzen bringen.

Falls Sie sich also solche Sinnfragen schon lange nicht mehr stellen, könnte es höchste Eisenbahn werden. Denn statt nur zu tun, was Sie immer schon tun, weil Sie sich genau darin am besten auskennen, wäre es schlauer, sich immer wieder zu fragen, ob Ihre Tätigkeit auch in Zukunft tatsächlich in genau der Art und Weise gebraucht wird, wie Sie sie anbieten. In welche Richtung entwickelt sich die Geschäftsevolution? Nicht, dass Sie irgendwann ohne Job dastehen, weil Sie niemand mehr braucht. Und klar, dass man Sie dann auch bei Beförderungen übersieht. (Oder nicht, dass Ihr Traumpartner bei Ihren Avancen mitleidig zu lächeln beginnt und sich Ihre Kinder anstatt Ihrer Gute-Nacht-Geschichte lieber eine DVD reinziehen.)

BEZIEHUNGEN
aufbauen

Stellen Sie sich einfach vor, Sie wären eine Marke, zu der jedem sofort ein Nutzen einfällt. Wofür stehen Sie? Keine Ahnung? Dann könnte es sein, dass Sie zu wenig mit anderen in Kontakt sind. Wie ungünstig! Das Geheimnis des Erfolgs vieler Menschen liegt nämlich in ihrer Kontaktstärke. So gleichen sie ihr eigenes Potenzial nämlich immer wieder mit dem anderer Menschen ab und entwickeln ein gutes Gefühl für ihren »Marktwert«. Außerdem schaffen sie es so besser, andere Menschen für sich und ihre Ideen einzunehmen. Wie? Indem sie Beziehungen aufbauen, wann immer es geht. So knüpfen sie meist über Jahre wertvolle Netzwerke, die ihnen helfen, wenn es darauf ankommt: Sie machen immer ein bisschen Small Talk, wenn man sie trifft. Sie essen in der Kantine niemals alleine und gehen abends gerne mit Kunden, Kollegen oder sogar Vorgesetzten aus. Und nebenbei erzählen sie, was sie gerade so machen. Sie erläutern ihre Projekte, Pläne und Wünsche. Oft genau »zufällig« dem richtigen Gesprächspartner!

Obwohl sie so ganz anders sind als alle anderen Menschen. Sie sind schließlich, wer sie sind. Und das dürfen und sollen sie auch sein.

ÜBUNG

Was sind Sie für eine(r)?

Sicherlich sind Ihnen einige Aspekte Ihrer Persönlichkeit in den Sinn gekommen, die eine nähere Betrachtung wert sind.

Was für ein Günter-Typ ist bei Ihnen besonders stark ausgeprägt und welcher schwach? Routine-, Besserwisser-, Cholero- oder Aktions-Günter? Was bedeutet das für Sie?

Welche Intelligenztypen passen am ehesten zu Ihnen? Mathematisch-logische, sprachliche, räumliche, musikalische, körperliche, zwischenmenschliche oder Selbstintelligenz?

Welche besonderen Stärken haben Sie? Also worin sind Sie anders und besser als andere Menschen?

Leben Sie diese Stärken bereits aus? Trauen Sie sich, der Welt Ihre Stärken zu zeigen? Wie können Sie sich anderen Menschen besser verkaufen?

9. So bringen Sie
SPITZENLEISTUNGEN

Nun muss ich Ihnen etwas geste-
hen: Eigentlich habe ich ein Problem mit Motivationstrainings,
-coachs oder -literatur. Denn
oft wird suggeriert, wir müssten
und könnten unbedingt überall
zur Nummer eins werden, was
aber definitiv nicht geht. Kaum
ein Anspruch wäre unökonomischer
und nervtötender. Stattdessen sollte der
Anspruch an uns selbst viel individueller sein
– und genau dadurch leistungsfördernd und motivierend wirken:
Wir sollten unsere ganz persönliche Nummer eins werden!

Finden Sie Ihren eigenen Berg!

Wunderbar auf den Punkt gebracht hat es neulich die großartige Trainerin Vera F. Birkenbihl. Sie fragte in einem Seminar, was
den Unterschied ausmache zwischen einem Amateur und einem
Profi. Die Antwort war simpel und einleuchtend: »Der Amateur
vergleicht sich ständig mit anderen. Der Profi aber vergleicht sich
nur mit sich selbst.« Amateure definieren also ihren Wert und
ihre Leistung vorwiegend durch die Relation zur Außenwelt: »Wer

steht in der Tabelle vor und hinter mir?«, »Wo liegt der durchschnittliche Lohn in meiner Branche?« Oder: »Der Hintern meiner Nachbarin ist immer noch breiter als meiner!« Ja, schon klar: Sicherlich ist es ganz nett und mitunter motivierend, wenn man sich mal im oberen Leistungsbereich wiederfindet. Doch den wahren Ursprung guter Leistung lässt man dadurch außer Acht: die eigenverantwortliche Entwicklung seiner Fähigkeiten. Doch genau die sind es, die den Tabellenplatz bestimmen!

Dem echten Profi hingegen ist die Außenwelt egal – er ist sich selbst der Maßstab. Und der eigene Antrieb. Denn letztlich weiß nur er selbst, was alles in ihm steckt und ob er das Maximum aus sich herausholt. Er würde sagen: »Je besser ich trainiere, desto wahrscheinlicher werde ich siegen. Und am Ende der Saison stehe ich ganz weit oben.« Oder: »Wie viel kann ich persönlich verdienen, wenn ich mich richtig ins Zeug lege?« Und: »Wenn ich mein Bauch-Beine-Po-Programm schleifen lasse, helfen mir auch keine Vergleiche mit der dicken Nachbarin.« Die Motivation zu seiner Tätigkeit kommt beim Profi weitgehend aus ihm selbst. Er macht eben sein Ding.

Insofern müssen wir überhaupt nicht besser sein als andere. Aber wir sollten immer versuchen, die Besten zu sein, die wir selbst sein können! Und dabei geht es eben nicht um statistische Durchschnittswerte, sondern um unsere ganz individuelle Klasse. Finden wir heraus, wer wir sind, wo unsere wirklichen Stärken liegen, was wir wollen und wo wir hinwollen – also welchen der vielen Berge wir im Leben erklimmen! Und dann sehen wir zu, dass wir möglichst weit hinaufklettern auf unseren Berg – natürlich möglichst auf die Spitze! Denn wo wir sind, sollte oben sein.

Häufig begegne ich Menschen mit Motivationsschwierigkeiten. Meistens müssen sie sich irgendwo im Leben verbiegen oder haben zu viele Grenzen und Strukturen aufgezeigt bekommen. Da-

runter viele, die einfach nicht zu ihnen passen. Und dann sitzen sie eben auf irgendeinem Berg und haben nicht mehr das Gefühl, sich noch frei entwickeln zu können. Klar, warum sie nicht mehr weiterkommen: Wohin auch? Ganz an die Spitze? Völlig unrealistisch, da oben sitzen doch schon andere. Solche, die viel besser in die gegebenen Schablonen passen. Also, lieber bequem in der Mittelstation eine Dauerpause machen und Schnitzel essen! Chronische Demotivation. Dopamin? Seit Langem schon aus dem Kopf verschwunden. Vielleicht kennen Sie das ja auch selbst: Montagmorgens, Konzernaufzug. Die Türe öffnet sich, dahinter Menschen mit hängenden Schultern und mürrischem Blick: »Hallo, guten Morgen.« – »Morgen.« – »Und? Wie geht's?« – »Wie soll's mir schon gehen, es ist Montag.«

Wer hingegen wirklich die Spitze seines eigenen Berges anpeilt, hat weder Motivations- noch Leistungsschwierigkeiten. Noch nicht einmal besondere Zielvorgaben braucht er. Er weiß ohnehin, in welche Richtung es geht: nach oben.

Motivation
von innen heraus:

SELBST-STÄNDIG leben

Wer nach den berühmten Flow-Prinzipien lebt und arbeitet, hat keine Probleme mit seinem Günter. Vor allem im Beruf sind diese Menschen bestechend logisch: arbeiten entsprechend der eigenen Stärken und inneren Werte und haben Zielklarheit und die Fähigkeit, das Erreichen des Zieles zu beeinflussen. Das Verhältnis von Anforderungen und Fähigkeiten stimmt. Unterm Strich könnte man sagen, dass jeder nur zu machen brauchte, was er kann, gerne tut und womit er gewünschte Ergebnisse erzielt – und alles wäre gut. Tatsächlich auch gibt es unzählige Menschen, die nach diesen Prinzipien frei und glücklich arbeiten. Oft sind solche Leute selbstständig. Oder sie sind angestellt in einer Position, in der sie selbstständig handeln können.

Selbstständigkeit ist im Grunde eine ganz eigene Lebens- und Arbeitsform: Wer selbstständig denkt und handelt, sucht sich Sinn, Ziel und Richtung seiner Tätigkeit selbst aus. Dabei geht der Selbstständige unternehmerisch vor, also initiativ, an Chancen orientiert, Gewinn maximierend und ökonomisch. Dafür urteilt und handelt er, wie er es selbst für angemessen und zielführend hält – das Koordinatensystem für Richtig und Falsch liegt im Kopf des Selbstständigen und nicht in den Maßstäben anderer. Deshalb braucht der Selbstständige auch die Fähigkeit und Bereitschaft zur Eigenverantwortung. Klar, dass diese Art zu leben und zu arbeiten den Flow-Prinzipien sehr nahe kommt. Und auch klar, dass sie erfolgreich macht. Aber wo lernen wir, selbstständig zu arbeiten?

Die Schule hilft uns
NICHT

Das Leben hängt selten vom Schulwissen ab

In der Schule lernen wir das leider nur selten. Das Problem liegt im System: Behörden definieren Leistungsanforderungen, und junge Menschen sollen sich dank möglichst breiter Qualifikation sämtliche Zukunftstürchen offenhalten. Einerseits ist eine solide Bildungsbasis sinnvoll. Andererseits aber verkümmert dabei oft, was später selbstständig und erfolgreich macht: Eigeninitiative, Praxisbezug, Stärken-, Nischen- und Nutzenorientierung. Doch statt uns zu helfen, unsere eigenen Systeme zu entwickeln, hilft die Schule uns dabei, uns an ein System anzupassen.

Also folgen »gute« Schüler dem standardisierten Strom. Sie tun meist, was von ihnen verlangt wird, und versuchen vorwiegend, Fehler zu vermeiden. »Schlechte« Schüler hingegen drohen durchs Raster zu fallen – selbst wenn sie einzelne lebenswichtige Stärken wie Kontaktfreude, Kreativität oder Pragmatismus besitzen.

Kurz: Das System Schule lehrt großteils das Gegenteil von Selbstständigkeit. Das merken wir später im Berufsleben, wenn wir sehen, dass unsere tatsächlichen Lebenserfolge nichts mit Schulwissen oder gar Noten zu tun haben. Viele Prominente outen sich als Sitzenbleiber, Parlamentsabgeordnete als Schulschwänzer, Unternehmer als Studienabbrecher. Und viele hat die Schule geradezu demotiviert und kleingemacht: »Ich bin schlecht in Mathe!«, »Ich habe eine Rechtschreibschwäche!« – das sind die Selbsteinschätzungen, je nachdem, mit welchen Fehlern man uns intensiv genug konfrontiert hat. Dass der Platz an der (Lebens-) Sonne anders vergeben wird, ignoriert die Schule: Erfolgreich wird, wer sich an seinen persönlichen Stärken und Interessen sowie an den Bedürfnissen anderer orientiert, und nicht an Standards und den eigenen Schwächen. Und weil sich auch Unis bislang meist noch an

Noten orientieren, geht das Elend im Akademiebetrieb weiter.

Völlig bizarr wird es, wenn nach jahrelanger Schul- und Unikarriere die Jobsuche ansteht. »Möglichst einen sicheren Arbeitsplatz finden!«, wünschen sich nun viele Berufseinsteiger. Was auch sonst? Schließlich haben sie quasi mit der Muttermilch aufgesogen, dass ein Job erst mal sozial absichern soll. Man passt sich ja dafür brav an. Die Erkenntnis, dass sich unsere Arbeitswelt ändert und dass es heute viel stärker als früher auf Flexibilität und Einfallsreichtum ankommt, steht zwar immer wieder in der Zeitung, hat sich aber im Leben der meisten noch nicht durchgesetzt.

Werden Sie
LEBENS-unternehmer!

Kein Mensch will bestreiten, dass es gerade im Berufsleben nicht immer gerecht zugeht: Gehaltsunterschiede, ungleiche Chancenverteilung, Geschlechterungerechtigkeit und Abzo-

ckermentalität sind nicht selten. Doch sind die großen Fragen nicht wieder ganz andere? Nämlich: Was ist unser Ziel? Und was wollen wir aus den Gegebenheiten machen? Und: Kennen wir nicht auch Menschen, die ohne Gewerkschaft, Burn-out oder Gejammer einfach gerne ihren Job machen und dabei erfolgreich sind – oft sogar ohne Ausbildung und trotz scheinbarer Benachteiligung? Sicher kennen wir solche Menschen. Sie machen etwas anders als die meisten anderen: Sie denken und handeln selbstständig!

VERÄNDERUNG?
Machen Sie mit!

Die Arbeitswelt verändert sich. Das war schon immer so und wird immer so bleiben. Anstatt sich also vergeblich auf Bestehendes zu berufen, verändern Sie sich besser mit! Passen Sie sich an die Veränderungen an! Zurzeit findet vor allem eine »Entrepreneurisierung« unserer Gesellschaft statt. Das heißt, viele, die vorher ein festes Arbeitsverhältnis hatten, werden zu freien

Unternehmern: freie Mitarbeit oder Firmengründung statt Festanstellung. Externer Berater statt interner Befehlsempfänger. Dienstleister mit mehreren Einkommensquellen statt nur einer einzigen. Was machen wir daraus?

In Schule und Uni haben wir zu wenig darüber erfahren, wie man sein Leben als Selbstständiger bestreitet. Wie auch? Lehrer und Professoren sind meist Beamte oder zumindest ziemlich fest angestellt — genauso wie die Leute in den Behörden, die die Inhalte bestimmen. Im Lehrbetrieb verrichtet man seine Arbeit daher eher inhaltsorientiert als ergebnisorientiert. Dass es im freien Wirtschaftsleben nicht wie in Schule, Uni oder gar Gewerkschaft zugeht, spielt leider keine Rolle. In der freien Wirtschaft (und übrigens auch oft im Privatleben) erinnert das Leben eher an die Natur: Nur was funktioniert, überlebt. Was nicht funktioniert, verschwindet. Und das recht schnell.

Finden Sie
IHRE NISCHE!

Statt um Bestandsschutz geht es also ständig darum, eine gute Nische zu finden, also ein Gebiet, in dem man selbst gewisse Vorzüge vorzuweisen hat und in dem sich noch kein anderer tummelt, und sich darin dann so breit wie möglich zu machen. Die wichtigste Frage ist daher stets: »Wo ist eine Lücke, in die ich springen kann?« Und nicht: »Was machen die anderen, damit ich mich optimal an sie anpasse?« Denn:

Nur wer keine Nische findet, muss seine Brötchen in Konkurrenz zu den Mitbewerbern verdienen. Möglichst durch bessere oder günstigere Leistung. Gerechtigkeit? Quatsch. Survival of the fittest! Darwin lebt.

Doch wenn jeder zum Unternehmer wird, werden Arbeitgeber zu Kunden. Und auch das verlangt eine Abkehr von unserer regelkonformen Angestelltendenke. Fragen wir uns nicht mehr »Wie sicher ist meine Arbeit?« oder »Wer zahlt, wenn ich meinen Job verliere?«! Als ob sich die Welt nur um unsere Bedürfnisse drehe – wie egozentrisch! Stattdessen sollten wir uns auf die Bedürfnisse anderer einlassen. Fragen wir uns also »Wofür werde ich bezahlt?« und »Womit kann ich besonders vielen Menschen nützen?«! Und genau hier wird es dann wieder rund: Denn womit sonst können wir anderen Menschen helfen als mit unseren eigenen Stärken und Interessen?

Wenn wir tun, was wir können und woran wir Spaß haben, sind wir darin von vornherein besser als andere, die unsere Lieblingstätigkeit nur ausführen, weil es ihr Chef verlangt. Ein Vorteil für uns! Und wenn unser Angebot nicht zur Nachfrage passt, steht es uns immer noch frei, die passende Nachfrage zu suchen, anstatt unglücklich an Ort und Stelle zu versauern. Denn irgendjemand braucht sicher genau das, was wir anbieten. Wir müssen ihn nur finden!

Deshalb: Denken Sie quer statt konform! Vergessen Sie Regeln und bringen Sie Nutzen! Tun Sie die Dinge nicht möglichst richtig, sondern tun Sie die richtigen Dinge! Tun Sie, was in der Natur sinnvoll wäre: häufig genau das, was andere nicht machen – und spezialisieren Sie sich darauf! Eine gute Geschäftsidee lässt die Konkurrenz links liegen, weil sie etwas bietet, was andere brauchen und was sonst keiner hat. Auch als Arbeitnehmer wächst Ihr Stellenwert, wenn Sie etwas können, was anderen schwerfällt. Wer ist also der gefragte Spezialist? Sie!

Verlassen Sie den falschen Berg!

Sie sehen: Eines der Hauptprobleme unseres Lebens kann darin bestehen, dass wir einfach auf dem falschen Berg sitzen! Doch auf dem falschen Berg zu sitzen, ist genauso bescheuert, wie wenn Sie die Leiter ans falsche Schlafzimmerfenster stellen. Das kann Spaß machen, muss aber nicht.

Meist steckt hinter dem »Falscher-Berg-Phänomen« eine typische Routineproblematik. Wir denken: »Hey, jetzt bin ich schon mal da, dann bleibe ich auch. Was soll ich noch groß verändern in meinem Leben?« Mitunter trifft man ja so Typen, die seit Jahren nichts mehr verändert haben. Früher waren sie lebendig, steckten voller Ideen und Begeisterung. Und heute? Sieht es anders aus: »Hey, lange nicht mehr gesehen! Wie geht's dir denn?« – »Na ja, es muss.« – »Hey, und der Job? Macht der noch Spaß?« – »Na ja, noch 13 Jahre bis zur Rente.« Das ist natürlich die komplette Abwesenheit von Dopamin, die Abwesenheit von Spaß, die Abwesenheit von Spannung. Ein Leben als Scheintoter. Gruselig!

Dabei lauten die wichtigen Fragen immer wieder gleich: »Wo bin ich? Wo will ich hin?« Und: »Was liegt dazwischen? Welche Schritte muss ich wie und wann tun, um zum Ziel zu kommen?« Und dann: Los! Runter vom falschen Berg und rauf auf den richtigen!

Drei Geschichten von
Steve Jobs

wie jetzt gerade. Heute will ich Ihnen drei Geschichten aus meinem Leben erzählen. Das ist alles. Keine große Sache. Nur drei Geschichten.

Die erste Geschichte handelt vom Verbinden der Punkte.

2005 hielt Apple-Gründer und -Chef Steve Jobs eine beeindruckende Abschlussrede vor Studenten der Stanford University, die Sie unter den Stichworten »Steve Jobs« und »Stanford« bei youtube.com finden. Im Folgenden finden Sie eine Übersetzung ins Deutsche.

»Ich fühle mich geehrt, heute hier bei Ihnen zu sein. Bei Ihrer Abschlussfeier an einer der besten Universitäten der Welt. Um die Wahrheit zu sagen: Ich habe nie eine Hochschule abgeschlossen. Und noch nie war ich einem Hochschulabschluss so nahe

Ich bin damals aus dem Reed College nach sechs Monaten offiziell ausgeschieden, blieb aber trotzdem noch 18 Monate dort, bevor ich wirklich ganz gegangen bin. Aber: Warum bin ich ausgeschieden?

Es begann, noch bevor ich geboren wurde. Meine leibliche Mutter war eine junge, unverheiratete Uni-Absolventin, und sie entschied sich, mich zur Adoption freizugeben. Sie war sehr davon überzeugt, dass ich unbedingt von Leuten mit einem Hochschulabschluss adoptiert werden sollte. Also war zum Zeitpunkt meiner Geburt alles arrangiert und ich sollte von einem Anwalt und seiner Frau adoptiert werden. Doch gerade als ich herauskam, entschieden diese, dass sie eigentlich doch viel lieber ein Mädchen hätten. So wurden meine Eltern, die auf der Warteliste standen, mitten in der Nacht angerufen und gefragt: »Wir haben hier einen unerwarteten kleinen Jungen. Wollen sie ihn?« Sie sagten: »Natürlich.« Meine leibliche Mutter fand später heraus, dass meine Mutter nie eine Universität absolviert und mein Vater nie einen mittleren Schulabschluss gemacht hatte. Sie weigerte sich also, die abschließenden Adoptionspapiere zu unterschreiben. Erst einige Monate später war sie damit einverstanden, als meine Eltern versprachen, mich eines Tages zur Universität zu schicken. Das war der Start in mein Leben.

Und 17 Jahre später ging ich tatsächlich auf die Hochschule. Aber naiverweise hatte ich mir ein College ausgesucht, das beinahe so teuer war wie Stanford. Und alle Ersparnisse meiner aus der Arbeiterklasse stammenden Eltern gingen für die Uni-Gebühren drauf. Nach sechs Monaten konnte ich den Wert darin nicht sehen. Ich hatte keine Ahnung, was ich in meinem Leben tun wollte. Und ich hatte keine Ahnung, wie mich die Universität darin unterstützen sollte, das herauszufinden. Und da war ich nun und verbriet das Geld, das sich meine Eltern in ihrem ganzen Leben erarbeitet hatten. So entschied ich mich, die Schule zu verlassen und darauf zu vertrauen, dass alles irgendwie okay werden würde. Es war ziemlich beängstigend damals, aber rückblickend war es eine der besten Entscheidungen, die ich je getroffen habe. Von dem Moment an, als ich ausschied, konnte ich endlich aufhören, die Pflichtkurse zu besuchen, die mich nicht interessierten. Stattdessen schrieb ich mich in diejenigen ein, die mir viel interessanter erschienen.

Es war nicht alles romantisch damals. Ich hatte keinen Schlafraum, also schlief ich auf dem Flur oder in den Zimmern von Freunden. Ich brachte Colaflaschen zurück, um mir mit den jeweils verdienten fünf Cent Pfand Essen zu kaufen. Und einmal wöchentlich bin ich sieben Meilen quer durch die Stadt gelaufen, um mir ein gutes Mahl im Hare-Krishna-Tempel zu gönnen. Ich habe es geliebt! Und vieles von dem, in das ich hineingestolpert bin, weil ich meiner Neugier und Intuition folgte, erwies sich später als unbezahlbar. Lassen Sie mich Ihnen ein Beispiel geben.

Die Reed Universität bot zu dieser Zeit wahrscheinlich einen der besten Kalligrafiekurse im ganzen Land an. Quer durch den ganzen Campus war jedes Poster, jedes Schild auf jeder öffentlichen Fläche wunderschön von Hand kalligrafiert. Weil ich ausgetreten bin, brauchte ich keine normalen Kurse zu besuchen und entschied mich stattdessen für einen Kalligrafiekurs, um zu lernen, wie man das macht. Ich lernte etwas über Schriftarten mit und ohne Serifen, über die Variation der unterschiedlich großen Freiräume zwischen verschiedenen Buchstabenkombinationen, über das, was großartige Typografie großartig macht. Es war wunderschön, historisch, künstlerisch feinsinnig in einer Art und Weise, wie sie Wissenschaft nicht einfangen kann. Und ich fand es faszinierend. Nichts davon erweckte auch nur die Hoffnung, jemals eine praktische Anwendung in meinem Leben zu finden. Aber zehn Jahre später, als wir den ersten Macintosh Computer entwarfen, kam alles zurück zu mir. Und wir arbeiteten all die Erkenntnisse in den Mac mit ein. Es war der erste Computer mit wunderschöner Typografie. Hätte ich damals diesen einen Kurs im College nie besucht, hätte der Mac niemals verschiedene Schriften oder proportional aufgeteilte Freiräume in den Schriftarten gehabt. Und weil Windows den Mac einfach kopiert hat, hätte sie wahrscheinlich auch nie irgendein PC gehabt. Wenn ich niemals ausgeschieden wäre, wäre ich niemals in diesen Kalligrafiekurs gegangen und PCs hätten wahrscheinlich nicht die wunderschönen Schriften, die sie heute haben.

Natürlich war es mir damals nicht möglich, diese Punkte miteinander zu verbinden, als ich noch auf der Universität war und in die Zukunft blickte. Aber es war sehr sehr klar, als ich zehn Jahre später zurückblickte. Noch einmal: Es ist unmöglich, die Punkte zu verbinden, wenn man nach vorne blickt. Man kann sie nur verbinden, wenn man zurückblickt. Also muss man darauf vertrauen, dass sich die Punkte irgendwie in der Zukunft verbinden werden. Sie müssen auf irgendetwas vertrauen – auf Ihren Gott, das Schicksal, das Leben, das Karma oder was auch immer. Denn daran zu glauben, dass sich die Punkte später irgendwann verbinden, gibt Ihnen die Zuversicht, Ihrem Herzen zu folgen. Selbst wenn es Sie vom gewohnten Pfad herunterführt. Genau das macht den entscheidenden Unterschied aus.

Meine zweite Geschichte handelt von Liebe und Verlust.

Ich hatte Glück: Ich fand früh im Leben, was ich liebte. Woz (Steve Wozniak, Apple-Mitbegründer) und ich starteten Apple in der Garage meiner Eltern, als ich 20 war. Wir arbeiteten hart. Und in zehn Jahren wuchs Apple von uns bei-

den in der Garage zu einem Zwei-Milliarden-Dollar-Unternehmen mit mehr als 4000 Angestellten heran. Wir hatten damals gerade unser feinstes Stück geschaffen – den Macintosh – ein Jahr zuvor, und ich wurde gerade 30. Und dann wurde ich gefeuert. Wie kann man von der Firma gefeuert werden, die man gegründet hat? Na ja, als Apple wuchs, stellten wir jemanden ein, von dem ich glaubte, er wäre sehr talentiert, das Unternehmen mit mir zu leiten. Und im ersten Jahr liefen die Dinge auch gut. Aber dann begannen sich unsere Visionen für die Zukunft auseinanderzuentwickeln, und es kam zu Auseinandersetzungen. Der Aufsichtsrat war auf seiner Seite. Also war ich mit 30 draußen. Und das sogar ziemlich öffentlich. Der Mittelpunkt meines gesamten erwachsenen Lebens war vorbei. Und das fühlte sich zerstörerisch an.

Ich wusste ein paar Monate lang wirklich nicht, was ich tun sollte. Ich fühlte mich, als hätte ich die vorangegangene Generation von Unternehmern im Stich gelassen, als hätte ich den Staffelstab fallen gelassen, als mir dieser gerade überreicht wurde. Ich traf mich mit David Packard (Gründer von Hewlett-Packard) und Bob Noyce (Robert Noyce, auch »Bürgermeister von Silicon Valley« genannt, Gründer unter anderem von Intel) und versuchte, mich zu entschuldigen, dass ich alles so schlimm verkorkst hatte. Mein Versagen wurde in der Öffentlichkeit ziemlich breitgetreten und ich überlegte sogar, aus Silicon Valley wegzuziehen. Aber etwas dämmerte mir langsam: Ich liebte immer noch, was ich tat. Was bei Apple passiert war, hatte das kein bisschen verändert. Ich war zurückgewiesen worden, liebte aber immer noch. Und so entschied ich mich, neu zu beginnen.

Was ich damals noch nicht sehen konnte: Es stellte sich heraus, dass von Apple gefeuert zu werden das Beste war, was mir je hätte passieren können! Die Schwere des Erfolgsdrucks wurde durch die Leichtigkeit ersetzt, wieder ein Anfänger zu sein, der sich der Dinge nicht sicher sein musste. Es machte mich frei, sodass ich eine der kreativsten Phasen in meinem Leben beginnen konnte: Während der nächsten fünf Jahren startete ich eine Firma namens

NeXT, eine andere Firma namens Pixar und verliebte mich in eine wundervolle Frau, die später meine Ehefrau wurde. Pixar entwickelte den allerersten computeranimierten Spielfilm, Toy Story, und ist zurzeit das erfolgreichste Animationsstudio der Welt. In einer bemerkenswerten Wendung der Dinge kaufte Apple NeXT, und ich war zurück bei Apple. Und die Technologie, die wir bei NeXT entwickelt haben, ist nun das Herzstück der Renaissance vom jetzigen Apple. Und Laurene und ich haben eine wundervolle Familie. Ich bin mir ziemlich sicher: Nichts von all dem wäre jemals geschehen, wenn ich nicht bei Apple gefeuert worden wäre. Es war bittere Medizin, aber ich schätze, der Patient hat sie gebraucht.

Manchmal trifft dich das Leben mit einem Ziegelstein am Kopf. Verliere nicht deinen Glauben! Ich bin überzeugt: Das Einzige, was mich weitermachen ließ, war, dass ich liebte, was ich tat. Man muss das finden, was man liebt. Und das gilt für die Arbeit genauso wie für unsere Beziehungen. Arbeit wird einen großen Teil Ihres Lebens ausmachen. Und die einzige Art, um wirklich erfüllt zu sein, ist das zu tun, wovon man glaubt, es sei eine großartige Arbeit. Und die einzige Art, großartige Arbeit zu tun, ist zu lieben, was man tut. Wenn Sie sie bis jetzt nicht gefunden haben, dann suchen Sie weiter. Bleiben Sie nicht stehen. Wie bei allen Herzensangelegenheiten werden Sie es spüren, wenn Sie sie gefunden haben. Und wie jede große Beziehung wird sie besser und besser, wenn die Jahre vergehen. Also schauen Sie sich um, bis Sie sie gefunden haben! Bleiben Sie nicht stehen.

Meine dritte Geschichte handelt **vom Tod.**

Als ich 17 war, las ich ein Zitat, das ging ungefähr so: »Wenn du jeden Tag so lebst, als wäre es dein letzter, wird es höchstwahrscheinlich irgendwann stimmen.« Das hat mich beeindruckt und seit damals die letzten 33 Jahre über habe ich jeden Morgen in den Spiegel geschaut und mich gefragt: »Wenn heute der letzte Tag in meinem Leben wäre, würde ich das tun wollen, was ich mir für heute vorgenommen habe?« Und immer, wenn die Antwort

zu viele Tage hintereinander »Nein!« war, wusste ich, dass ich etwas verändern musste. Mich zu erinnern, dass ich bald tot sein werde, war für mich das wichtigste Werkzeug, das mir geholfen hat, die großen Entscheidungen im Leben zu treffen. Weil beinahe alles – alle äußeren Erwartungen, der ganze Stolz, die ganze Angst vor dem Versagen und der Scham –, alle diese Dinge einfach wegfallen angesichts des Todes. Und es bleibt nur das übrig, was wirklich wichtig ist. Sich daran zu erinnern, dass man sterben wird, ist die beste Art, die ich kenne, um der Falle zu entgehen, zu glauben, man hätte etwas zu verlieren. Wir sind bereits nackt. Es gibt keinen Grund, nicht seinem Herzen zu folgen.

Ungefähr vor einem Jahr wurde bei mir Krebs diagnostiziert. Ich hatte eine Untersuchung um 7.30 Uhr morgens und es war deutlich ein Tumor in meiner Bauchspeicheldrüse zu sehen. Ich wusste nicht einmal, was eine Bauchspeicheldrüse ist. Die Ärzte sagten mir, es sei beinahe sicher eine unheilbare Form von Krebs. Und ich solle damit rechnen, nicht mehr länger als drei bis sechs Monate zu leben. Mein Arzt riet mir, nach Hause zu gehen und meine Angelegenheiten in Ordnung zu bringen, was der Ärztecode ist für die Formulierung: »Bereite dich darauf vor zu sterben!« Es bedeutet, zu versuchen, den Kindern all das beizubringen und zu erklären, von dem man glaubte, man könne es in den nächsten zehn Jahren tun. In nur ein paar Monaten. Es bedeutet, dass alles geklärt sein sollte, damit es später für die Familie möglichst einfach wird. Es bedeutet sich zu verabschieden.

Ich habe mit dieser Diagnose den ganzen Tag verbracht. Später am Abend hatte ich eine Biopsie, bei der sie mir ein Endoskop in den Hals geschoben haben, durch meinen Magen in die Eingeweide. Sie haben eine Nadel in die Bauchspeicheldrüse gesteckt und gewannen so einige Zellen des Tumors. Ich war betäubt, aber meine Frau, die dabei war, erzählte mir, dass die Ärzte, als sie sich die Zellen unter dem Mikroskop angesehen haben, zu weinen begannen. Es stellte sich nämlich heraus, dass es eine sehr seltene Form von Bauchspeicheldrüsenkrebs war, der mit einer Operation geheilt werden konnte. Ich hatte die Operation und bin nun dankenswerterweise gesund.

Nie bin ich dem Tod näher gekommen. Und ich hoffe, dass ich ihm auch in den nächsten paar Jahrzehnten nicht näher komme. Nun, da ich das erlebt habe, kann ich Ihnen sagen (also mit ein bisschen mehr Gewissheit als zu einem Zeitpunkt, an dem der Tod noch ein nützliches aber rein intellektuelles Konzept war): Niemand will sterben. Nicht einmal Menschen, die in den Himmel kommen wollen, wollen sterben, um dorthin zu gelangen. Und dennoch ist der Tod das Schicksal, das wir alle teilen. Niemand ist jemals entkommen. Und das ist genau so, wie es sein sollte. Weil der Tod möglicherweise die beste Erfindung des Lebens ist. Es ist der Vertreter des Lebens für Veränderung. Es räumt das Alte weg, um Platz zu machen für das Neue. Gerade jetzt sind Sie das Neue, aber eines Tages, nicht sehr viel später, werden Sie langsam zum Alten gehören und weggeräumt werden. Tut mir leid, dass ich so dramatisch bin. Aber es ist die Wahrheit. Ihre Zeit ist begrenzt, also verbrauchen Sie

sie nicht, um das Leben anderer zu leben. Seien Sie nicht in Dogmen gefangen, die letztlich nur die Resultate der Überlegungen anderer Leute sind. Lassen Sie nicht zu, dass der Lärm anderer Meinungen Ihre eigene innere Stimme zum Verstummen bringt. Und am allerwichtigsten: Haben Sie den Mut, Ihrem eigenen Herzen und Ihrer Intuition zu folgen. Irgendwie wissen die schon genau, wer Sie wirklich werden wollen. Alles andere ist zweitrangig.

Als ich jung war, gab es eine erstaunliche Veröffentlichung, genannt »The Whole Earth Catalog«, welche eine der Bibeln meiner Generation war. Sie wurde von einem Mann namens Stewart Brand geschaffen, nicht weit von hier im Menlo Park, und er brachte sie mit einem poetischen Touch zum Leben. Das war in den späten 60ern, noch bevor es PCs und Desktop Publishing gab. Also wurde alles mit Schreibmaschinen, Scheren und Polaroid-Kameras gemacht. Es war so etwas wie Google in Papierformat, 35 Jahre bevor Google auftauchte. Es war idealistisch, voller feiner Werkzeuge und großartiger Gedanken. Stewart und sein Team haben mehrere Versionen vom »The Whole Earh Catalog« herausgebracht. Und dann, als die Zeit des Kataloges langsam abgelaufen war, haben sie eine letzte Version veröffentlicht. Es war Mitte der 70er und ich war in Ihrem Alter. Auf der Rückseite der letzten Version war eine Abbildung von einer Landstraße früh am Morgen, die Art von Landstraße, an der man als Anhalter stehen würde, wenn man so abenteuerlustig wäre. Darunter standen die Worte: »Bleib hungrig, bleib verspielt.« Es war ihre Abschiedsnachricht, als sie aufhörten. Bleib hungrig. Bleib verspielt. Und dass wünschte ich mir immer für mich selbst.

Und jetzt, da Sie nun abgehen und neu beginnen, wünsche ich Ihnen dasselbe. Bleiben Sie hungrig. Bleiben Sie verspielt. Vielen Dank Ihnen allen.«

ÜBUNG

Wo steht Ihr eigentlicher Berg?

Welche besonderen Stärken haben Sie?

Zur besseren Beurteilung: Welche Stärken haben Sie in den Augen anderer Leute?

Erstellen Sie eine Wunschliste für Ihr Leben!

Bitte schreiben Sie alles auf, was Sie im Leben noch errei-chen oder erleben wollen. Filmstar werden? Ein Haus auf Mallorca? Pilotenschein machen? Es ist alles erlaubt, nur keine Hemmungen! Schreiben Sie möglichst spontan und ohne zu kontrollieren, ob Ihre Wünsche »realistisch« sind.

Überprüfen Sie Ihre Wünsche!

Suchen Sie sich Ihre wichtigsten Wünsche heraus. Welche davon können Sie Wirklichkeit werden lassen? Schreiben Sie hinter jeden dieser Wünsche eine Jahreszahl – in welcher Zeit können Sie Ihr Ziel erreichen, wenn Sie sich darauf konzentrierten?

Formulieren Sie Ihre Lieblingsziele!

Formulieren Sie aus Ihren wichtigsten Wünschen heraus konkrete Ziele! Was genau möchten Sie erreichen? Wie könnte sich Ihr Ziel messen lassen? Passt das Ziel zu Ihren Werten? Ist das Ziel tatsächlich zu schaffen? Wie und wann genau können Sie Ihr Ziel erreicht haben? Lohnt sich die Anstrengung dafür? Ist das Ziel motivierend genug? Woran merken Sie, dass Sie Ihrem Ziel näher kommen? Woran merken Sie, dass Sie Ihr Ziel erreicht haben?

Entlarven Sie Sündenböcke!

Den falschen Berg verlassen und auf den richtigen klettern – eigentlich logisch. Was aber machen viele Menschen? Sie suchen sich erst mal Sündenböcke, warum es unmöglich ist, einen neuen Gipfel anzupeilen. Mal ist es der falsche Tag. Oder der fiese Markt ist Schuld. Und die Politik. Unsere Gesellschaft sowieso. Die Globalisierung und unsere persönliche Ausgangssituation natürlich auch. Immerhin sind wir zu alt, zu jung, zu arm, zu reich, zu gebildet, zu unausgebildet, zu erfahren, zu unerfahren, zu beschäftigt – egal, irgendein Sündenbock wird Günter schon Gründe liefern, warum das mit dem Erfolgsprojekt nicht klappt. Die Welt ist schrecklich, die Welt ist schlecht. Und Günter ist intelligent genug, sich kreative Ausreden einfallen zu lassen. Sündenböcke eben.

Interessant hingegen ist: Wann immer Sie sich mit Menschen unterhalten, die im Leben erfolgreich sind, ticken deren innere Schweinehunde genau andersherum. Sie sagen nämlich:»Ich weiß zwar, dass die Welt nicht perfekt ist und mir keinen roten Teppich ausrollt. Aber es ist mein Anspruch, aus dem, was mir zur Verfügung steht, das Beste zu machen!« Und dann machen sie eben – und irgendwann steht ihnen immer mehr zur Verfügung als sie erwartet hatten! Wie durch Zauberhand haben sich Wege ergeben, die vorher undenkbar erschienen. Franz von Assisi schreibt man das Zitat zu: »Tu erst das Notwendige, dann das Mögliche, und plötzlich schaffst du das Unmögliche.« That's it, Günter!

Die PERFEKTE Bedienung

Ich sitze im Flughafenrestaurant und gönne mir ein leckeres Steak. Nach einem actionreichen Tag habe ich mir das redlich verdient. Ein Faktor allerdings macht das Steak noch besser als erwartet: die nahezu perfekte Bedienung. Eine junge Frau um die 30 scheint mir (nun gut: nicht nur mir ...) jeden Wunsch von den Augen abzulesen, noch bevor ich ihn äußere!

Ich kam ziemlich hungrig an, fand einen Tisch, setzte mich und stürzte mich augenblicklich auf die Karte. Und als ich wieder aufblickte, um jemanden für die Bestellung auf mich aufmerksam zu machen, stand die Dame auch schon neben mir – voll beladen mit Geschirr. Was sie mir denn bringen dürfe, fragte sie. Etwas verblüfft schaute ich auf ihre Last. Wollte sie das schwere Zeug denn nicht erst loswerden? Und sich

meine Bestellung etwa merken, ohne etwas aufzuschreiben? Noch bevor ich den Mund aufmachte, erklärte sie: »Na, Sie sehen doch so hungrig aus! Und keine Sorge: Ihre Bestellung merke ich mir schon.« Hoch erfreut bestellte ich mein Steak, medium, mit Gemüsebeilage und Salat (yeah!) statt der Ofenkartoffel. Auch eine Steaksauce und ein Getränk waren dabei. Sie grinste, wiederholte alles fehlerfrei, ich grinste zurück, bestätigte und dann zog sie von dannen.

Nun, kurze Zeit später genieße ich mein Steak. Perfekt! Und ich schaue dem Treiben im Restaurant zu. Also wohlgemerkt: Ich befinde mich in einem Flughafenrestaurant – normalerweise kein Ort, an dem man besonders engagiertes und zuvorkommendes Service-Personal erwartet. Die Gäste kommen und gehen, sie ziehen Reisetrolleys hinter sich her und schleppen große Koffer, wirken todmüde bis sehr hektisch, tippen auf ihre Laptops ein, schmökern in Zeitschriften und Büchern, telefonieren laut, gackern, schnattern und diskutieren miteinander (in allen möglichen Sprachen), oder sie gähnen sich an – nein, es gibt wirklich bessere Orte zum Abendessen. Noblere. Persönlichere. »Alles in Ordnung?«, unterbricht mich die nette Stimme der Dame und sie sieht ein wenig besorgt aus. »Schmeckt es Ihnen?« Lächelnd bestätige ich, woraufhin auch sie wieder lächelt und mit Schwung weiterwuselt. Nanu! Sehe ich beim Nachdenken etwa so spooky aus?

Nun beobachte ich sie. Nicht nur zu mir scheint sie einen Draht zu haben, sondern auch zu allen anderen Gästen, die sie bedient. Ständig screent sie »ihre« Tische ab, und sobald sich auch nur der leiseste Verdacht ergibt, dass sie benötigt wird, ist sie augenblicklich zur Stelle. Wirklich: Sie ist ganz außergewöhnlich aufmerksam. Sie macht ihren Job so richtig klasse! Ich vergleiche sie mit den anderen Damen und Herren, die hier bedienen. Doch diese sind nicht mal ansatzweise so gut wie sie: so herzlich, zuvorkommend, individuell, flink und selbstsicher – wow! Sicher ist sie hier die Schicht-Chefin. Oder gehört ihr der Laden sogar?

Ein unterdrückter Wunsch

Dann will ich schließlich bezahlen und winke ihr zu. Etwas bedauernd schüttelt sie den Kopf: »Nein, zahlen können Sie bei mir leider nicht. Sehen Sie den Herrn dort drüben an der Kasse? Er kriegt hier das Geld.« »Das ist aber schade!«, erwidere ich. »Ich hätte gerne bei Ihnen bezahlt.« Sie erwidert nun augenzwinkernd: »Aber Sie wissen doch, wie es hierzulande läuft. Die Frauen arbeiten und die Männer kassieren.« Als ich sie nun fragend anschaue, erläutert sie eine Spur ernster: »Na, das sagen doch auch alle Statistiken, dass die Männer immer mehr verdienen als die Frauen.« Mich um Charme bemühend antworte ich: »Ich kann mir nicht vorstellen, dass gerade Sie sich darum Sorgen machen müssten. Würden Sie Ihren eigenen Laden aufmachen, würden Ihnen die Gäste doch die Bude einrennen!« Jetzt wird ihre Haltung eine Spur verkrampft und ihr Blick starr: »Meinen eigenen Laden? Nein, nein. Wie soll das gehen? In der heutigen Zeit!« Nein, erklärt sie mir, das sei völlig unrealistisch.

Ich sage ihr nun, dass ich ihre Arbeitsweise richtig gut finde und dass das sicher nicht nur mir so gehe. Hätte sie ein Restaurant, gehörte ich sicher zu ihren Stammgästen. Sie lacht nun kurz, und dann verklärt sich ihr Blick. »Ja, das wäre schon toll!«, sagt sie. »Ein eigenes Restaurant!« Und sie referiert innerhalb weniger Sekunden wie aus der Pistole geschossen, wie dieses zu sein hätte: mittlere Größe, international ausgerichtet, eine überschaubare und qualitativ hochwertige Speisekarte und alles in allem sehr persönlich. »Dann machen Sie doch eines auf!«, kommt mir etwas vorschnell über die Lippen, denn nun sackt sie wieder in sich zusammen: »Ach was, das klappt doch eh nicht!«, behauptet sie. »Und in Deutschland erst recht nicht.« »Dann vielleicht woanders?«, frage ich, woraufhin sie wieder mit einem Leuchten in den Augen weitersinniert. Sie könne natürlich an einen Urlaubsort im Ausland gehen, meint sie. Nach Spanien zum Beispiel. Oder auf die Balearen. International müsse es schon sein, betont sie. Das mache ihr Spaß – einer der Gründe, warum sie hier auch am Flughafen arbeite.

Doch dann kippt ihre Stimmung wieder urplötzlich und sie wird richtig ernst. »Ach, Quatsch!«, unterbricht sie ihre Gedanken. »Das wird doch nie was!« Ich mache ein fragendes Gesicht. Nein, sie bleibe auf alle Fälle in ihrer Stadt. Und außerdem bleibe sie am Flughafen – hier habe sie schließlich ihren Traumjob, auch wenn der schlecht bezahlt und der Laden nicht ihrer sei. Ich kann es nicht lassen und frage wieder nach: »Was bräuchte man denn, um am Flughafen sein eigenes Restaurant aufzumachen?« Zynisch lacht sie auf: »Beziehungen! Vor allem Beziehungen!« Ich wage einen weiteren Versuch: Ob sie die denn nicht aufbauen könne, möchte ich wissen. Sie schaut mich an, als hätte sie ein Ochse nach der Uhrzeit gefragt. »Als Frau? In Deutschland? Heutzutage?« Noch ein paar Mal bemühe ich mich um inhaltliche Erwiderungen, komme mir aber vor, als spiel-

260

ten wir Pingpong, wobei sie nun nur noch die Rückhand benutzt: Sie weiß ganz genau, was alles nicht geht, und kann auch stets gut begründen warum. Also beschließe ich bald, aus dem Spiel auszusteigen, und lasse ihren letzten Ball an mir vorbeisausen. »Aha«, sage ich nur – ganz ohne Widerrede und Doppeldeutigkeit im Ton. Sie lächelt wieder: Punkt für sie!

»Sie ist unsere Beste!«

Ich bedanke mich und wünsche ihr alles Gute – was immer sie darunter versteht. Dann gehe ich zur Kasse und bezahle. Auf dem Tresen stehen mehrere kleine Spardosen für das Trinkgeld. Jede Dose trägt den Namen einer Bedienung. Als ich aber versuche, das Sparschwein »meiner« Super-Bedienung zu füttern, wird es schwierig: Es ist so randvoll mit Geld, dass fast nichts mehr reinpasst! Zum Vergleich nehme ich ein paar der anderen Spardosen in die Hand – in ihnen herrscht vergleichsweise gähnende Leere. Der Kassierer grinst mich zufrieden an: »Ja, sie ist schon unsere Beste, die Frau XY!« Ich nicke bestätigend und

sehe noch einmal in den Gastraum. Sie winkt mir fröhlich zu: »Tschüs und danke!« Dann verlasse ich das Restaurant und laufe in Richtung meines Gates. Ich habe das seltsam berührende Gefühl, wieder mal einen Menschen getroffen zu haben, der weit unter seinen Möglichkeiten bleibt. Schade. Sehr schade.

Unsere innere VIDEOKAMERA

Kennen Sie die »innere Videokamera«? Stellen Sie sich unsere Aufmerksamkeit am besten wie den Sucher einer Videokamera vor – das, worauf wir ihn richten, erscheint im Bild. Und der Rest verschwindet. So ähnlich funktioniert Wahrnehmung tatsächlich. Wenn wir die Sinneseindrücke, die täglich von innen und außen über uns schwappen, gänzlich ungefiltert gewähren ließen, hätten wir schnell ein Riesenproblem: das komplette Informationschaos! Es entstünde ein unbeschreiblicher Sinneskrach. Weil wir aber gezielt filtern, erkennen wir Strukturen und können gezielt handeln: Wir sitzen im Restaurant und können uns unterhalten, obwohl im Hintergrund Musik läuft und auch am Nachbartisch geredet wird. Sie lesen gerade diesen Text und können sich darauf konzentrieren, obwohl Ihre Druckrezeptoren im Gesäß Ihnen zeitgleich mitteilen wollen, dass Sie auf einem Stuhl sitzen.

Auch im Inneren fokussieren wir natürlich unsere Gedanken – zum Beispiel auf eine bestimmte Idee, einen Gedankengang oder ein Gefühl. Spannend dabei: Was wir eine Weile fokussieren, verstärken wir. Und was wir nicht »filmen«, schwächen wir ab. Ein Beispiel: Denken Sie doch einmal zehn Minuten lang sehr konzentriert darüber nach, welche Misserfolge Sie in Ihrem Leben bereits erlebt haben! Mal in der Schule sitzen geblieben? Vom Partner verlassen worden? Im Urlaub zu viel für ein Souvenir gezahlt? Sicher wird Ihnen einiges einfallen. Aber Ihnen wird auch bald auffallen, wie schlecht Sie sich nun fühlen – und zwar zu Recht: Schließlich sind Sie eine echte Niete! Nun aber drehen wir den Spieß einmal um: Sammeln Sie zehn Minuten lang ausschließlich Erfolge! Die Schule am Ende doch geschafft? Den passenden Partner ge-

funden? Den Urlaub genossen? Glückwunsch! Und mit Sicherheit geht nun auch Ihre Stimmung nach oben.

Warum geht es nicht?

Sie sehen: Wir finden in der Regel, wonach wir suchen! Und das wiederum wird sich auf unsere Stimmung auswirken, auf unseren Mut, unsere Energie und letztlich auf unser Leben. Also wäre es doch klug, die innere Videokamera vor allem so zu steuern, dass sie uns nützt – anstatt uns zu schaden, oder? Also nach Dingen zu suchen, die wir auch wirklich finden wollen!

Zurück zur kleinen Restaurantgeschichte: Die nette Bedienung richtet ihre innere Videokamera leider vorwiegend auf Gründe, die ihren offensichtlich unterdrückten Wünschen entgegenlaufen. Ja, es erscheint fast so, als würde sie sich nicht einmal trauen, den durchaus berechtigen (und womöglich realistischen!) Wunsch auf ein eigenes Restaurant zuzulassen! Sie ist erst um die 30 – mitnichten ein Alter, in dem alle Züge des Lebens abgefahren sind, und immerhin alt genug, um sich etwas zuzutrauen. Sie könnte ja zumindest zu planen beginnen, wie sie sich ihren Traum langfristig erfüllen kann! Aber anstatt ihre Aufmerksamkeit darauf zu richten, blockt sie die Gedanken daran meist sofort ab. Ja, schlimmer noch: Sie sucht stattdessen vor allem nach Begründungen, warum das, was sie spürbar will, nicht geht, anstatt nach Gründen zu suchen, warum es gehen könnte! Und entsprechend der Logik innerer Videokameras findet sie Antworten: als Frau, in Deutschland, heutzutage. Und natürlich rauben ihr all diese Antworten den Mut, in die Richtung zu denken, in die sie eigentlich denken will. Wie schon zuvor. Und vermeintlich »zu Recht«. Dass die Frauen (und übrigens auch alle Männer) um die 30, die sich in Deutschland heutzutage selbstständig machen, genau andersherum denken müssen (»Warum geht es? Und wie geht es?«), liegt außerhalb ihrer Denkroutinen. Und das bei ihrem Talent!

Möglicherweise (ich hoffe ja, sie denkt noch einmal darüber nach!) kann man sogar sagen, sie praktiziert die reinste Selbstverschwendung. Sie hat sich in der Pseudologik ihrer eigenen Ausreden verstrickt. Und weil sie damit natürlich nicht die Einzige ist, findet sie sicher auch immer wieder Menschen, die sie in ihrer Ansicht unterstützen – selbst wenn die angeblich guten Gründe nur wie hohle Plattitüden klingen: »als Frau«, »in Deutschland«, »heutzutage« ... Es ist erstaunlich, wie viel Energie manche darin investieren, ihre vermeintliche Hilflosigkeit zu rechtfertigen, anstatt die gleiche Energie in mögliche Lösungen zu stecken.

WARUM geht es? Und WIE geht es?

Also, was können wir daraus lernen? Ich schlage zur Erfüllung von Wünschen aller Art folgende Fragen vor:

1. Was wollen Sie wirklich?

Seien Sie möglichst ehrlich zu sich selbst! In welche Richtung soll die Reise gehen? Was würden Sie tun,

263

wenn Sie wüssten, dass Sie auf jeden Fall Erfolg hätten? Was würden Sie tun, wenn Sie keine Angst hätten? Was würden Sie tun, wenn es Ihnen leichtfiele? Was könnten Sie von morgens bis abends spielen, ohne dass Sie die Lust daran verlören?

2. Warum können Sie Ihr Ziel erreichen?

Suchen Sie sich Vorbilder! Wer hat bereits erreicht, was Sie erreichen wollen? Welche Hürden und Widrigkeiten mussten dabei überstanden werden? Sie werden sehen, dass so gut wie jeder, der am Ziel ist, dafür zuvor einiges tun musste – oft sogar trotz starkem Gegenwind. Aber: Wie haben diese Hürden Ihre Vorbilder stärker gemacht? Was haben sie dabei gelernt? Können auch Sie durch Schwierigkeiten lernen? Dadurch, dass Sie den Weg gehen, anstatt sitzen zu bleiben, wo Sie sind? Also: Bauen Sie den starken Glauben auf, dass auch Sie das Ziel erreichen können! Denn das können Sie – schließlich haben es andere auch geschafft.

3. Wie können Sie Ihr Ziel erreichen?

Welche ganz konkreten Schritte liegen zwischen Ihnen und Ihrem Ziel? Fragen Sie Ihre Vorbilder, welche Wege sie gegangen sind! Sie werden sehen: Es gibt unendlich viele Wege, die zum Ziel führen! Welche also passen zu Ihnen? Und dann basteln Sie sich eine möglichst konkrete, aber keine allzu starre Strategie – schließlich müssen Sie auch unterwegs stets flexibel bleiben! Gehen Sie in Gedanken Schritt für Schritt in Richtung Ziel! Sie werden sehen: Wenn Sie jeden Schritt für sich allein betrachten, erscheint auch ein langer Weg machbar.

4. Warum wollen Sie Ihr Ziel erreichen?

Sammeln Sie lauter gute Gründe dafür, warum Sie es verdient haben, Ihr Ziel zu erreichen! Wie wäre es, schon da zu sein? Wie sieht es dort aus? Wie werden Sie sich fühlen? Was werden Sie hören? Was erleben? Kurz: Bauen Sie nun auch den starken Wunsch auf, Ihr Ziel zu erreichen! Denn ohne Wunsch keine Handlung.

ÜBUNG

Lösen Sie Blockaden auf!

Was hält Sie noch auf, Ihr Ziel zu erreichen?

Welche Ängste und Umstände behindern Sie?

Wie können Sie diese Blockaden lösen? Wie können Sie die Umstände zu Ihren Gunsten beeinflussen?

Wer kann Ihnen dabei helfen?

Wann und wie fangen Sie ganz konkret damit an?

Wenn Sie diese vier Schritte gehen, werden Sie sehen, dass sich nun der Fokus Ihrer Aufmerksamkeit von den Problemen weg in Richtung möglicher Lösungen verschiebt. Und wenn Sie lange genug in die richtige Richtung gedacht haben, erscheint Ihnen auch bald der nächste Schritt denkbar, der ebenso notwendig ist, um an Ihr Ziel zu kommen: die Handlung selbst!

Halten Sie sich (und Günter) eine Wurst vor die Schnauze!

Weil innere Schweinehunde so sehr auf Belohnung stehen, ist es unerlässlich, ihnen vor dem Gang durch den Tiefschnee eine Wurst vor die Schnauze zu halten: »Guck mal, an der Fressbude da drüben wird es lecker!« Zwar kann man immer wieder im Leben mit dem Tiger drohen und damit bewirken, dass Günter vor Angst in den Tiefschnee läuft. Aber darum geht es ja nicht. Stattdessen soll er zum Ziel laufen. Und ankommen. Und dann wieder hinlaufen. Und wieder ankommen.

Hier ist es also wie mit der Einkaufstour für die Mädels oder dem Fußballspiel für die Jungs: Alleine dadurch, dass einem neue Schuhe und heroische Tore vor dem geistigen Auge stehen, bringt man freiwillig Leistung. Das eigene Handeln bekommt einen Sinn, das Kopf-Doping beginnt. Besonders intensiv motiviert man sich übrigens, wenn man sich seine Ziele schon mal möglichst plastisch vorstellt. »Visualisierung« nennt man das. So unterdrückt man das Herumjammern und richtet sich innerlich auf die Richtung aus, in die es gehen soll. Also zum Beispiel morgens nach dem Weckerklingeln: Nicht gleich motzen, sondern erst mal einen positiven Gedanken fassen! »Kopf dran, Arme dran, tut nix weh – super!« Oder: »Es tut weh – super, du lebst noch!« Oder: »Schatz? Du auch noch da? Super!« Und dann kann es auch schon losgehen mit der Visualisierung: Was dürfen Sie heute alles Schönes erleben? Erst mal warm duschen, so wie Sie es mögen. Dann Ihr Frühstück essen, so wie Sie es mögen. Dann Ihren Arbeitsplatz aufsuchen, die lieben Kollegen und Kunden treffen, an Ihrer Selbstverwirklichung basteln. Super!

Ein wenig unterstützen können Sie Ihre gute Laune übrigens mit Ihrem eigenen Körper – dank Biofeedback. Denn: Gehirn (also Günter) und Körper sind aufs Engste miteinander verdrahtet. Also lachen wir nicht nur, wenn wir uns freuen, sondern wir können uns auch freuen, wenn wir lachen. Oder andersherum. Wenn Sie also kraftlos und schlapp im Stuhl herumlümmeln, fühlen Sie sich auch kraftlos und schlapp. Tun Sie hingegen so, als seien Sie knallwach und energisch, fühlen Sie sich auch so, als könnten Sie Bäume ausreißen.

Wie wir uns tagsüber fühlen wollen, beeinflussen wir schon damit, wie wir morgens vor dem Spiegel stehen. Die eine Fraktion sagt ja: »Wirst immer älter, immer grauer, immer dicker.« Und die andere Fraktion sagt: »Wirst immer älter, immer grauer, immer dicker – und bist trotzdem noch geil drauf!« Klar also, dass die zweite Fraktion im Leben mehr reißt und sogar Spaß dabei hat! Sie hat verstanden, worum es im Kern geht – egal, wie die Umgebungsfaktoren sind. Man ist erst dann ein Superheld, wenn man sich selbst für super hält.

The fun theory

Der Autokonzern Volkswagen hat eine beeindruckende Werbekampagne ins Leben gerufen: »The fun theory«. Auf der Website www.thefuntheory.com und in viralen Clips, die auf Youtube millionenfach angeschaut wurden, verbreitet VW die Idee, dass etwas so Einfaches wie Spaß (»fun«) die leichteste Möglichkeit ist, menschliches Verhalten zum Besseren zu verändern – sei es für einen selbst, für die Umwelt oder in einem ganz anderen Bereich.

Die Videoclips sind großartig und belegen die Theorie: So gab man etwa einem Glascontainer das Aussehen eines überdimensionalen Spielautomaten. Über den Einwurflöchern blinkten Lampen und eine Zahlenanzeige. Und jedes Mal, wenn eine Flasche eingeworfen wurde, gab die Maschine einen Laut von sich. Die Folge: Der Glascontainer wurde mit Freuden genutzt!

In einem anderen Beispiel versah man einen öffentlichen Mülleimer mit einer Lichtschranke direkt hinter der Einwurföffnung. Und sobald jemand Müll einwarf, gab nun der Mülleimer einen langgezogenen absteigenden Pfeifton von sich, der wie in einem Comicfilm einen tiefen Fall simulierte. Dann folgte ein dumpfes Aufschlagsgeräusch. Die Folge: Natürlich fanden alle den Mülleimer lustig und füllten ihn gut gelaunt mit – Müll. In einem weiteren schönen Beispiel »verkleidete« man über Nacht die Treppe einer U-Bahnstation in die Tasten eines riesigen Pianos. Und: Sobald jemand eine Stufe betrat, gab diese nun einen Klavierton von sich! Kein Wunder also, dass am nächsten Tag die meisten Passanten lieber die Treppe nahmen als die angrenzende Rolltreppe. Schließlich stiegen sie nun keine langweiligen Stufen, sie spielten Klavier.

Sogar einen Fun-Theory-Award hat Volkswagen ausgerufen für die besten Fun-Theory-Beispiele: Der Gewinner des Jahres 2010 etwa stellte sich die Frage, wie man Menschen dazu bringt, sich freiwillig an eine Tempo-30-Geschwindigkeitsbegrenzung zu halten. Er entwarf dazu die Geschwindigkeitskamera-Lotterie: Über ein großes Display gibt sie jedem Fahrer eine Rückmeldung, wie schnell er fährt. Und: Sie fotografiert Geschwindigkeitssünder, die daraufhin einen Strafzettel bekommen. Nun der Clou: Das über die Strafzettel eingenommene Geld wird für eine Lotterie verwendet, bei der automatisch die mitmachen, die sich ans Tempo halten! Diese werden nämlich ebenfalls fotografiert – und bekommen so völlig umsonst die Chance auf einen echten Glücksspielgewinn. Also: Runter vom Gas!

ÜBUNG

Was motiviert Sie besonders?

Was wäre, wenn Sie Ihr Ziel bereits erreicht hätten?

Stellen Sie sich vor, Sie hätten Ihr Ziel bereits erreicht. Was könnte das für Sie bedeuten? Was würden Sie erleben? Wie würden Sie sich dabei fühlen?

Bringen Sie sich in Stimmung!

Womit bringen Sie sich augenblicklich in gute Stimmung? Welche Hilfsmittel stehen Ihnen dafür zur Verfügung? (Musik, Menschen, Gedanken, Gespräche, Vorstellungen ...)

Handeln Sie!

So, jetzt wissen wir also, dass Günter sich zum Gang in den Tiefschnee am besten mit Sinn, Ziel und Biofeedback motiviert. Zeit
nun also, auch tatsächlich in Schwung zu kommen! Denn neben
der reinen Absicht zu handeln ist es ja erst die Handlung selbst, die
uns tatsächlich in Bewegung bringt. Und dafür
sollten wir eine Entscheidung treffen.
Und dann mit möglichst viel Leidenschaft loslegen.

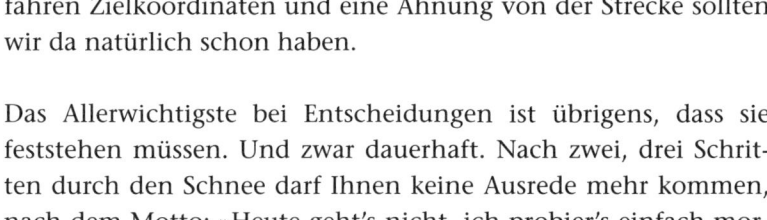

Also, was ist Sache? Wollen
wir weiterhin den alten,
ausgelatschten Weg ge-
hen, der zwar bequem
ist, uns aber nichts zu
fressen beschert? Nein!
Deshalb entscheiden wir
uns endlich, den neuen
Weg zu gehen! Solche Ent-
scheidungen werden übri-
gens am besten noch draußen
getroffen, bevor wir in den Park hi-
neingehen – und nicht erst mittendrin,
während wir längst unterwegs sind. Die unge-
fähren Zielkoordinaten und eine Ahnung von der Strecke sollten
wir da natürlich schon haben.

Das Allerwichtigste bei Entscheidungen ist übrigens, dass sie
feststehen müssen. Und zwar dauerhaft. Nach zwei, drei Schritten durch den Schnee darf Ihnen keine Ausrede mehr kommen,
nach dem Motto: »Heute geht's nicht, ich probier's einfach morgen wieder!« Denn dann hätten Sie keine Entscheidung getroffen,
sondern nur so getan als ob. Wenn Sie aber eine Entscheidung

Fressbude 4:
Wer eine klare
Entscheidung
trifft und mit
Leidenschaft
handelt, kann
am Tiefschnee
Spaß haben.

getroffen haben, kann es losgehen: Hinein in den Tiefschnee! Und zwar am besten mit Leidenschaft! Schritt eins, Schritt zwei, Schritt drei. Denn erst die Leidenschaft ist es, die Sie wieder wirklich in Schwung bringt und Sie das Ganze sogar genießen lässt: »Toll, Tiefschnee! So lange schon habe ich das nicht mehr erlebt! So schön erfrischend, so fordernd, so abenteuerlich!« Außerdem brauchen Sie Leidenschaft, damit Sie bei der erstbesten Gelegenheit nicht gleich aufgeben und in Ihre alte Rille zurückspringen.

Meistern Sie Herausforderungen!

Aus einem weiteren Grund ist Leidenschaft beim Handeln sehr wichtig: Denn wenn Sie etwas völlig Neues tun, werden unterwegs natürlich Probleme auftauchen. Und mit Leidenschaft kriegen Sie

ÜBUNG

Treffen Sie eine Entscheidung und handeln Sie mit Leidenschaft!

Werden Sie handeln, um Ihr Ziel zu erreichen? Ja oder nein? Wie können Sie Ihre Entscheidung festigen? Woran merken Sie konkret, dass Sie handeln?

Wie können Sie so leidenschaftlich wie möglich handeln? Wie werden Sie sich mental justieren, um Ihre Handlung als echte Freude wahrzunehmen?

die besser in den Griff. Immerhin gilt bei Problemen: Nicht gleich jammern, sondern machen Sie Probleme stets zu lehrreichen Herausforderungen! Was können sie Ihnen beibringen?

Okay, zugegeben: Bei Problemen erst mal zu jammern, ist eine statistisch sehr häufige Art, auf Anstrengung oder Veränderung zu reagieren. Im Kern ist jammern aber ein kindlich anmutender Bewältigungsversuch: »Ich habe es so schwer. Bitte, Mama, tröste mich!« Und natürlich führt es nicht wirklich weiter: »Es ist so schlimm, wir haben in der Firma ein neues EDV-System!« Oder: »Schrecklich, dass ich mit dem Rauchen aufhören muss! Kann meine Atemnot nicht von alleine verschwinden?« Das eigentlich Bizarre an solchen Jammereien aber ist der zugrundeliegende Anspruch, man möge es im Leben immer leicht haben und folglich dürfe einem nichts schwerfallen. Die Angst vor Überanstrengung also, die Urangst Nummer eins, erinnern Sie sich? Nur was sich die wenigsten klarmachen: Die meisten Anstrengungen unserer halbwegs zivilisierten Welt sind eben nichts Lebensbedrohliches mehr, sondern höchstens kleine Lästigkeiten! Was ist denn so schlimm daran, sich an eine neue EDV zu gewöhnen? Oder sich mal bewusst keinen Schuss Nikotin zu verpassen? Hey, wir haben sogar laufen gelernt! Besprechen Sie Ihre schlimmen Probleme mal mit Kriegsveteranen, Todkranken oder neugierigen Kindern. Die lachen sich kaputt. Ein russisches Sprichwort sagt: »Wer auf dem Meer gewesen ist, der scheut sich nicht vor Pfützen.«

Es gibt übrigens auch besonders unangenehme Formen der Jammersucht: Zum Beispiel wenn es von Beginn an eigentlich gar nichts zu jammern gibt und die Jammerer trotzdem jammern – dann in Form des sich selbst erfüllenden Jammerns: »Fangen wir schon mal an, ein Grund wird sich noch finden!« Oder kennen Sie den Typus des perfiden Ätschbätsch-Jammerers? Der versteckt seine Faulheit hinter einer riesigen Jammerkulisse – und versucht äußerst aktiv, andere mit dem Jammern anzustecken. Dabei nimmt er anderen gerne gezielt den Mut: »Das schaffst du nie, vergiss es!« Und wenn sie es tatsächlich nicht schaffen, freut er sich hämisch: »Ätschbätsch! Ich hab es dir doch gleich gesagt!« (Wenn ich solchen Typen begegne, kriege ich manchmal sadistische Fantasien. Zum Beispiel wünsche ich ihnen eine Kindheit in Südkorea. Dort drillt man Kinder tagelang in Militärcamps, um sie an ihre psychischen und körperlichen Grenzen zu bringen. Und ich wette: Für Ätschbätsch-Typen gibt es Liegestützen extra!)

**Fressbude 5:
Wer neue
Wege mit dem
Rücken vor-
ausgeht und
sehnsuchtsvoll
den alten Weg
fokussiert, lei-
det bei Verän-
derungen.**

Bei Problemen erst mal zu jammern, ist ungefähr so, als liefe Gün-
tern mit dem Hintern voraus durch den Tiefschnee! Blick und Gedanken immer zurück auf die alte Spur: »Och, da drüben war es
so schön! So schön leicht ging es dort noch! Zwar habe ich nichts
zu fressen gekriegt, aber ich musste mich
wenigstens nicht anstrengen!« So
laufen manche gefühlte Ewig-
keiten in Richtung Ziel.
Und sind sie endlich an-
gekommen, können sie
sich nicht etwa darü-
ber freuen, sondern sie
motzen erst mal: »Ganz
schön hart war es!«

Na, erkennen Sie die Bewältigungsstrategie? Manche wenden sie ja bei allen möglichen Veränderungen an und leiden dadurch mehr als nötig. Haben Sie zum Beispiel schon einmal eine Beziehungstrennung erlebt? Bestimmt. Klar, das ist zwar nicht immer unbedingt angenehm, aber manche schaffen es doch, darunter pathologisch zu leiden. Wollen Sie wissen, wie? Ganz einfach: Suchen Sie sich direkt nach einer Trennung die schönsten Fotos Ihres verflossenen Partners zusammen! Die vom gemeinsamen Superurlaub. Die schönen vom Fotografen. Die privaten unanständigen. Und dann vergrößern Sie all diese Fotos mal auf Postergröße, umrahmen Sie sie golden und richten Sie damit in Ihrem Wohnzimmer eine Meditationswand auf Ihren Ex-Partner ein! Ganz wichtig: Sie dürfen keinesfalls übersehen, wer Ihnen so schmerzlich fehlt, ja? Vielleicht bauen Sie ja in der Türe zum Wohnzimmer eine Lichtschranke ein, die jedes Mal einen MP3-Player aktiviert, der daraufhin laut »Ihr gemeinsames Lied« abspielt. Sprich: Sie sollen täglich ausgiebig auf den Ex-Partner meditieren! Mindestens eine Dreiviertelstunde lang. Wie schön war es gemeinsam? Wie vertraut? Wie sanft und sexy? Seien Sie sicher: Sie werden leiden, das klappt.

Alternativvorschlag daher: Wenn Sie unterwegs schon auf Probleme treffen, dann machen Sie diese doch einfach zu Ihrem Freund! Sagen Sie sich: »Egal, welches Problem du bist, du willst mir etwas beibringen!« Und dann gehen Sie konstruktiv damit um: Was will Ihnen das Problem sagen? Welches Feedback gibt es Ihnen? Und was können Sie daraus lernen? So werden Probleme zu Herausforderungen, an denen wir wachsen können. Also: »Danke, liebes Problem!«

Der Junge, der OHNE AUGEN sehen kann

Stellen Sie sich vor, Ihr Kind bekäme im Alter von drei Jahren Augenkrebs – und hat nur eine Chance, zu überleben: die operative Entfernung beider Augen. Und so kommt es: Die Operation heilt den Krebs, Ihr Kind ist aber fortan blind. Tapfer sorgen Sie dafür, dass es ein weitgehend normales Leben führt. Sie bemitleiden es nicht, denn Mitleid soll nicht zu Selbstmitleid führen. Sie wissen: Die einzige Chance Ihres Kindes auf ein hohes Maß an Selbstständigkeit und Lebenserfolg liegt darin, mit seinem Handicap zu leben. Eines Tages aber fällt Ihnen etwas Erstaunliches auf: Obwohl Ihr Kind keine Augen mehr hat, bewegt es sich sicher – selbst durch unbekanntes Gelände. Irgendwie scheint es auch ohne Augen sehen zu können. Es erkennt Gebäude auf der Straße. Kann hohe von niedrigen unterscheiden. Es lernt unfallfrei Fahrrad und Skateboard zu fahren, ja spielt sogar Basketball! Das Einzige, was Ihnen seltsam erscheint, sind die knackenden Geräusche, die Ihr Kind alle paar Sekunden mit seiner Zunge macht. Unmöglich? Keineswegs. Ihr Kind »sieht« tatsächlich – nur eben nicht mit den Augen, sondern mit den Ohren. Es hat sich die Echoortung beigebracht.

Diese Geschichte ist tatsächlich wahr: Der kalifornische Teenager Ben Underwood, seit dem Alter von drei Jahren ohne Augen, hatte gelernt, sich mit Schnalzlauten zu orientieren. Er knackte oder schnalzte mit der Zunge und nahm dann bewusst wahr, wie seine Umgebung die Geräusche zurückwarf – genau die Art der Echoortung, wie sie Delfine oder Fledermäuse nutzen. Dank des reflektierten Schalls konnte sich Ben ein dreidimensionales »Bild« seiner Umgebung kreieren und sich sicher bewegen. Ja, er hat sogar tatsächlich Basketball gespielt! Leider starb Ben Underwood 2009 im Alter von 16 Jahren schließlich doch an seinem Krebs. Seine Geschichte aber ist weltweit bekannt geworden und schenkt Hoffnung, selbst mit scheinbar aussichtslosen Situationen fertig zu werden.

ÜBUNG
Welche Probleme könnte es geben?

Egal, was Sie Neues tun – es wird nicht immer einfach sein: Manchmal werden Sie kämpfen müssen.
Je besser Sie sich vorher auf eventuelle Schwierigkeiten einstellen, desto eher werden Sie mit ihnen fertig.

Welche ganz konkreten Schwierigkeiten drohen?

Wie wollen Sie darauf reagieren?

Was können Sie durch die Schwierigkeiten lernen?

Wie werden Sie auf keinen Fall reagieren?

Üben, üben, üben!

Ach, Sie halten das jetzt für hohles Geschwätz? Für die typische Phrasendrescherei eines Motivationsfuzzies? Das nehme ich Ihnen nicht ab!

Auch Sie haben schließlich alles, was Sie können, erst mal mühsam lernen müssen. Das Laufen, Lesen, Schreiben, Rechnen, Autofahren, Rauchen – Sie erinnern sich? Und dabei haben Sie genau das gemacht: Sie haben sich beim Lernen nicht entmutigen las-

sen, sondern eventuelle Schwierigkeiten als einen Teil des Lern-
prozesses verstanden. Wie Kinder beim Fahrradfahrenüben: Erste Rechtskurve, das Kind fällt hin. Zweite Rechtskurve, das Kind
stürzt wieder. Wir Erwachsenen denken: »Die armen Knie!« Das
Kind aber denkt: »Fast habe ich es geschafft!« Und bei Rechtskurve Nummer drei bleibt es tatsächlich auf dem Rad. Bald fährt
es auch Linkskurven und Slalom. Dank der Stürze und Fehler, die
geholfen haben, Grenzen auszutesten und das System zu justieren! Insofern kann man Schwierigkeiten und Fehler tatsächlich
als reine Feedbackmechanismen verstehen. Sie gehören einfach
dazu. Außerdem sind sie manchmal auch Prüfsteine für den eigenen Willen: »Ist dir die Sache wirklich wichtig genug, um auch
Herausforderungen zu meistern?«

Der Trick des Erfolgreichen besteht also aus zwei Schritten: Erstens
versteht er, dass die meisten Dinge Übungssache sind. Daher übt
er das Fahrradfahren, das Nichtrauchen, die neue EDV oder die
Selbstständigkeit. Schließlich geht es erst mal um
Prozesse, und dann erst um Ergebnisse. Erst
muss der Weg durch den Tiefschnee ge-
bahnt werden, bevor es etwas zu fressen gibt. Und zweitens handelt er so
lange, bis sich Erfolg einstellt! Denn
erst dann gibt es die Extrasprit-
zer Dopamin und Endorphine
im Kopf, die Synapsenparty, Sie
erinnern sich? Erst dann kann
sich Erfolg einstellen. Erst dann
ist man angekommen, wo man
hinwollte. Selbst wenn der Weg
vielleicht sehr lang war. Günter
ist stark geworden, dank des Trai-
nings zuvor.

Trick 17 übrigens, um auch wirklich dauermotiviert bis zum Ziel durchzuhalten, ist die »Nah-und-fern-Technik«: Wenn ein Ziel noch weit entfernt ist, können wir so tun, als sei es bereits nah. Das unterstützt uns darin, in Schwung zu kommen.

So explodiert Ihre Leistung!

Wovon hängt eigentlich wirklich ab, wie leistungsfähig wir sind? Immerhin gibt es etliche Faktoren, die unsere momentane Leistungsfähigkeit – neben den ganzen Günter-Faktoren – mitbestimmen. Zum Beispiel unser Talent, unsere Tagesform, die Laune unserer Mitarbeiter und Kunden, unsere aktuellen Kenntnisse und Fähigkeiten, die Wirtschaftskrise, der Blutalkoholspiegel vom Vorabend, unsere Gene, unser Umfeld, nicht bewältigte (oder besonders gut bewältigte) Kindheitstraumata und und und.

Talent, Trauma, Gene?

Aber welche Faktoren lassen unsere Leistung so richtig explodieren? Nur Talent kann es kaum sein – schließlich kennen wir alle den Typus des erfolglosen »ewigen Talents«. Auch Talentierte müssen trainieren, damit sie Erfolg haben.

Auch die Kindheitstraumata alleine sind nicht schuld – im Gegenteil: Wussten Sie zum Beispiel, dass der Verlust eines Elternteils während Kindheit und Jugend sogar zum Lebenserfolg beitragen kann? Traurige Tatsache: Etli-

Ist ein Ziel allerdings in greifbarer Nähe, tun wir am besten so, als sei es noch weit entfernt. So lassen wir keinen Schlendrian aufkommen, der uns den Erfolg am Ende noch sabotiert.

che berühmte Persönlichkeiten waren oder sind Waisen – Caesar, Kopernikus, Michelangelo, Napoleon, Washington, Newton, Bach, Händel, Darwin, Nietzsche, Louis Armstrong, Mahatma Gandhi, Charlie Chaplin, Bill Clinton, Madonna, Bono, Paul McCartney, John Lennon und viele mehr. Manchmal scheint eben gerade das Erleben äußerster Verwundbarkeit das Gefühl zu wecken, nicht sicher zu sein im Leben – und sich dann in höchste Leistung umzuwandeln: »Je besser ich bin, desto sicherer lebe ich.« Ja, Traumata können motivieren: Was so weh tut, darf schließlich nie wieder passieren!

Und wie sieht es mit den Genen aus? Alles weist darauf hin, dass diese zwar eine Rolle spielen können, aber längst nicht müssen.

Was das Lernen von Musik-instrumenten über Leistung verrät

Einen Riesenschritt zur Lösung unseres Rätsels hat der Psychologe Gary McPherson gemacht: McPherson untersuchte 157 zufällig ausgesuchte Kinder, die ein Musikinstrument lernten. Ziel der Untersuchung: Welche Kinder wurden dank welcher Faktoren besonders gut? Zunächst zeigte sich, was zu erwarten war: Ein paar lernten sehr schlecht, ein paar wenige unerwartet gut, und die mit Abstand meisten Kinder landeten irgendwo im Mittelfeld dazwischen. Wie aber kamen die besonders guten Leistungen zustande? Überraschung: Zunächst konnte McPherson ausschließen, dass die besonders erfolgreichen Entwicklungen etwas mit Intelligenz, Gehör, Mathematikkenntnissen, sensomotorischen Fähigkeiten oder Familien-

281

einkommen zu tun hatten! Unerwartet, nicht wahr?

Woran lag es dann? Überraschung Nummer zwei: Wie sich zeigte, lag der Unterschied in einer kleinen, scheinbar unbedeutenden Frage, die den Kindern zu Beginn der Übungsphase gestellt worden war: »Was meinst du, wie lange du das Instrument spielen wirst?« Die Kinder hatten folgende Antworten zur Auswahl: dieses Schuljahr, nur während der Grundschulzeit, während der gesamten Schulzeit oder das ganze Leben lang. Die Kinder gaben also einen Tipp ab, wie wichtig das Instrument für sie zukünftig werden würde. Und nun wurden die Antworten in drei Kategorien eingeteilt: kurzfristige, mittelfristige und langfristige Leistungsbereitschaft.

Sie ahnen schon, was kommt? Geduld noch. Weiter mit dem Versuch: Denn jetzt teilte McPherson die Kinder auch danach ein, wie lange sie wöchentlich übten: wenig (20 Minuten), mittel (45) oder viel (90). Und als McPherson nun die Übungszeiten mit der langfristigen Leistungsbereitschaft verglich, zeigte sich ein unerwartetes Ergebnis:

- Die Kinder, die nur eine kurzfristige perspektivische Leistungsbereitschaft hatten, erbrachten klar die schlechtesten Leistungen. Besonders interessant dabei: Sie wurden selbst durch intensives Üben nicht besser!

- Die Kinder mit der mittelfristigen Leistungsbereitschaft waren erwartungsgemäß besser. Hier verbesserten sich die Leistungen auch mit der Übungsdauer.

- Nun der Hammer: Die Kinder mit der langfristigen Leistungsbereitschaft waren die mit Abstand besten. Selbst mit der geringsten Übungsdauer waren sie immer noch besser als die kurzfristig Motivierten mit der längsten Übungsdauer! Und: Ihre Leistung schnellte mit längerer Übungsdauer viel steiler nach oben als bei den mittelfristig Motivierten – sie explodierte förmlich! Bei gleichen Übungszeiten waren die Kinder, die langfristig motiviert waren, um ganze 400 Prozent besser als die nur kurzfristig Motivierten!

Die Leistungsbooster:
Motivation plus Übung

Damit liegt auf der Hand, was die eigentlichen Booster für Spitzenleistungen sind: Motivation und Übung. Treten sie gemeinsam auf, können sie sich gegenseitig in stratosphärische Höhen schießen. Sie sind somit wichtiger als Intelligenz, Herkunft, Talent, Geld oder Erziehung. Sie sind die Erfolgsmacher unseres Lebens.

Was heißt das aber im Umkehrschluss? Womöglich, dass Übung ohne Motivation, Sinn oder Perspektive vergebene Liebesmühe ist! Mal ehrlich: Haben wir diese Erfahrung nicht alle schon etliche Male seit Beginn unserer Schulzeit gemacht? Dass wir zum Beispiel in Fächern, die uns nicht interessierten, schlecht waren, selbst wenn wir darin geübt hatten? Könnte es also sein, dass schlechtere Leistungen überhaupt nichts über unsere Intelligenz oder grundsätzliche Leistungsfähigkeit aussagen, sondern nur über unsere Motivation bezüglich eines bestimmten Themas (oder Lehrers)? Und würde das nicht auch bedeuten, dass große Teile unserer schulischen und beruflichen Auswahlverfahren am Ziel vorbeischießen, indem sie »nur« durch Leistung die Guten identifizieren und die weniger Guten aussortieren wollen?

Mir wird ganz schlecht, wenn ich an die immer leistungsbezogener werdende Auswahl in Schule und Uni denke (gerade in einer Zeit, in der es kaum genug Hochschulabgänger geben kann!). Mit meinem eigenen höchst mittelmäßigen Abitur jedenfalls bekäme ich heute keinen Medizinstudienplatz mehr. Interessanterweise aber war ich ein wirklich guter Student, während viele ehemals bessere Schüler im Studium schlechter waren als ich. Der Grund ist mir heute klar: Ich wollte unbedingt Arzt werden! Ja, gewissermaßen war ich von Beginn meines Studiums an mental bereits Arzt – jede Alternative erschien mir einfach undenkbar. Also brauchte ich meine Motivation nur noch durch Übung Realität werden zu lassen. Hätte mich auch ein anderes Studienfach ähnlich zur Leistung stimuliert? Kaum. Selbst wenn es »leichter« gewesen wäre. Und das, obwohl ich wirklich nur ein sehr mittelmäßiger Schüler mit etlichen Schwächen im Leistungsportfolio war: Mathe, Chemie, Physik, Latein, Französisch, Musik – grausam ...

Was aber heißt das für unseren Alltag? Können wir unterstellen, dass wir immer dann nicht genug motiviert sind, wenn wir trotz vieler Möglichkeiten zum Üben nicht genügend Leistung bringen? Zum Beispiel als Vertriebler, Selbstständige, Partner, Nichtraucher oder Sportler. Dass wir uns sagen: »Den Vertriebsjob hängst du eh bald an den Nagel!«, »Mal schauen, wann endlich bessere Zeiten kommen und du dich wieder anstellen lassen kannst!«, »Möglicherweise läuft dir morgen ein besserer Partner über den Weg?«, »Irgendwann wirst du sowieso wieder mit dem Rauchen anfangen!« oder »Bald ist wieder Winter, da ist es zu kalt zum Joggen!« Möglich ...

Achtung: Die Musikuntersuchung zeigt aber auch, dass Motivation ohne Übung zwar ganz nett ist, aber eben auch nur ins Mittelmaß mündet! Ins »ewige Talent« sozusagen. Wichtig: »Nur« mittelmäßige Motivation mit viel Übung kann erfolgreicher sein als hohe Motivation mit wenig Übung! Also: Aufwachen! Selbst bei mittelmäßigem Drive ist es noch nicht aller Tage Abend. Wir können üben, üben, üben. Und dann tatsächlich besser werden als all die Talente um uns herum. Voraussetzung eben: dass wir nicht unmotiviert sind!

Wichtige Fragen für Ihre Leistungsexplosion

Also: Was können wir uns aus diesen Erkenntnissen rausziehen? Wie wäre es mit folgenden Fragen:

1. In welchen Bereichen könnten und sollten wir unsere Leistungen verbessern?

2. Identifizieren wir uns wirklich mit den Inhalten dieser Bereiche? Sagen wir uns wirklich »Ich bin Vertriebler!«, »Ich bin Selbstständiger!«, »Ich bin ein guter Partner!«, »Ich bin Nichtraucher!« oder »Ich bin Sportler!«? Sind wir in unserer Rolle wirk-

lich wir selbst? Sind wir echt? Sind wir authentisch? Oder haben wir insgeheim unsere Zweifel?

3. Falls wir uns mit unseren jeweiligen Rollen identifizieren: Üben wir dann auch genug? Fragen wir uns also ganz konkret: Wie können wir noch besser werden? Von wem können wir etwas dazulernen? Kurz: Erziehen wir Günter besser, unseren inneren Schweinehund!

4. Falls wir uns aber nicht (genug) mit unseren jeweiligen Rollen identifizieren: Warum nicht? Haben wir vielleicht das Gefühl, für die Rolle nicht ganz zu passen, ja, uns für sie verbiegen zu müssen? Woran liegt das? Lässt sich der Grund hierfür beseitigen? Falls ja: Was tragen wir selbst aktiv dazu bei? Falls nein: Wäre es dann nicht ehrlicher und motivierender, eine andere Aktivität zu starten? Eine, die unseren Wünschen, Neigungen und Fähigkeiten eher entspricht?

Na, wie sieht es aus? Verbesserungspotenzial(e) entdeckt?

Dann lassen Sie es krachen!

Ich jedenfalls wünsche Ihnen von Herzen, dass sich Ihr Genie mindestens verdoppelt und Ihre Leistung explodiert!

Obwohl SIE das natürlich gar nicht nötig haben. Und obwohl es letztlich doch wieder vor allem um Günter geht ...

Fressbude 6: Auch neue Wege im Schnee lassen sich genauso spuren wie alte. So kann auch Neues zur Gewohnheit werden, während Altes mit der Zeit »zuschneit«.

Tja, also ist das eigentliche Ziel bei neuen Verhaltensweisen: Wir müssen so lange handeln, bis wir es geschafft haben! Erst wenn wir angekommen sind, wo wir hinwollten, haben wir die Voraussetzung geschaffen, den neuen Weg auch ein weiteres Mal zu gehen. Günter fühlt sich dazu jetzt nämlich stark genug.

Und dann geht es darum, den neuen Weg auch dauerhaft zu konditionieren. Sich also nicht jeden Tag zu fragen: »Soll ich jetzt den alten Weg nehmen oder den neuen?« Besonders typische Beispiele hierfür sind die üblichen Kurzzeitdiäten: »Och, jetzt habe ich schon zwei Tage keine Schokolade mehr gegessen – nun kann ich auch wieder.« Oder halbherzige Nikotinstoppversuche: »Och, ich habe schon drei Stunden keine mehr geraucht – jetzt geht wieder eine.« Oder nicht wirklich ernst gemeinte Vorsätze für mehr Bewegung im Alltag: »Och, jetzt habe ich zweimal die Treppe genommen – dann darf ich die restliche Woche auch wieder mit dem Aufzug fahren.«

ÜBUNG

Lernen und konditionieren Sie den neuen Weg durch den Tiefschnee!

Welche nützlichen neuen Erfahrungen können Sie beim Lernen machen?

Woran merken Sie, dass Sie erste Erfolge feiern?

Wie können Sie verhindern, dass Sie wieder den alten Weg nehmen?

Wie können Sie sich dauerhaft dazu konditionieren, den neuen Weg zu nehmen?

Woran merken Sie, dass Sie sich an den neuen Weg so gut gewöhnt haben wie zuvor an den alten?

So wechseln Sie höchstens ständig zwischen alter und neuer Spur ab – ohne das zugrundeliegende Richtungsproblem zu lösen. Sie haben einfach keine echte Entscheidung getroffen – beide Spuren existieren quasi gleichberechtigt weiter. Na, viel Spaß dann beim Mit-dem-Rauchen-Aufhören, der Diät und der super Bewegung! Sie werden es jedes Mal mit Günter zu tun bekommen: »Och komm, nimm den alten Weg!« Denn nun belohnen Sie sich heimlich mit einer Verhaltensweise, von der Sie eigentlich loskommen wollen. Und das ist in etwa so bescheuert wie Sex mit der Ex …

Natürlich ist das Ziel ein ganz anderes: Wenn Sie nämlich wirklich die Entscheidung treffen, zukünftig nur noch den neuen Weg zu nehmen, kann die Spur durch den Schnee immer breiter und somit leichter werden. Sie schaffen also eine neue Routine. Und irgendwann schneit dann der alte Weg zu – auch wenn das eine ganze Weile dauert. Egal, dort gibt es ohnehin kein Futter mehr.

Machen Sie den Weg zum Ziel – und Günter zum Freund!

Fassen wir kurz zusammen, wie wir Spitzenleistungen zustande bringen, denn eigentlich ist es ganz einfach: Finden wir unseren eigenen Berg! Verlassen wir dazu den falschen! Entlarven wir Sündenböcke und halten wir Günter eine Wurst vor die Schnauze! Treffen wir eine Entscheidung und handeln wir mit Leidenschaft! Tauchen Probleme auf, jammern wir nicht, sondern betrachten sie als Feedback und Möglichkeit zum Üben! Und wenn wir schon mal beim Üben sind, handeln wir auch stets so lange, bis wir am erwünschten Ziel angekommen sind! Und dann: Konditionieren wir den neuen Weg so oft, bis er uns zur Gewohnheit geworden ist! So weit, so logisch. Zumindest für einzelne Projekte oder Herausforderungen. Wie aber bringen wir auf diese Weise lebenslang Spitzenleistungen zustande?

Betrachten wir nun unser ganzes Leben mal aus der Vogelperspektive. Man kann es so zum Beispiel mit einer großen Treppe vergleichen. Ständig erklimmen wir irgendeine Stufe – und können dann zurückblicken auf die Stufen hinter uns. Oder wir blicken nach vorne auf die Stufen, die noch weiter nach oben führen. Das heißt: Eigentlich stecken wir immer in irgendwelchen Zwischenstufen verschiedenster Entwicklungen. Immer gibt es irgendwelche nächsten Schritte, die wir zu machen haben (oder hätten). Und das ist gut so! Denn nehmen wir die jeweils nächste Stufe, stecken wir engagiert in einem Projekt – und kön-

nen so Flow-Gefühle erleben. Wir haben also die Glücksdroge Dopamin im Kopf. Dass wir allerdings die Stufe nehmen, ist Voraussetzung dafür, überhaupt auf der nächsten anzukommen – und dort Erfolge zu feiern: Nun gibt es ein paar Extra-Spritzer Dopamin und eine Ladung Endorphine dazu, unser Kopf-Opium also. Wir können feiern, was wir geschafft haben – super! Jetzt lehnen wir uns entspannt zurück und genießen unsere Erfolge, wobei die dritte Kopf-Droge ins Spiel kommt: Serotonin. »Aaah, ist das schön!« Es geht uns wirklich gut. Und weil es bislang schon so schön war, starten wir bald wieder neu durch: zur nächsten Stufe (neuen Zielen also), sind wieder abenteuergedopt (haben also Dopamin im Kopf) und feiern und genießen unsere Erfolge (Endorphine und Serotonin), bevor wir uns wieder in Bewegung setzen. Schließlich ist die Treppe noch sehr lang.

Denken Sie mal an jemanden, der in Ihren Augen so richtig erfolgreich ist. Na? Wetten, dass dieser jemand in seinem Leben genau so vorgeht? Er nimmt eine Stufe nach der anderen und steht nur zwischendrin mal still, um seine erarbeiteten Erfolge zu genießen. Er verschafft sich sozusagen ständig selbst seine Glücksdrogen, der Weg an sich wird zum Ziel. Er erlebt Glück ohne zu saufen. Ein Leben lang. Denn eigentlich ist er ständig in Bewegung, ständig auf irgendeiner Mission. In seinem optimalen Tempo und in der richtigen Mischung aus Anspannung und Entspannung. Dabei ist er sozusagen auf einem Dauertrip: Dopamin (Action) – Endorphine (Action) – Serotonin (Pause) – Dopamin (Action) – Endorphine (Action) – Serotonin (Pause). So reichen seine Energien ewig. (Achtung, Achtung: Sie haben hoffentlich bemerkt, dass Pausen auch dazugehören?!)

Lustig dabei: Streng genommen brauchen Sie für solch eine Erfolgs- oder Glückstreppe nicht einmal klar definierte Ziele. Denn Ziele sind im Prinzip nur dazu da, um in Schwung zu kommen und eine klare Richtung einzuschlagen. Das eigentliche Ziel nämlich ist stets der Weg. Insofern sind auch die in vielen Firmen üblichen Zielvorgaben für den Einzelnen eher Leistungsempfehlungen als in Stein gemeißelte Muss-Vorschriften. Und wir tun gut daran, sie einerseits ernst zu nehmen, andererseits aber nicht zu ernst.

Verfehlt man hingegen seine Ziele so weit, dass sie unrealistisch erscheinen, sollte man sich ehrlich fragen, ob man für sich überhaupt die richtigen Ziele anpeilt. Oder ob man möglicherweise auf einer Stufe eingerostet ist. Sie wissen ja, wie es ist: Früher, in Kindheit und Jugend, war die ständige Weiterentwicklung noch normal. Jedes Jahr ging es ein Stückchen nach oben: Der Sechstklässler weiß mehr als der Fünftklässler. Und der Azubi im zweiten Ausbildungsjahr mehr als der im ersten. Das Leben ist eine einzige Reise. Dann aber bleiben manche irgendwann stehen, während andere weiter nach oben und somit davoneilen: zwei Stufen weiter, drei, vier, fünf. The sky ist the limit. Die eigene Welt wird immer größer und reicher. Und wenn man dem Stehengebliebenen zuruft, er möge doch mit nach oben kommen, traut sich der das jetzt nicht mehr zu. Viel zu anstrengend ist das Treppensteigen! Und viel zu hoch geht es hinauf! Stattdessen hat er bequem in den Routine-Modus umgeschaltet und verharrt brav, wo er ist. Auch seine Kopfdrogen verflüchtigen sich rasch. Kein Dopamin mehr, keine Endorphine und zu wenig Serotonin. Ein Glück, dass er ein Dach über dem Kopf hat, einen festen Job und seine DVD nach Feierabend! Echte Abenteuer sind etwas für die anderen. Hallo, Günter. Grübel. Gähn. Schnarch.

Wie langweilig! Bleiben Sie deshalb niemals zu lange auf einer Stufe stehen! Entwickeln Sie sich ständig weiter! Machen Sie sich Ihre Drogen selbst! Denn dann haben Sie zeitlebens einen inneren Schweinehund, der Sie in allem brav und motiviert unterstützt.

Dann sagt Günter nämlich: »Wer, wenn nicht du? Wo, wenn nicht hier? Wann, wenn nicht jetzt? Los geht's!«

10. Das MOTIVATIONS-REZEPT

Und somit wären wir am Ende dieses Motivationsbuches ange-langt. Es freut mich, dass Sie so lange durchgehalten haben – Ihr innerer Schweinehund scheint ein schlaues und nach wie vor neugieriges Tierchen zu sein. Super! Außerdem hatte ich zu Be-ginn ja bereits angedeutet, dass es auch beim Thema Motivati-on und Erfolg letztlich nur um das richtige Rezept geht. Also um eine passende Anleitung, wie wir mit unserem kleinen Kumpel im Kopf umgehen, damit der macht, was wir wollen. Nun, ich will Sie nicht länger auf die Fol-ter spannen, hier ist das ersehnte Motivations- und Erfolgsrezept:

Neun Punkte

1. Erkennen Sie Günter!

Zutat Nummer eins: Erkennen Sie Günter! Es ist völlig normal, so ein kleines Viech im Kopf zu haben. Es wäre sehr schade, wenn Sie keines hätten – dann würden Ihnen nicht nur die netten inneren Selbstgespräche entgehen, sondern Sie würden sich womöglich auch ständig überfordern.

2. Checken Sie Ihre Routinen!

Zutat Nummer zwei: Checken Sie immer wieder Ihre Routinen. Nur weil etwas gestern richtig war, muss es heute und morgen noch lange nicht richtig sein. Selbst wenn es Günter wirklich leichtfällt.

3. Orientieren Sie sich stets am Sinn!

Zutat Nummer drei schafft da Abhilfe: Wo ist der eigentliche Sinn Ihres Handelns, also in welche Richtung sollte es gehen? Auf Günter-Deutsch: Wo ist die Fressbude? Und falls ein Unterschied zwischen Sinn und Weg besteht, entscheiden Sie sich unbedingt, das zu tun, was sinnvoll ist!

4. Nutzen Sie Ihre persönlichen Stärken!

Damit Sie sich nicht unökonomisch verheizen, folgt Zutat Nummer vier: Nutzen Sie Ihre persönlichen Stärken! Worin sind Sie besonders gut? Was fällt Ihnen besonders leicht? »Advantage, Günter.«

5. Fokussieren Sie sich auf den Weg, weniger auf das Ziel!

Fünftens: Fokussieren Sie sich weniger auf das Ziel, sondern eher auf den Weg dorthin. Denn erst wenn Sie den Weg draufhaben, erreichen Sie Ihr Ziel immer wieder ohne größeren

Aufwand. Also sagen Sie nicht: »Ich will endlich da sein!« Sondern eher: »Wie lerne ich, anzukommen?«

6. Machen Sie sich selbst Mut!

Günter braucht natürlich auch ein bisschen Zuspruch. Das ist Zutat Nummer sechs: Machen Sie sich stets Mut! Und zwar in erster Linie selbst. Sagen Sie sich immer wieder: »Das schaffst du schon, das wird spannend!« So sind Sie unabhängig von schlechten Nachrichten, allgemeinem Gejammer und sogar Ihrem Partner, der selbst etwas Besseres zu tun hat, als Ihnen das Händchen zu halten. Sich tagtäglich Mut zu machen, ist die Bringschuld eines jeden. Und sie ist eine der wichtigsten Schlüsselqualifikationen heutzutage überhaupt.

7. Fangen Sie an!

Und dann heißt es: anfangen, anfangen, anfangen! Denn auch Initiative ist so eine Schlüsselqualifikation. Durch sie unterscheiden sich Erfolgreiche von weniger Erfolgreichen – es geht schließlich nicht ums Schwätzen, sondern ums Tun. Also: Zaudern Sie nicht zu lange! Keine Paralyse durch Analyse!

Das Rezept einer Schwarzwälder Kirschtorte

Was ich Ihnen jetzt natürlich auch noch schulde, ist das Rezept einer Schwarzwälder Kirschtorte.

Irgendwann müssen Taten folgen, also fangen Sie an! Denn: Nur wer von sich aus Initiative entwickeln kann, schafft neue Spuren im Schnee. (Besonders schön daran: Sind Sie einmal in Schwung gekommen, bleiben Sie in Schwung – der schwerste Schritt liegt dann hinter Ihnen.)

8. Handeln Sie mit Leidenschaft – bis zum Ziel!

Zutat Nummer acht: Handeln Sie unbedingt mit Leidenschaft! Denn wer Leidenschaft entwickelt, fegt Hürden beiseite und lernt fleißig dazu. Und vor allem handelt er bis zum Ziel – erst da gibt es schließlich die Extra-Dosis Belohnungsdrogen. Auch für Sie!

9. Schaffen Sie wieder neue Routinen!

Und weil Routinen so ungemein praktisch sind, Zutat Nummer neun: Schaffen Sie neue Routinen, sobald Sie eine Handlung mal draufhaben! Denn Routinen machen Ihnen das Leben leichter und lassen Sie ganz locker in großer Stückzahl Gewinne einfahren! Es lebe der innere Schweinehund!

1. Sie brauchen: 1 Mürbeteig- und 1 Schokoladenbisquitboden, 50 Gramm Johannis- oder Himbeermarmelade, 1 Liter gesüßte Schlagsahne, 3 Blatt Gelatine, 250 Gramm Sauerkirschen, 100 Gramm Kirschwasser, 50 Gramm Schokoraspeln und 16 Cocktailkirschen.

2. Für den Mürbeteigboden rühren Sie bitte 125 Gramm Zucker, 250 Gramm Butter, eine Messerspitze Backpulver, 500 Gramm Mehl, ein Ei, etwas Salz, Vanille und Zitrone zusammen. Füllen Sie den Teig in eine Backform für Kuchenböden und stellen Sie alles für 20 Minuten bei 180 Grad in den Backofen. Fertig.

3. Für den Schokoladenbisquitboden schlagen Sie sechs Eier mit 200 Gramm Zucker. Dazu kommen noch 110 Gramm Mehl, 60 Gramm Weizenpulver, 30 Gramm Kakao und 60 Gramm flüssige Butter. Jetzt alles schön vermischen und in eine weitere Backform für Kuchenböden füllen. Das Ganze für 20 Minuten bei 180 °C in den Backofen, und wenn der frisch gebackene Schokoladenbisquitboden kalt ist, schneiden Sie ihn horizontal in zwei gleich dicke Scheiben.

4. Schlagen Sie die Sahne mit der Gelatine, bis sie steif ist. Bestreichen Sie den Mürbeteigboden mit der Sahne und drücken Sie ein paar Sauerkirschen in die Sahne-

schicht. Dann legen Sie den ersten Schokoladenbisquitboden darüber und beträufeln ihn mit Kirschwasser.

5. Verteilen Sie wieder Sahne und Sauerkirschen und legen darauf dann den zweiten Schokoladenbisquitboden. Jetzt streichen Sie die Sahne auf die gesamte Tortenoberfläche, setzen die Cocktailkirschen auf je einen Extraklacks und streuen darüber die Schokoladenraspeln. Fertig!

Weitere Rezepte

Weitere Rezepte rund um die Themen Günter und Erfolg finden Sie übrigens in den umfangreichen Literaturtipps dieses Buches. Sie werden sehen: Ich selbst habe auch einige dazu beigesteuert – Rezepte schreiben ist sozusagen mein Hobby. Auch auf meiner Homepage sollten Sie fündig werden: Unter www.stefan-fraedrich. de warten auf Sie jede Menge Infos in Form von Videos, Podcasts oder Blogbeiträgen. Außerdem können Sie dort sehen, wann und wo ich öffentliche Seminare und Vorträge halte – vielleicht lernen wir uns dort ja einmal persönlich kennen? Auch Links auf Social Networks, auf denen wir uns vernetzen können, finden Sie auf meiner Homepage, sowie wichtige Veranstaltungs- und Produkthinweise. Übrigens gibt es Günter auch als Plüschtier zu kaufen – in allen möglichen Varianten und verschiedenen Größen! Und wenn Sie sich für meinen Newsletter anmelden, bekommen Sie von mir regelmäßig einen motivierenden Brief sowie die jeweils neuesten Infos. Na, bleiben wir in Kontakt?

Denn machen wir uns nichts vor: Es ist klasse, dass Sie dieses Motivationsbuch gelesen haben – und ich freue mich darüber sehr und fühle mich geehrt. Aber oft verblassen nützliche Gedanken im Alltag wieder recht schnell – schließlich sind wir alle täglich so vielen Eindrücken ausgeliefert! Also ist es nur sinnvoll und tut es gut, die einen oder anderen Gedanken immer wieder aufzufrischen oder gezielt zu vertiefen. Wir müssen schließlich darauf achten, mit welchen Gedanken wir Günter füttern. Schließlich soll der Hund mit dem Schwanz wedeln – und nicht der Schwanz mit dem Hund. Selbst wenn er einen netten Namen hat.

Epilog

Liebe Leserin, lieber Leser, einen Gedanken möchte ich nun doch noch mit Ihnen teilen. Denn Sie könnten sich beim Lesen das eine oder andere Mal gefragt haben, ob ich selbst irgendwie auf Droge bin (außer den im eigenen Kopf produzierten natürlich). Ständig ging es um Motivation, um Neues, um Begeisterung – und Sie könnten sich leise gefragt haben: »Muss das denn alles sein? Kann ich mein Leben denn nicht vor allem gemütlich führen, weil das so bequem ist?« Und ich muss ganz klar sagen: Doch, natürlich können Sie das! Ich würde es Ihnen allerdings nicht wirklich raten. Warum?

Ganz einfach: Möglicherweise haben Sie auch schon einmal bemerkt, dass das Leben dazu neigt, immer schneller zu vergehen, je älter man wird. Jedes Jahr geht ein wenig schneller herum als das vorherige. Ständig heißt es: »Ja, ist denn schon wieder Weihnachten?!« Oder: »An den Kindern sieht man, wie die Zeit vergeht.« Womit hängt das zusammen? Mit dem, worüber wir uns so ausführlich unterhalten haben: mit zu vielen Routinen! Denn: Günter (unser Gehirn) kann Zeit überhaupt nicht objektiv messen. Er hat keine eingebaute Uhr, trägt keinen Kalender mit sich herum, geschweige denn ein iPhone. Das, was Günter (unser Gehirn) hingegen messen kann, sind Ereignisse. Für die ist er prädestiniert – unser Leben ist für ihn schließlich eine einzige Geschichte! Und so kommt es zu einer interessanten Wahrnehmungsverzerrung: Wenn wir pro Zeiteinheit viele spannende Ereignisse erleben, fühlen wir uns währenddessen gut unterhalten (Kopf-Doping) und hinterher haben wir den Eindruck, es müsse viel Zeit vergangen sein, weil ja so viel passiert ist. Erleben wir in der gleichen Zeit-einheit hingegen nur wenige spannende Ereignisse, sondern eher Routinen, kann es manchmal langweilig werden. Dadurch scheint sich die Zeit subjektiv zunächst zu dehnen – die Langeweile soll endlich vorbeigehen. Hinterher aber haben wir den Eindruck, als sei insgesamt kaum Zeit vergangen, weil wir ja nichts erlebt ha-ben. Und wir wundern uns, dass wir so schnell älter werden.

Konkretes Beispiel: Stellen Sie sich vor, Sie würden eine Wochen-endreise nach Paris, London oder vielleicht Rom machen. Und weil Sie möglichst viel davon mitnehmen möchten, knallen Sie sich den Zeitplan proppevoll und machen von morgens bis abends Sightseeing: Sie schauen sich dies an und das, dies und das, dies und das. Zwei Tage fast nonstop. Dann begrüßen Sie am Montag wieder Ihren Schreibtisch und haben das Gefühl, mindestens eine Woche lang unterwegs gewesen zu sein. Kein Wunder: So viel, wie Sie erlebt haben! Verbringen Sie die beiden gleichen Tage am Wochenende allerdings wie üblich mit Rasenmähen, Sportschau-gucken und dem typischen Kaffeekranz am Sonntag, fragen Sie sich montags: »Verdammt noch mal, wo ist wieder das Wochen-ende hin?« Logisch, oder?

Und nun schauen wir uns mal an, was das für unser gesamtes Leben bedeu-tet. Denn streng genommen ist unser Leben ja nichts als eine Abfolge von Ereignissen – rele-vanten und weniger relevan-ten. Stellen Sie sich also eine Lebenslinie von Ihrer Geburt bis zu Ihrem Tod vor. Und jedes wichtige Ereignis darauf als einzelnen Strich. Wie würde so eine Kurve mit der Zeit aus-

sehen? Klar: Die meisten Life-Events haben wir in Kindheit und Jugend. Wir lernen unsere Eltern kennen, unsere Geschwister, lernen krabbeln, laufen, mit Messer und Gabel essen. Was für ein Abenteuer! Dann geht es in der Schule weiter: Wir lernen lesen, schreiben, rechnen, Lehrer ärgern, knutschen, Tanzkurs besuchen – das Abenteuer hört nicht auf. Wissen Sie noch, wie sehr man als Kind im Moment lebt? Jede Stunde ein anderes Thema präsent, ständig neue Dramen im Anflug. Zwei Wochen? Ein ewig langer Zeitraum!

Dann ist die Schulzeit vorbei und der Anfang vom Ende beginnt: Wir machen unsere Ausbildung oder studieren, wir lernen unseren Partner kennen, wir lernen unseren richtigen Partner kennen, Kind kommt auf die Welt, wir werden befördert oder machen uns selbstständig, dann gehen wir in Rente – und schon kommen die Sternensinger ins Altersheim. Und dazwischen? Alles Routine! Wir wissen, was wir tun, mit wem wir es tun, warum wir es tun. Wir kennen unseren Weg zur Arbeit, unseren Urlaubsort, die Macken unseres Partners und beschäftigen uns stets mit denselben Themen. Sogar die sogenannten »Rush hours des Lebens«, also die stressigen Phasen vom Ende der Ausbildung bis zur Lebensmitte, in der wir meist Berufsstart und Familiengründung unter einen Hut kriegen, ist eine High-Speed-Zeit, in der wir eigentlich Routinen anlegen – die Themen bleiben nämlich meist gleich in unserem Hamsterrad! Praktisch für unsere Automatismen, dumm für uns: Denn diese Art zu leben verstärkt eben den subjektiven Zeitschwund! Eine Entwicklung, die sich in der zweiten Lebenshälfte leider meist noch beschleunigt. Es kommt kaum noch wirklich Abwechslung. Es ist uns schlicht zu langweilig. Und wie hat es Heinz Erhardt so schön ausgedrückt: »Kaum, dass auf diese Welt du kamst, zur Schule gingst, die Gattin nahmst, dir Kinder, Geld und Gut erwarbst, schon liegst du unten, weil du starbst.«

Lebenslinie 1: Die meisten Life-Events finden in Kindheit und Jugend statt. Im Laufe des Lebens werden relevante Ereignisse immer seltener.

Wie also können wir es besser machen? Wie können wir ein Leben voller Abenteuer führen, voller Kopf-Doping und Begeisterung? Und wie schaffen wir uns das Gefühl, im Leben beinahe unbegrenzt Zeit zu haben? Ganz einfach: Indem wir jeden Tag unseres Lebens irgendetwas völlig Neues machen! Hören wir nie auf, dazuzulernen, und halten wir so unseren Günter jung und fit! Ganz konkret kann das für Sie heißen: Nehmen Sie immer wieder mal einen anderen Weg zur Arbeit! Wurschteln Sie sich in Themen und Projekte rein, die Sie noch gar nicht kennen! Lesen Sie viele Bücher und schauen Sie sich Filme an, die Ihren Horizont erweitern! Lernen Sie neue Menschen kennen und unterschiedliche Urlaubsorte! Nehmen Sie immer wieder neue Herausforderungen an! So sind Sie zeit Ihres Lebens quasi gezwungen, sich auf Unbekanntes einzulassen, immer wieder Ihr Kopf-Doping zu aktivieren, leidenschaftlich im Moment zu leben und Ereignisse zu sammeln.

Lebenslinie 2: Wer ständig etwas Neues erlebt, fühlt sich gut unterhalten, lebt sein Leben wie ein Abenteuer — und dehnt sein subjektives Zeitempfinden.

Zwischendrin freilich lehnen Sie sich immer wieder mal ein, zwei Tage zurück und verarbeiten, was Sie alles erlebt haben: So wird Ihnen Ihr eigenes Leben wie ein einziger Abenteuerfilm vorkommen! (Diese gezielten Reflektionspausen sind wirklich wichtig – sonst droht uns statt Abenteuer ein Hamsterradgefühl. Also kein Problem, wenn auch mal Pizza, Dosenbier und Füßehochlegen angesagt ist! Gehört alles zum großen Plan.)

Deshalb also: Arsch hoch und raus ins Leben! Sofort! Tun Sie dabei auch hin und wieder wirklich verrückte Dinge! Also bestellen Sie in der Pizzeria mal die Nummer 19. Oder die 23. Oder probieren Sie auch einfach mal die Kellnerin aus! Mein persönliches erklärtes Lebensziel ist ja: Ich möchte im Alter von 104 Jahren kerngesund beim Joggen vom Auto überfahren werden. Und wenn es mich schon vorher erwischt, hat es eben nicht sein sollen. Bis dahin allerdings bin ich mir sicher, ein langes, verspieltes und spannendes Leben geführt zu haben! Sogar in enger Beziehung zu meinem Freund Günter.

Mein Lieblingszitat zum Abschluss. Von Paulo Coelho: »Ein Schiff ist sicherer, wenn es im Hafen liegt, aber dafür werden Schiffe nicht gebaut.«

Dankeschön fürs Mitdenken! Und grüßen Sie Ihren inneren Schweinehund!

Ihr Dr. Stefan Frädrich

Literaturtipps

Arden, Paul: It's not how good you are, it's how good you want to be. The world's best selling book. London, New York: Phaidon Press Limited, 2003

Baum, Thilo: Mach dein Ding!: Der Weg zu Glück und Erfolg im Job. Frankfurt a.M.: Eichborn, 2010

Baum, Thilo: Komm zum Punkt! Das Rhetorik-Buch mit der Anti-Laber-Formel. Frankfurt a.M.: Eichborn, 2009

Baum, Thilo & Frädrich, Stefan: Günter, der innere Schweinehund, lernt flirten. Ein tierisches Turtelbuch. Offenbach: GABAL, 2007

Baum, Thilo & Frädrich, Stefan: Günter, der innere Schweinehund, wird Nichtraucher. Ein tierisches Gesundheitsbuch. Offenbach: GABAL, 2006

Benson, Bernard: Der Weg ins Glück. München: Heyne, 1999

Bernstein, Albert J.: Emotionale Vampire. So werden Sie mit Menschen fertig, die Ihnen den letzten Nerv rauben. München: Mvg, 2002

Birkenbihl, Vera F.: Stroh im Kopf? Vom Gehirn-Besitzer zum Gehirn-Benutzer. Heidelberg: mvg-Verlag, 48. Aufl., 2009

Bischoff, Christian: Willenskraft: Warum Talent gnadenlos überschätzt wird. Berlin: Econ, 2010

Bischoff, Christian: Machen Sie den positiven Unterschied! Warum Ihre eigene Einstellung das entscheidende Element in Ihrem Leben ist. Leipzig: Draksal, 2008

Brafman, Ori & Brafman, Rom: Kopflos. Wie unser Bauchgefühl uns in die Irre führt – und was wir dagegen tun können. Frankfurt, New York: Campus, 2008

Brand, Heiner & Löhr, Jörg: Projekt Gold. Wege zur Höchstleistung – Spitzensport als Erfolgsmodell. Offenbach: GABAL, 2008

Buckert, Ingo & Frädrich, Stefan: Günter, der innere Schweinehund, wird fit. Ein tierisches Sportbuch. Offenbach: GABAL,
2008

Buckert, Ingo & Frädrich, Christina & Frädrich, Stefan: Einfach
Nichtraucher: Gesund leben! München: Compact Verlag,
2011

Buhr, Andreas: Machen statt meckern! Mit ©lean leadership zu
mehr Erfolg in wirtschaftlich schwieriger Zeit. Düsseldorf:
go! Live-Verlag, 2009

Buhr, Andreas & Christiani, Alexander & Detroy, Erich-Norbert
& Frädrich, Stefan & Fink, Klaus-J. & Kreuter, Dirk & Limbeck,
Martin: Das Sales-Master-Training: Ihr Expertenprogramm für
Spitzenleistung im Verkauf. Wiesbaden: Gabler, 2010

Byrne, Rhonda: The Secret. Das Geheimnis. München: Goldmann Arkana, 2007

Carnegie, Dale: Besser miteinander reden. Das richtige Wort
zur richtigen Zeit – die Kunst, sich überzeugend mitzuteilen!
Frankfurt a.M.: Fischer Taschenbuch Verlag, 2003

Christiani, Alexander & Scheelen, Frank: Stärken stärken. Talente
entdecken, entwickeln und einsetzen. München: Redline Wirtschaft bei verlag moderne industrie, 2002

Cialdini, Robert B.: Die Psychologie des Überzeugens. Ein Lehr-
buch für alle, die ihren Mitmenschen und sich selbst auf die
Schliche kommen wollen. Bern, Göttingen, Toronto, Seattle:
Hans Huber, 2002

Clason, George S.: Der reichste Mann von Babylon. Erfolgsge-
heimnisse der Antike. Der erste Schritt in die finanzielle Freiheit. München: Mosaik bei Goldmann, 1998

Cockerell, Lee: Ceating Magic: 10 Common Sense Leadership
Strategies from a Life at Disney. New York: Doubleday, 2008

Coleman, Daniel: EQ. Emotionale Intelligenz. München: dtv
1997

Coyle, Daniel: Die Talentlüge. Warum wir (fast) alles erreichen
können. München: Ehrenwirth, 2009

Covey, Stephen R.: Der 8. Weg. Mit Effektivität zu wahrer Größe. Offenbach: GABAL, 2006

Covey, Stephen R.: Die 7 Wege zur Effektivität. Prinzipien für persönlichen und beruflichen Erfolg. Offenbach: GABAL, 2005

Dale Carnegie: Sorge dich nicht – lebe! Frankfurt a. M.: Fischer Taschenbuch Verlag, 2003

DePosada, Joachim: Don't eat the Marshmallow … yet!: Das süße Geheimnis von Erfolg. Offenbach: GABAL, 2010

Ebert, Marius: So wird man ein Genie. Ein Spaßlerndenkbuch. Frankfurt a. M.: R. G. Fischer, 2000

Ferris, Timothy: Die 4-Stunden-Woche. Mehr Zeit, mehr Geld, mehr Leben. Berlin: Econ, 2007

Fischer-Epe, Maren: Coaching: Miteinander Ziele erreichen. Reinbek bei Hamburg: Rowohlt Taschenbuch, 2002

Frädrich, Stefan: Günter, der innere Schweinehund, wird Kommunikationsprofi: Ein tierisches Verständnisbuch. Offenbach: GABAL, 2010

Frädrich, Stefan: Günter, der innere Schweinehund, hält eine Rede. Ein tierisches Rhetorikbuch. Offenbach: GABAL, 2010

Frädrich, Stefan: Die einfachste Diät der Welt: Das Plus-Minus-Prinzip. München: Graefe und Unzer, 2009

Frädrich, Stefan & Schäffner, Henriette: So kommen Sie als Experte ins Fernsehen. Wie Sie den Bildschirm erobern und sich als TV-Experte etablieren. Offenbach: GABAL, 2009

Frädrich, Stefan: Das Domino-Prinzip. Wie Sie aus Steinen, die Ihnen in den Weg gelegt werden, etwas Schönes bauen. München: Droemer-Knaur, 2009

Frädrich, Stefan: Günter, der innere Schweinehund, wird Chef. Ein tierisches Führungsbuch. Offenbach: GABAL, 2009

Frädrich, Stefan & Burzler, Thomas: Günter, der innere Schweinehund, lernt verhandeln. Ein tierisches Businessbuch. Offenbach: GABAL, 2009

Frädrich, Stefan (Hrsg.): Business Book of Horror. Offenbach: GABAL, 2008

Frädrich, Stefan & Kampe, Tanja: Günter, der innere Schweine-
hund, geht ins Büro. Ein tierisches Officebuch. Offenbach:
GABAL, 2008
Frädrich, Stefan: Günter, der innere Schweinehund, wird
schlank. Ein tierisches Diätbuch. Offenbach: GABAL, 2006
Frädrich, Stefan: Günter, der innere Schweinehund, für
Schüler. Ein tierisches Motivationsbuch. Offenbach: GABAL,
2005
Frädrich, Stefan: Günter lernt verkaufen. Ein tierisches Business-
buch. Offenbach: GABAL, 2005
Frädrich, Stefan: Luft! Ganz einfach Nichtraucher. München:
Droemer-Knaur, 2004
Frädrich, Stefan: Günter, der innere Schweinehund. Ein tierisches
Motivationsbuch. Offenbach: GABAL, 2004
Galvez, Cristian: Du bist, was du zeigst! Erfolg durch Selbst-
inszenierung. München: Droemer-Knaur, 2007
Geisselhart, Oliver: Kopf oder Zettel? Ihr Gedächtnis kann we-
sentlich mehr, als Sie denken. Offenbach: GABAL, 2005
Gitomer, Jeffrey: The Little Red Book of Sales Answers. 99,5 Real
World Answers that make Sense, make Sales, and make
Money. New Jersey: Prentice Hall, 2005
Gitomer, Jeffrey: The Little Red Book of Selling. 12,5 Principles of
Sales Greatness. How to make sales forever. Austin/Texas: Bard
Press, 2004
Gladwell, Malcom: Überflieger. Warum manche Menschen er-
folgreich sind – und andere nicht. Frankfurt, New York: Cam-
pus, 2009
Gladwell, Malcom: Blink! Die Macht des Moments. München,
Zürich: Piper, 2009
Gladwell, Malcom: Tipping Point. Wie kleine Dinge Großes be-
wirken können. München: Goldmann, 2002
Goldmann, Heinz & Raisch, Anne-Rose: Wie man Kunden
gewinnt. Das weltweit erfolgreichste Leitbuch moderner
Verkaufspraxis. Berlin: Cornelsen, 2008

Green, Robert: Die 24 Gesetze der Verführung. München/Wien: Hanser, 2002

Grundl, Boris: Diktatur der Gutmenschen. Was Sie sich nicht gefallen lassen dürfen, wenn Sie etwas bewegen wollen. Berlin: Econ, 2010

Grundl, Boris: Steh auf! Bekenntnisse eines Optimisten. Berlin: Ullstein, 2008

Grundl, Boris & Schäfer, Bodo: Leading Simple. Führen kann so einfach sein. Offenbach: GABAL, 2007

Händeler, Erik: Kondratieffs Welt. Wohlstand nach der Industriegesellschaft. Moers: Brendow-Verlag, 2005

Häusel, Hans-Georg: Brain Script. Warum Kunden kaufen. Planegg bei München: Haufe, 2005

Hagmaier, Ardeschyr: Quakst du noch oder fliegst du schon? Die 33 Adler-Prinzipien. Offenbach: GABAL, 2009

Harford, Tim: Ökonomics. Warum die Reichen reich sind und die Armen arm und Sie nie einen günstigen Gebrauchtwagen bekommen. München: Riemann, 2006

Heizmann, Patric: Ich bin dann mal schlank. Gut essen. Richtig bewegen. Anders denken. Hamburg: Verlag Heizmann GmbH, 2009

Hill, Napoleon: Denke nach und werde reich. Die 13 Gesetze des Erfolges. München: Hugendubel, 2001

Hirschhausen, Eckart von: Glück kommt selten allein … Reinbek bei Hamburg: Rowohlt Taschenbuch, 2009

Hirschhausen, Eckart von: Die Leber wächst mit ihren Aufgaben. Kurioses aus der Medizin. Reinbek bei Hamburg: Rowohlt Taschenbuch, 2008

Hoffmann, Markus: Hirn in Hochform. So funktioniert Ihr Gehirn – So verbessern Sie spielend leicht Ihr Gedächtnis. Wien: Ueberreuter, 2009

Höller, Jürgen: Ja! Wie Sie Ihre Ängste, Probleme und Krisen meistern. Weinheim: Wiley, 2009

Ion Frauke & Brand, Markus: Motiv-orientiertes Führen. Führen auf Basis der 16 Lebensmotive nach Steven Reiss. Offenbach: GABAL, 2009

Kahn, Oliver: Ich. Erfolg kommt von innen. München: Riva, 2008

Kitz, Volker & Tusch, Manuel: Das Frust Job Killer Buch. Frankfurt, New York: Campus, 2008

Klein, Stefan: Einfach glücklich. Die Glücksformel für jeden Tag. Reinbek bei Hamburg: Rowohlt Taschenbuch Verlag, 2004

Knigge, Adolf Freiherr v.: Über den Umgang mit Menschen. Frankfurt a. M.: Insel, 1977

Köhler, Hans-Uwe L.: Verkaufen ist wie Liebe. Nutzen Sie Ihre emotionale Intelligenz. Berlin / Regensburg: Walhalla, 2005

Köhler, Hans-Uwe L. & Müller-Gerbes, Geert: Verkaufen. Aber wie? Bitte! Offenbach: GABAL, 2003

Lazarus, Arnold & Lazarus, Clifford: Der kleine Taschentherapeut. In 60 Sekunden wieder o. k. Stuttgart: Klett-Cotta, 1999

Limbeck, Martin: Das neue Hardselling. Verkaufen heißt verkaufen. Wiesbaden: Gabler, 2007

Lundlin, Stephen C. & Paul, Harry & Christensen, John: Fish! Ein ungewöhnliches Motivationsbuch. Frankfurt, Wien: Redline Wirtschaft bei Ueberreuter, 2001

Malik, Fredmund: Führen, Leisten, Leben. Wirksames Management für eine neue Zeit. München: Heyne, 2001

Matschnig, Monika: Körpersprache. Verräterische Gesten und wirkungsvolle Signale. München: Graefe und Unzer, 2007

Miedaner, Talane: Coach dich selbst, sonst coacht dich keiner! 101 Tipps zur Verwirklichung Ihrer beruflichen und privaten Ziele. München: mvg, 2002

Münchhausen, Marco v.: So zähmen Sie Ihren inneren Schweinehund! Vom ärgsten Feind zum besten Freund. Frankfurt: Campus, 2002

Niven, David. Die 100 Geheimnisse erfolgreicher Menschen. München: Ullstein Heyne List, 2002

Niven, David: Die 100 Geheimnisse glücklicher Beziehungen. München: Integral Verlag, 2005

Niven, David: Die 100 Geheimnisse glücklicher Menschen. München: Ansata Verlag, 2000

Nordström, Kjell A. & Ridderstrale, Jonas: Funky Business forever: Mehr Spaß am Kapitalismus. München: Redline Verlag, 2008

Prior, Manfred: MiniMax-Interventionen. 15 minimale Interventionen mit maximaler Wirkung. Heidelberg: Carl-Auer-Systeme Verlag, 2002

Robbins, Anthony: Das Robbins Power Prinzip. Wie Sie Ihre wahren inneren Kräfte sofort einsetzen. München: Heyne, 1994

Robbins, Anthony: Grenzenlose Energie. Das Power-Prinzip. Wie Sie Ihre persönlichen Schwächen in positive Energie verwandeln. München: Heyne, 1991

Rossié, Michael: Frei sprechen in Radio, Fernsehen und vor Publikum. Ein Training für Moderatoren und Redner. München: Econ, 2006

Schacter, Daniel L.: Wir sind Erinnerung. Gedächtnis und Persönlichkeit. Reinbek bei Hamburg: Rowohlt Taschenbuch, 2001

Schäfer, Bodo: Die Gesetze der Gewinner. Erfolg und ein erfülltes Leben. München: dtv, 2003

Schäfer, Bodo: Der Weg zur finanziellen Freiheit. In sieben Jahren die erste Million. Frankfurt a. M.: Campus, 1999

Scherer, Hermann: Jenseits von Mittelmaß. Unternehmenserfolg im Verdrängungswettbewerb. Offenbach: GABAL, 2009

Scherer, Hermann: Sie bekommen nicht, was Sie verdienen, sondern was Sie verhandeln. Offenbach: GABAL, 2002

Schulz von Thun, Friedemann: Miteinander Reden 1. Störungen und Klärungen. Reinbek bei Hamburg: Rowohlt Taschenbuch, 1981

Schuster, Klaus: 11 Managementsünden, die Sie vermeiden sollten. Wie Führungskräfte sich um Karriere, Verstand, Ehepartner und Spaß bringen. München: Redline, 2009

Seiwert, Lothar J.: Das »neue« 1 x 1 des Zeitmanagement. Zeit im Griff, Ziele in Balance, Erfolg mit Methode. Offenbach: GABAL, 1995

Seligman, Martin E. P.: Der Glücksfaktor. Warum Optimisten länger leben. Bergisch Gladbach: Bastei Lübbe, 2007

Sterzenbach, Slatco: Muskeltraining: Die beste Medizin für Körper und Psyche. München: Heyne, 2009

Sterzenbach, Slatco: Der perfekte Tag. Die richtige Energie zum richtigen Zeitpunkt. München: Heyne, 2007

Spencer Johnson: Die Mäuse-Strategie für Manager. Veränderungen erfolgreich begegnen. München: Hugendubel, 2000

Spitzer, Manfred: Vom Sinn des Lebens. Wege statt Werke. Stuttgart: Schattauer, 2007

Spitzer, Manfred: Lernen. Gehirnforschung und die Schule des Lebens. Heidelberg, Berlin: Spektrum 2002

Sprenger, Reinhard K.: Mythos Motivation. Wege aus einer Sackgasse. Frankfurt a. M.: Campus, 2002

Strauss, Neil: The Game. Penetrating the secret society of pickup artists. New York: Regan Books, 2005

Templar, Richard: Die Regeln des Reichtums. Kulmbach: Books 4 success bei Börsenmedien, 2008

Tracy, Brian & Scheelen, Frank M.: Speak to win. Wie Sie zu einem ausgezeichneten Redner werden vor großem und kleinem Publikum. Offenbach: GABAL, 2008

Watzlawick, Paul: Anleitung zum Unglücklichsein. München: Piper, 1983

Watzlawick, Paul: Wie wirklich ist die Wirklichkeit? Wahn, Täuschung, Verstehen. München: Piper, 1976

Welch, Jack & Byrne, John A.: Was zählt. Die Autobiografie des besten Managers der Welt. München: Econ, 2001

Zimbardo, Phillip G. & Gerrig, Richard J.: Psychologie. Berlin, Heidelberg, New York: Springer, 1999

Stichwortregister

Die Autoren

Dr. med. Stefan Frädrich
(www.stefan-fraedrich.de) ist Experte für erfolgreiche Selbstmotivation. Er ist der konzeptionelle und textliche Vater von »Günter«, dem inneren Schweinehund.

Als Trainer, Coach und Consultant bekannt wurde Stefan Frädrich durch seine Bestsellerbücher, umfangreiche Medienpräsenz mit eigenen TV-Sendungen (Pro7, WDR, Focus Gesundheit), als Entwickler erfolgreicher Seminare (zum Beispiel »Nichtraucher in 5 Stunden«) sowie als Speaker, Referent und Moderator. Sein Ziel: komplexe Zusammenhänge verständlich, logisch und unterhaltsam machen – und dadurch etwas bewirken!

Zu Stefan Frädrichs Kunden zählen namhafte Firmen, Organisationen, Vereine, Behörden und Persönlichkeiten. Er ist Mitglied im Club 55, der European Community of Experts in Marketing and Sales, zählt zu den Top-Referenten bei Speakers Excellence sowie bei »Unternehmen Erfolg«, ist Professionell Member der German Speakers Association, sitzt im Expertenrat der Mentor-Stiftung und ist Gründungsmitglied der Deutschen Gesellschaft für Nikotinprävention.

Stefan Frädrich lebt in Köln.

Timo Wuerz,

(www.timowuerz.com) der »Rockstar der Comic-Szene« (Süddeutsche Zeitung), ist der zeichnerische und künstlerische Vater von »Günter«, dem inneren Schweinehund. Außerdem leitet er als Problemlöser und Arschretter Kreativ-Eingreif-Teams für die Entwicklung und Gestaltung von Filmen, Shows und Themenparks.

Er hat fast 100 Comics und Bücher, Briefmarken, CD-Cover, Corporate Designs, Snowboards, Poster und Spielzeug gestaltet, lehrt an einer Hochschule und coacht. Er ist immer noch dankbar und demütig, das machen zu können, was er liebt, und dafür bezahlt zu werden. Seine Arbeiten sind in internationalen Galerien und mehreren Museen zu sehen. Ein paar internationale Preise hat er auch.

Timo Wuerz ist oft in Hamburg zu finden.

Management – fundiert und innovativ

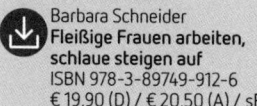

Barbara Schneider
Fleißige Frauen arbeiten,
schlaue steigen auf
ISBN 978-3-89749-912-6
€ 19,90 (D) / € 20,50 (A) / sFr 30,50

Peter Klaus Brandl
Crash Kommunikation
ISBN 978-3-86936-055-3
€ 24,90 (D) / € 25,60 (A) / sFr 37,90

Harald Scheerer
Reden müsste man können
ISBN 978-3-86936-058-4
€ 24,90 (D) / € 25,60 (A) / sFr 3

Henry Mintzberg
Managen
ISBN 978-3-86936-105-5
€ 29,90 (D) / € 30,80 (A) / sFr 43,90

Ralph Goldschmidt
Shake your Life
ISBN 978-3-86936-107-9
€ 29,90 (D) / € 30,80 (A) / sFr 43,90

Joachim de Posada, Ellen Singe
Don't Eat the Marshmallow...
ISBN 978-3-86936-109-3
€ 19,90 (D) / € 20,50 (A) / sFr 3

Cornelia Topf
Einfach mal die Klappe halten
ISBN 978-3-86936-113-0
€ 19,90 (D) / € 20,50 (A) / sFr 30,50

Angelika Höcker
Business Hero
ISBN 978-3-86936-112-3
€ 29,90 (D) / € 30,80 (A) / sFr 43,90

Susanne Klein
Rein in die Führung
ISBN 978-3-86936-111-6
€ 29,90 (D) / € 30,80 (A) / sFr 4

Weitere Informationen finden Sie unter www.gabal-verlag.de

Unterhaltsame Schweinehundzähmung

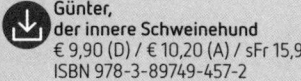

Günter,
der innere Schweinehund
€ 9,90 (D) / € 10,20 (A) / sFr 15,90
ISBN 978-3-89749-457-2

Günter, der innere Schweinehund,
wird Kommunikationsprofi
€ 9,90 (D) / € 10,20 (A) / sFr 15,90
ISBN 978-3-86936-127-7

Günter lernt verkaufen
€ 9,90 (D) / € 10,20 (A) / sFr 15,90
ISBN 978-3-89749-501-2

Günter, der innere
Schweinehund, wird Chef
€ 9,90 (D) / € 10,20 (A) / sFr 15,90
ISBN 978-3-86936-019-5

Günter, der innere
Schweinehund, hält eine Rede
€ 9,90 (D) / € 10,20 (A) / sFr 15,90
ISBN 978-3-86936-071-3

Günter, der innere Schweinehund,
wird fit
€ 9,90 (D) / € 10,20 (A) / sFr 15,90
ISBN 978-3-89749-853-2

Günter, der innere Schweinehund,
wird Nichtraucher Audio
€ 25,90 (D) / € 25,90 (A) / sFr 38,90
ISBN 978-3-89749-753-5

Günter, der innere Schweinehund,
hat Erfolg Audio
€ 25,90 (D) / € 25,90 (A) / sFr 38,90
ISBN 978-3-89749-888-4

Günter Plüschtier
empf. VK € 9,95 (D) / € 9,95 (A) /
sFr 15,90
ISBN 978-3-89749-488-6

Weitere Informationen finden Sie unter www.gabal-verlag.de

Business-Bücher für Erfolg und Karriere

Gitte Härter
Nerv nicht!
ISBN 978-3-86936-064-5
€ 17,90 (D) / € 18,50 (A) /
sFr 27,90

Jürgen Kurz
Für immer aufgeräumt
ISBN 978-3-89749-735-1
€ 19,90 (D) / € 20,50 (A) /
sFr 30,50

I. Moser-Will, I. Grube
Denkspiele
ISBN 978-3-86936-013-3
€ 19,90 (D) / € 20,50 (A) /
sFr 30,50

Annette Kessler
Vom Small Talk zur Konversation
ISBN 978-3-86936-119-2
€ 17,90 (D) / € 18,50 (A) /
sFr 27,90

Lars Baus
E-Mail-Flut statt Büffeljagd
ISBN 978-3-86936-122-2
€ 17,90 (D) / € 18,50 (A) /
sFr 27,90

Tomas Bohinc
Grundlagen des Projektmanagements
ISBN 978-3-86936-121-5
€ 17,90 (D) / € 18,50 (A) /
sFr 27,90

Svenja Hofert
Die 100%-Bewerbung
ISBN 978-3-86936-125-3
€ 17,90 (D) / € 18,50 (A) /
sFr 27,90

Stefan Gottschling
Einfach besser texten
ISBN 978-3-86936-126-0
€ 17,90 (D) / € 18,50 (A) /
sFr 27,90

Renate Söffing
Kiss your Ideas!
ISBN 978-3-86936-131-4
€ 17,90 (D) / € 18,50 (A) /
sFr 27,90

Anouk Scherer
Authentisch Präsent Charismatisch
ISBN 978-3-86936-123-9
€ 17,90 (D) / € 18,50 (A) /
sFr 27,90

Christian Görtz
Mehr Umsatz durch Marketing-Kooperationen
ISBN 978-3-86936-124-6
€ 17,90 (D) / € 18,50 (A) /
sFr 27,90

Anita Hermann-Ruess
Highlight-Rhetorik
ISBN 978-3-86936-120-8
€ 17,90 (D) / € 18,50 (A) /
sFr 27,90

Weitere Informationen finden Sie unter www.gabal-verlag.de